Cuentos verdaderos

Rosa Montero
Cuentos verdaderos

Papel certificado por el Forest Stewardship Council®

Primera edición: marzo de 2024
Primera reimpresión: abril de 2024

© 2024, Rosa Montero
© 2024, Penguin Random House Grupo Editorial, S. A. U.
Travessera de Gràcia, 47-49. 08021 Barcelona

© Diseño: Penguin Random House Grupo Editorial, inspirado en un diseño original de Enric Satué

Penguin Random House Grupo Editorial apoya la protección del *copyright*.
El *copyright* estimula la creatividad, defiende la diversidad en el ámbito de las ideas y el conocimiento, promueve la libre expresión y favorece una cultura viva. Gracias por comprar una edición autorizada de este libro y por respetar las leyes del *copyright* al no reproducir, escanear ni distribuir ninguna parte de esta obra por ningún medio sin permiso. Al hacerlo está respaldando a los autores y permitiendo que PRHGE continúe publicando libros para todos los lectores. Diríjase a CEDRO (Centro Español de Derechos Reprográficos, http://www.cedro.org) si necesita fotocopiar o escanear algún fragmento de esta obra.

Printed in Spain – Impreso en España

ISBN: 978-84-204-7767-1
Depósito legal: B-674-2024

Compuesto en Arca Edinet, S. L.
Impreso en Huertas Industrias Gráficas, S. A., Fuenlabrada (Madrid)

AL77671

Para todos los trabajadores de El País, *desde los principios del periódico hasta ahora, con cariño, gratitud y complicidad*

Pasen y vean
Prólogo

Este libro ha nacido, como casi todo en la vida, del azar. César Vallejo y Ángela Gallardo, los creadores de la estupenda serie *Pacto de silencio*, un documental de RTVE sobre el juicio por la desaparición del Nani, se pusieron en contacto conmigo para entrevistarme, porque yo había cubierto parte de la vista para *El País* haciendo crónicas de ambiente. Dije que sí, pero que, con mi malísima memoria, no me acordaba de casi nada. Así que me mandaron la copia de mis textos. Me interesaron como si no fueran míos: eran un inquietante espejo de un tiempo remoto. Aquel juicio se celebró en 1988 y fue la primera vez que España fue capaz de sentar a las alcantarillas policiales en el banquillo. El Nani fue un delincuente común de poca monta de veintinueve años que se juntó con malas compañías. Pero lo grave fue que estos indeseables eran inspectores de policía; así que lo detuvieron, lo metieron en la Dirección General de Seguridad, en Sol, el edificio del reloj que hoy es sede de la Comunidad de Madrid, y a partir de ahí su rastro se perdió para siempre. Se supone que a los malos se les fue la mano en las torturas; su cadáver nunca ha aparecido. La sentencia que condenó al comisario y a otros inspectores a más de veintinueve años de cárcel por ser policías corruptos y torturadores fue un hito formidable en el camino de la democratización de España. Y todo eso se atisba en las crónicas. Ese hedor de cloacas que se me había olvidado. «Deberías publicarlas», me dijo César. Y me quedé pensando.

Empecé a recordar otros trabajos de la época. Reportajes de aquellos tiempos intensos y tumultuosos. Conseguí rescatar no todos, pero sí varios de aquellos textos, y a medida que los leía me iba quedando pasmada. Eran ventanas a un mundo imposible, a realidades que parecían tan remotas como exoplanetas. Las crónicas aquí reunidas van desde 1978 hasta 1988. Una década esencial en la construcción y modernización de este país. Reflejan una España turbulenta y caleidoscópica que intentaba encontrar su lugar en el mundo, con un Estado débil, un paro que se multiplicaba cada año, unas instituciones obsoletas, un terrorismo brutal (ETA asesinó a sesenta y siete personas en 1978, a ochenta en 1979, a noventa y siete en 1980...), una *epidemia* de heroinómanos que se había convertido en un riesgo para la seguridad ciudadana (las calles eran de verdad peligrosas) y con todos los restos del franquismo y del subdesarrollo aflorando como icebergs en un mar de tormentas. Ni que decir tiene que todos los trabajos se publicaron en *El País*, un gran diario que ha sido y sigue siendo mi casa periodística, el medio en el que he trabajado casi toda mi vida, y que además fue, en aquella década, una de las más importantes fuerzas democratizadoras de este país.

Los textos están ordenados de forma cronológica. No es la presentación literariamente más equilibrada ni la más atractiva, pero creo que es la más verdadera, la que nos comunica mejor el ritmo de la década. He incluido dos reportajes internacionales porque creo que ambos nos proporcionan una información de algún modo relevante para España. El primero lo hice en el vigésimo aniversario del asesinato de John Kennedy, un presidente que por entonces constituía una referencia mítica, tanto en su vida como en su muerte; y es curioso comprobar la idea que teníamos entonces del imperio norteamericano, en nuestra ignorancia de todo lo que vendría después. En cuanto al segundo, viajé a India y Nepal a raíz de que un niño granadino, Osel, fuera designado por los budistas como la reencarnación de un lama tibetano. Osel, que tenía dos años, se trasladó junto con su familia a vivir a un monasterio cerca de Katmandú.

La historia hizo correr ríos de tinta en nuestro país, por lo peculiar y exótico de ese súbito salto de las Alpujarras al Himalaya.

Todos los reportajes aparecen tal cual salieron en su momento, sin más retoques que la corrección de algunos errores y de las erratas, muy abundantes en esa época analógica, pero sobre ellos ha caído la vertiginosa y alucinante pátina del tiempo: los textos tienen entre cuarenta y cinco y treinta y cinco años. Ha pasado toda una vida. Ha pasado toda mi vida. La grandeza del periodismo es que se escribe sobre la inmediatez de lo experimentado, atrapa el aleteo de los segundos como quien clava mariposas en un corcho. Y lo que vemos es un mundo económicamente pobre, carente de muchos derechos elementales, sin teléfonos móviles, sin ordenadores, sin internet. Percibo, en la elección de muchos de los temas, mi gusto por lo lumpen y lo canalla, porque siempre he creído que es ahí, en las oscuras trastiendas de la sociedad, donde la vida se manifiesta con menos maquillajes, más pura, más auténtica, tanto en lo malo como en lo bueno. Y hay mucho bueno en este libro, dicho sea de paso. Como los luchadores del Campo del Gas o los artistas del Teatro Chino de Manolita Chen. Oh, con qué cariño y admiración los recordé, al releer los reportajes.

Por otra parte, muchos de los trabajos parecen cuentos. Están escritos con las mismas técnicas narrativas con las que se escribe un relato, como, por ejemplo, la reconstrucción de la matanza de los abogados de Atocha (otro hito, este atroz, de la Transición), que podría ser un capítulo de una novela negra. Esta técnica narrativa aplicada al periodismo supone un esfuerzo descomunal, porque no puedes inventarte nada. Los pequeños detalles que introduces dando carne y color tienen que salir de alguna fuente: de declaraciones de testigos, de los atestados policiales. Si sugieres una hipótesis, por muy razonable que sea, conviene que lo avises: «quizá...», «supongamos que...». No hay que dejarse llevar por la imaginación. El texto más redondo no es el mejor, periodísticamente hablando, si lo que cuentas no está documentado.

Estas crónicas nos trasladan a territorios remotos. Hay otros mundos, pero están en éste, como decía Éluard. En ocasiones resultan tan insólitas, tan alucinantes, que me siento un poco como esas presentadoras de las antiguas ferias que se desgañitaban anunciando los gabinetes de curiosidades: el Hombre Serpiente, la Mujer Barbuda... Aquí estoy, en efecto, plantada ante la puerta. Y simplemente digo: pasen y vean.

Rosa Montero

Se acabaron los paraísos
05/03/78

En este reportaje hablo mucho del desencanto político y social. Hoy, visto en perspectiva, creo que debería hablarse mucho más del desconcierto. Era un país que se balanceaba sobre el vacío, y ninguno de nosotros sabía bien cuál era su lugar y qué iba a sucederle en el futuro. Como he dicho en el prólogo, teníamos terribles problemas; un terrorismo feroz, las drogas duras extendiéndose como un incendio, el desempleo aumentando vertiginosamente (el paro pasó del 7,6 % en 1978 al 18,3 % en 1988), constantes amenazas de involución y ruido de sables, una sociedad sin modernizar y con pocas ayudas institucionales... Baste decir que la plena escolarización (hasta los catorce años de edad) sólo se alcanzó a mediados de los ochenta; que el divorcio se legalizó en 1981, y que la primera y alicorta ley de despenalización del aborto se promulgó en 1985. El personaje del Zorro del que hablo en el texto era conocido en realidad como el Lobo. Murió poco después del reportaje, atropellado.

—Corren tiempos muy flipantes, tío, hay que ver qué marcha lleva la gente.

Corren tiempos locos, sí, tiempos locos, y hay como una agresiva y abstracta ansiedad en el ambiente. La ciudad hierve con miles de jóvenes inquietos e inquietantes: los adolescentes urbanos taladran sus orejas con diminutos aros dorados y se husmean, se reconocen, se reúnen al caer la tarde. Son los jóvenes de la noche, y durante el día han desperdigado su soledad marginal por una ciudad enemiga. Es quizá su hijo, su hermana, o su vecino, ese chico que vive en el apartamento de al lado y que pone la música tan alta y a horas oficialmente indecentes. Eres, quizá, tú mismo, recién venido del Rastro del domingo —tomada una caña en la obligada Bobia, punto de reunión junto a Cascorro—, que hojeas distraído el periódico para llenar esas horas inútiles y tempranas de la tarde.

Dice el censo nacional de 1970 que hay tres millones setecientos mil españoles entre quince y veintiún años. Habrá que hacer el cálculo actual a ojo: no existen cifras globales modernas. Dos millones de jóvenes, señala el censo, pertenecen a zona urbana. A la intermedia, setecientos mil, y el resto a la rural, a ese campo paulatinamente despoblado. Los grandes monstruos ciudadanos albergan, por tanto, a la mayoría de los jóvenes españoles, y el hormigón les impone sus reglas y su ley. La ciudad adquiere una personalidad muy concreta en el mundo marginal: la ciudad es dura, pesada, *comecocos*, según palabra del argot callejero. No es casual que una revista *underground* se llame *El Pollo Urbano*, ni que un grupo de rock duro madrileño se llame

Asfalto y cante en una matinal del cine Alcalá *La ciudad me va a matar*. Es la metrópolis como imagen última de un sistema enloquecedor y aniquilante: el símbolo de un mundo represivo, de una sociedad de agostadas posibilidades, de unas opciones políticas que evidentemente son incapaces de satisfacer las necesidades de las nuevas generaciones.

Es el desencanto. Un desencanto juvenil en primer lugar político: «Yo no tengo nada que ver con la política», dice Ramoncín, un rockero duro que va camino del mito y al que la gente se empeña en ver como punk: «Yo en lo que creo es en la libertad absoluta y total, sin cortapisas de ningún tipo. No puede estar la gente encerrada en la cárcel por una ley de peligrosidad social, porque lleven un pendiente, o se pinten, o se desnuden; eso de encerrarles es una barrabasada, no tiene sentido. Cada uno tiene que poder hacer lo que quiera, sin perjudicar a nadie. Pero lo que se tiene que meter la gente en la cabeza es que, entre quien entre en el poder, sean izquierdas o derechas, todo va a seguir igual: ningún partido va a quitar esa ley de peligrosidad porque no les interesa, porque les conviene mantener marginadas a personas que de una forma u otra les pueden hacer daño. Por eso, a mí, la política no me interesa. Ni a mí ni a nadie que tenga un poco de coco y deseos de vivir libremente, ¿entiendes? La política no tiene ningún sentido, es un timo total, es un engaño, y todos sabemos que de ella viven cuatro, mientras que los demás curramos. Hay que pasar absolutamente de la política». Y las nuevas generaciones pasan de ella. Es un fenómeno mundial: en Italia, el movimiento Lotta Continua se disgrega mientras el PCI intenta infructuosamente dar una alternativa a las nuevas generaciones. Los partidos alemanes condenan unánimemente la actuación desesperada e individualista de la Baader-Meinhof, pero las calles germanas se llenan de manifestantes adolescentes en su apoyo. El hilo de unión entre la vida oficial y los jóvenes se ha roto. Las nuevas generaciones se sienten estafadas, marginadas, olvidadas por un parlamentarismo democrático que intuyen como un simple juego que no renovará los valores básicos de la sociedad actual, de esa sociedad ajena, enemiga y castrante: no parece quedarles más salida que los peligrosos, heroicos, inútiles actos individuales.

Es el desencanto, sí, pero también el desencanto interno, el derrumbamiento del propio mito contracultural, de la mística *underground*. Han pasado casi treinta años desde que irrumpió la generación *beat* de la mano de los nuevos santones: Kerouac, Burroughs, la filosofía de la psicodelia, el recién descubierto Oriente. Fue la época mítica de Katmandú, del Himalaya, de la India. Pero el paraíso asiático está hoy quemado: «India es algo muy duro, ¿sabes?». La gente del rollo dice India sin artículo, amputando ese «la» previo de manual geográfico escolar. «India es muy duro, la miseria es atroz, la experiencia es fortísima: mucha gente se queda allí y no sale. Y lo peor es que cuando ya has ido a India ¿qué te queda? Desde aquí Asia es la promesa de otra cosa. Pero cuando estás en India ya no te queda sitio adonde huir, se te ha acabado el camino. Aquello es el fin de la tierra, el fin de ti mismo. India es el forro del mundo». Lo dice el Zorro, personaje de la noche madrileña, veintinueve años, que hace algún tiempo se llamó Antonio López o José Hernández, cuando era progre politizado y abogado. Más tarde se dejaría pelo y barbas, tiraría sus trajes ortodoxos, se pintaría los ojos en noches locas con maquillajes cargados de intenciones revulsivas y revolucionarias. En algún lugar del mundo se tatuó un zorro en el antebrazo como nueva identificación, y ahora sólo responde por este apodo y ha conseguido olvidar su propio nombre.

Quedan pocos sitios adonde huir, eso es cierto. En la agonía de la India apareció Ketama, en el norte de Marruecos, en los macizos del Rif, unos valles verdes cubiertos de cannabis. Pero Ketama era un paraíso demasiado cercano y de fácil decadencia. Aún quedan, eso sí, santones de una mística diferente. El último gurú literario es Carlos

Castaneda, que publicó a partir del 68 su fascinante tetralogía sobre Don Juan, un brujo yaqui mexicano que le tomó de aprendiz y le dio el conocimiento con ayuda del peyote, del *humito* (hongos alucinógenos), de la hierba del diablo. Castaneda es el último maestro de la automarginación pacífica, el último mito *beat*, un hombre enigmático, un antropólogo que da clases en la Universidad de San Francisco, que evita cuidadosamente ser fotografiado y mantiene riguroso secreto sobre sí mismo. ¿Tiene treinta, cuarenta años? ¿Es brasileño o peruano? ¿Existió o no Don Juan? Ayudados por Castaneda, los sucesores de la primitiva generación *beat* vuelven la vista hacia Latinoamérica: puede ser el próximo punto de fuga y de reencuentro. Desde hace dos años el mundo marginal reparte una consigna: «El 78 en Machu Picchu». Allí, en los Andes peruanos, en medio del Valle Sagrado de los Incas que riega el legendario río Urubamba, tendrá lugar en este mes de junio la mayor concentración de marginales del mundo. Más que Woodstock, mucho más que Wight. Es la Fiesta del Sol, el Inti Raymi, una celebración incaica que este año cumple centenario y que coincide con las conjunciones astrales que darán comienzo a la Era de Acuario. Los españoles de la noche están ahorrando para el viaje: la revista *Ajoblanco* habla de organizar un chárter. Machu Picchu es un llamamiento a la unidad, una nueva esperanza.

Pero la automarginación pacífica está en retroceso: la ciudad es demasiado dura como para no endurecerse uno mismo. Es la agresividad como autodefensa, y las nuevas generaciones han de escoger entre dos salidas para su estupor: la automarginal pacífica y bucólica, o la marginada urbana y rabiosa. Y es esta segunda la que está ganando. No es casual la aparición en Londres, hace unos años, del movimiento punk. El punk londinense tiene ribetes pequeñoburgueses algo artificiosos en su imagen exportable, pero es un símbolo. En realidad no supone más que la vuelta al rock, al rock primitivo de siempre, duro, salvaje y sucio, el rock pesado como alternativa a los años etéreos y psicodélicos de un Pink Floyd. Viste cueros rockeros asustantemente negros, recorta y engoma el pelo, usa cadenas, lleva gafas negras como en los cincuenta, se pega una cruz gamada en la espalda y pone imperdibles por las ropas o los prende salvaje y sangrientamente en las mejillas o la oreja. Punk es miedo. Es, una vez más, un miedo defensivo. Es el punk rabioso como alternativa al pasota inerme. Las nuevas generaciones ya no quieren pasar de todo, como antes: «Pasar de todo sólo lo hacen los muertos», dice Ramoncín. Las nuevas generaciones tienen cosas que decir y que hacer, y quieren decirlas y hacerlas. Luchan por conseguir una vida más humana. Por impedir los crímenes ecológicos, los abusos legales, la represión cotidiana, para terminar con esa ley de peligrosidad social que es en sí misma verdaderamente peligrosa y antisocial. En España el punk ha tenido un fuerte reflejo. No el punk como moda: no se trata de que una discoteca celebre una ridícula fiesta punk con profusión de imperdibles y de disfrazados. Se trata del nuevo florecimiento del rockero duro, del rockero agresivo y suburbial, del rabioso hijo del asfalto. El punk londinense, importado en un artificioso modelo, tiene aquí la contrapartida de un movimiento suburbano radical, un movimiento hambriento, reivindicativo y subdesarrollado. Es, por otra parte, un movimiento que tiene en España vieja historia: son los antiguos *rockers* que iban encuerados a las matinales musicales del Price de hace quince años.

—Me llamo Johnny, pero por las mañanas soy el señor Calleja...

Johnny tiene treinta años y como hoy es domingo viste cueros punk, botas de tacón, pañuelo con imperdible. Johnny «se lo hace bien», porque durante la semana vende material eléctrico y así saca la pela suficiente para vivir: «Si me ves cuando trabajo, no me reconoces». Nació en el popular barrio de Estrecho, fue botones a los trece años, y chófer, y técnico de sonido de varios grupos musicales.

Ahora le van bien las cosas y tiene un Seat grande, lujoso y flamante. «Pues sí, tía, yo soy un vendedor, un comecocos. Pero me lo tengo bien montado con los clientes, me los camelo y los llevo a una barra americana donde hay un par de chicas con las que me he puesto de acuerdo para que sean amables. Y a la mañana siguiente, los tíos, zasca, hacen un pedido de seis kilos [seis millones de pesetas] y por cada seis kilos yo me llevo una comisión de sesenta talegos [sesenta mil pesetas] y luego les doy un par de talegos a las chicas, y debuti...».

«Yo es que siempre he sido igual —dice Johnny—; me acuerdo de cuando íbamos al Guethary, aquel club de la calle Reina Victoria, con los tíos del barrio del Pilar, armados de cadenas... Es que aquel barrio mío es mucho barrio... Ahora ya paso de eso, ahora me lo hago por libre, aquél era un rollo muy duro. Ahora me cojo el *bugatti* y me voy por ahí, al festival de rock de Murcia o a ver a Supertramp a Barcelona».

También Ramoncín recuerda cuando fue a ver a los Beatles en Las Ventas, en Madrid, cuando tenía diez años. Ahora tiene veintidós y una hija de dos años que se llama Ainhoa. Ramoncín es de una delgadez menuda y suburbial.

«Yo salgo del barrio Sur, entre Atocha y Legazpi. Es un barrio como tantos otros —dice—, pero con algo, con un toque especial. Con mucho encanto. Me da pena que la gente se lo haya perdido. Cuando tenía siete y ocho años vivíamos al lado de la Fábrica de Cerveza El Águila y la calle acababa en un cementerio, ¿sabes?, y con siete años nos íbamos a ver a las putas, que lo hacían detrás de nuestras casas por cinco y por diez duros. Y las veías allí, a cuatro palmos. Y robábamos cervezas, y había gitanos, y pasábamos del colegio y nos hemos educado en la calle. El que se ha perdido esto se lo ha perdido y no va a recuperarlo nunca. El barrio es algo muy fuerte, y lo difícil es identificarte con él. La pelea de la mayoría era salir de allí, pero la pelea mía y de otros pocos era lo contrario, era estar allí y sacar provecho de ello, sacar provecho de todo, de un nido de hormigas, de cazar lagartijas, de aquellas putitas. Era cantidad de entrañable».

Dice Ramoncín que «nació de refilón». Que su madre era actriz, que era cantante: «Mi padre vino, se acostó con ella y después se fue a por tabaco. Y luego mi madre se largó. Bueno, mucha gente piensa que con esta historia se aclara y se soluciona todo: un chico que no tiene padres, por supuesto, tiene que despotricar contra la sociedad. Pero a mí me trae al aire no tener padre y no tener madre, me trae completamente sin cuidado. O sea, que tengo una madre por ahí, sí, que tiene un porrón de críos, pero con la que no tengo nada que ver. ¿Mi padre?, pues no sé si ha muerto o no. Yo me he criado con mis tíos y ha estado muy bien». Dice Ramoncín que ha hecho de todo en la vida, «desde timos, a currar», hasta que en el 76 se dedicó a la música, cantando con el grupo WC. Él mismo compone todo su repertorio, y compone en castellano, y sus canciones son de una tremenda fuerza poética, rota y diferente. «Mastúrbate en el metro», grita Ramoncín desde el escenario, y los espectadores dejan de bailar con él: han de quedarse prendidos escuchándolo. Es un rock el suyo para oír y pensar.

Es una vez más un rock urbano. Es el barrio, la ciudad comecocos ante la que hay que reaccionar. Para no sentirse perdido en las calles enemigas hay que buscarse: las nuevas generaciones se reconocen con sentimiento gremial por las esquinas —«sabes», dirá alguien, «cuando una mañana vas por Madrid, ciego y solo, y todo es un palo a tu alrededor, los coches, la gente, el ruido, y de repente ves en la acera de enfrente a otro tío, otra tía como tú, el pelo largo, o los cueros negros, o la misma cara de pasado, entonces, no sé, entonces sientes algo grande, porque te das cuenta de que no estás solo, de que somos muchos y cada día más, sabes que con aquél puedes hablar y entenderte»— y la gente del rollo utiliza un acogedor *nosotros* y se cita cotidianamente en los bares del mundillo, por la zona de la calle Libertad, por el Dos de Mayo; el Tito's, el pub de Santa Bárbara, La Cometa, El Circo de Sambo, El Armadillo, La Vaquería, Libertad 8, Eagles, Agamenón, Pentagrama.

—Está muy flipada la gente, andan todos muy locos.

Están agresivas las noches del mundillo, como respuesta a una sociedad en progresivo desajuste. El último escándalo lo protagonizó un barbado parroquiano de un bar de moda, que se cortó las venas en público regándolos a todos con su sangre. Alguien le rompe la mandíbula a otro acusándole de *pusher*, de comerciante de droga dura. En algún local (¿quizá la discoteca M&M?), un tipo tira de navaja y bajo la música discotequera se oyen gritos angustiados: «Ayudadme, troncos, que me están pinchando». Y esa palabra, ese «troncos» aterrado, implica todo un contexto, da la clave de una situación determinada: el tronco es un amigo para la vida y la muerte, un camarada de clan y de defensa. En los servicios de mujeres de un bar de la calle Libertad se puede leer en bolígrafo anónimo esta petición nocturnal: «Libertad para el Carpio». Y más abajo: «Carpio, te quiero». Y aún más abajo, con otra mano: «El Carpio sólo me quiere a mí, M. Lo que no impide que todas las mujeres estéis enamoradas de él». La banda del Carpio es la antítesis de la noche madrileña. Coinciden cotidianamente con la gente del rollo, pero no forman parte de ella. Rozan el lumpen y el peligro, son navajeros suburbiales, reyes marginales. Llegaron a salir fotografiados en una portada de la revista *Star*. Luego el Carpio fue a la cárcel y esto aumentó su terrorífico mito. En la esquina de la calle, a la luz de los faroles, pequeños grupos se dedican al trapiche, a la compra y venta de material: *tate*, *trips*, un poquito de *mari*... Son los camellos, vendedores de drogas suaves, de *hash* (el chocolate), de LSD, de marihuana. Un poco más allá, algún futuro comprador se pasa un dedo impregnado de coca por las encías para comprobar si éstas se le adormecen: es la mejor prueba, la más rápida, de verificar si la cocaína que le van a vender a entre cinco mil y siete mil pesetas gramo es de buena calidad y no está muy rebajada.

Las drogas. Se ha hablado demasiado del mundo de las drogas. Se las divide convencionalmente en duras y suaves. Pero Ramoncín dice: «No existen más que las drogas de la heroína y la morfina y esas cosas: lo otro, la hierba y el chocolate, no son drogas». No es necesario hablar del *hash*, de extendido uso: hoy fuman porros los ejecutivos, las modernas madres de familia. No es necesario hablar del *tate* verde común marroquí, que está a doscientas cincuenta pesetas gramo, o del *hash* más exótico y de mejor calidad, el afgano negro, el rojo libanés, a cuatrocientas o quinientas pesetas. Se habla de la próxima legalización de la marihuana en Estados Unidos, y los dos informes más importantes hasta ahora realizados a nivel mundial sobre la cannabis —el Informe Técnico 478 de la OMS y el Informe Mendelsson— concluyen que esta planta no produce adicción física, que no genera violencia ni actos delictivos, que no disminuye la capacidad de trabajo ni altera el interés vital. Que está más cercana al tabaco que al alcohol, considerando éste más peligroso. Sin embargo, el señor Mato Reboredo, jefe de la Brigada de Estupefacientes, hombre con fama liberal dentro de la policía española, sostiene en la revista *Jano* una opinión contraria: «No se puede hablar de drogas blandas y duras cuando nos enfrentamos al problema de las pluritoxicomanías. Se mezclan unas drogas con otras y además el individuo que empieza a drogarse, ya sea por problemas de personalidad, por presiones de grupo o por curiosidad, se encuentra con que la droga blanda que el primer día le decía algo, al cabo de un tiempo ya no le satisface [...] y entonces ha de ir aumentando la dosis o saltar de unas drogas a otras más fuertes». Lo cierto es que miles de jóvenes consumen cannabis durante años sin pasar jamás a las duras. La gente del rollo no es adicta a drogas mayores. Los heroinómanos son marginales dentro de los marginados, es la última soledad. «Cada uno es dueño de hacer con su cuerpo lo que quiera —dice Ramoncín—, pero yo aconsejaría a un amigo mío que no se pinchara». Es cierto que aumenta cada día el consumo de anfetaminas, de barbitúricos: se tragan frascos de Bustaid, se beben los jarabes para la tos que contienen codeína, se aspiran los disolventes comerciales. Cientos de escolares se embriagan oliendo acetonas modernas, pegamentos domésticos, pinturas. Es cierto también que cada día aumenta el número de yonquis, traslación directa al castellano del inglés *junkie*, que es aquel que es adicto al caballo, a la heroína. Y es este último círculo del infierno un submundo del terror en el que hay poco lugar para la vida. La adicción física es fatal, el nivel de necesidad va en aumento, el síndrome de abstinencia es brutal: náuseas, vómitos, dolores y calambres musculares, diarrea, escalofríos, taquicardia, a veces colapsos. El yonqui usa heroína, o morfina, incluso se pincha cocaína a falta de otra cosa en lugar de esnifarla (o aspirarla por la nariz). Si no encuentra material, tratará de adquirir sucedáneos poco explotados en las farmacias, como el Sosegon, un derivado de la morfina. Como en todo mercado negro, los materiales están adulterados. No es sólo que el *hash* sea mezclado con jena, un tinte de cabello marroquí, o que se le extraiga el aceite, o que a la cocaína se le añada bicarbonato. El caballo está a veces adulterado hasta en un 90 % o 95 % con lactosa, barbitúricos o quinina. Sin embargo, el gramo de heroína llega a costar entre catorce mil y veintiocho mil pesetas. El precio es tan elevado que los *dealers*, los vendedores de drogas duras, que son a la vez adictos, compran sólo un gramo y lo revenden por *chuts*, justo la pequeña dosis necesaria para provocar un *flash*, una subida. *Chuts* de bicarbonato y quinina a precios asesinos para paliar el terror, la oscuridad y la nada. Es la desolación inerme, la soledad más absoluta.

Pero la sociedad no parece querer establecer diferencias. A un hijo se le interna en un psiquiátrico si fuma, se le encierra si se escapa. «Consuelo, vuelve a casa», decía el titular de un recuadro aparecido hace unos días en *Diario 16*. Consuelo tiene quince años y se fugó el 22 de enero, y «sus padres sospechan que la desaparición puede estar relacionada con ciertas amistades con grupos punk». Hay padres comprensivos que acogen, pero también padres represivos que encierran. Algunas familias sufren esta ruptura generacional de la que no entienden nada, aunque se esfuerzan. Hay otras familias, sin embargo, que se limitan a reproducir en una célula inferior las mismas pautas de una sociedad punitiva y represora, y parece ser este último caso el mayoritario. «Mi viejo a veces me dice: tío, ya va siendo hora de que te cases, ya tienes treinta años —dice Johnny—. Pero a pesar de eso me llevo muy bien con mis viejos. Los cogí un día y les hablé, y lo entendieron todo. A la vieja le costó más, lloró un poco y todo eso, pero ahora nos llevamos maravillosamente».

Una huida «relacionada con ciertos grupos punk». Pero Ramoncín dice que el punk no existe: «Existe solamente un rock sucio, un poco acelerado, que se le viene a llamar punk. Pero el punk no es nada, o sea, es lo mismo de siempre, el rock veinte años más tarde, es la gente que no ha querido ser hippy, la gente que no ha renunciado a la cazadora de cuero, el barriobajero». En un concierto rock, en Móstoles, los espectadores cantaban «Ramón, cabrón, trabaja de peón», y tiraban latas de cerveza vacías y vasos de vino a un Ramoncín impertérrito que les decía: «No hagáis el juego, tíos, si tiráis cosas y hacéis daño estáis haciendo el juego a los de arriba...».

—Aquella gente que gritaba y que tiraba latas eran conocidos míos. Es una cuestión de imagen, ellos pretenden tener una imagen tirando latas. A mí me parece muy bien que las tiren siempre que no me den. Lo que pasa es que el público tiene conmigo una reacción, de entrada, agresiva.

Pero no se trata de una agresividad física, este rock es una alternativa a la violencia, es una forma de descargar la agresividad sin tenerte que liar a hostias.

—Y lo de las cruces gamadas punk...

—Es lógico que se usen, porque la estética nazi es algo muy fuerte, tiene mucha clase. Se adopta la estética nazi en el pelo engominado, en las botas y todo eso. Pero en el momento de colgar una cruz gamada en una camisa raída o en el culo no estás haciendo un panegírico del nazismo, sino todo lo contrario, te estás cagando en ello.

—Pero tú nunca has usado cruces gamadas.

—No, no. No se me ha ocurrido. No está el país como para cruces gamadas, ¿no te parece? Nadie entendería nada.

Los hijos del asfalto molestan, sí: «Yo no hago daño a la gente legal —dice Ramoncín—, no puedo hacer daño a mis amigos, a la gente que se enrolla. Pero qué duda cabe que soy un tipo molesto. Porque voy a hacer lo que me da la gana, sin símbolos, ni himnos, ni Cortes, ni Senado». Ramoncín es un personaje intuitivamente lúcido y entrañable.

Como Johnny, como tantos jóvenes de la noche, son «tíos legales». No es casual que haya tenido en su pasado problemas con la policía, que haya sido detenido. No es casual que Johnny pasara tres meses en Carabanchel a los veintiún años, por culpa de una chica que quiso hacerle responsable de un hijo que no era suyo. La chica era menor y Johnny fue detenido. «Insistieron en que reconociera al crío, pero yo estaba tranquilo con mi conciencia, sabía que no era mío, y me negué».

—¿Tú has estado dentro alguna vez? —pregunta Johnny—. Pues no sabes lo que es. Es una mierda, no me extraña que prendan fuego a las cárceles. Mira, el primer día me dieron ganas de orinar y entré en el *tigre*, y estaba meando y llegaron dos tíos, uno me puso por detrás una navaja en el cuello y me dijo: «Te vamos a follar», y yo les dije: «Vosotros mismos, tíos, dejaros de navaja que a mí me va el rollo», y dije esto porque a mí me gusta vivir, ¿sabes?, y entonces se pusieron los tíos más amigables y en ese momento tocaron la campana de las doce y entonces me preguntaron que para cuánto estaba, y yo dije que para tres años, aunque sabía que era para tres meses, y me dijeron entonces que ya nos veríamos, y yo les prometí que sí y así me salvé, durante los tres meses que estuve allí me aguanté las ganas de orinar, a fuerza de control no volví a entrar en el *tigre*, no sabes lo que es aquello, lo que es la cárcel; es un horror, es una mafia; a los chavales jóvenes se los cepillaban a casi todos, aquello es muy duro, y te diré además que yo los comprendo, si te encierran por mucho tiempo te tienes que meter en el rollo para sobrevivir, no tienes más remedio, si yo hubiera ido para más hubiera salido igual, de la cárcel sí que sales marginado del todo, aquello es una mierda.

Dice Mato Reboredo en *Jano*, hablando de los drogadictos: «No es que los margine la sociedad, como ellos dicen, sino que son ellos los que nos marginan a nosotros [...]. Yo, personalmente, admito que es maravilloso e ideal que la juventud busque nuevas pautas, nuevas soluciones y pretenda modificar la sociedad. Pero lo que no se puede practicar es el rechazo como sistema, la negación como principio de filosofía de uno mismo, la autodestrucción y el suicidio colectivo».

Y, mientras tanto, la gente del rollo sobrevive rabiosamente con la esperanza de hacer una revolución sin color político determinado —tan sólo anarquizante y libertaria—, una revolución individualizada que saldrá de las alcantarillas. Dice Ramoncín: «Yo no creo en la automarginación. La gente intenta marginarte, y el que habla de automarginación es que está haciendo el juego a los otros. Porque el que tú cantes para cinco o escribas en una revista para tres es una puta mierda, porque no se entera nadie. Lo que hay que hacer es todo lo contrario, es pelear contra esa marginación y salir de ahí como sea. Yo lo estoy haciendo, yo soy popular. Y soy popular entre otras cosas porque soy un personaje totalmente reconocible: todos hemos sido niños malos y como yo hay uno en cada casa...».

Y, mientras tanto, la gente del rollo se esfuerza en respirar desde los subterráneos urbanos, en un ambiente enrarecido y sin opciones. Condenados a ser adultos en un mundo que no les gusta y que ha sido hecho por otros, sin posibilidades ciertas y claras de un trabajo digno, de una sociedad habitable y de una participación política real, a los hijos del asfalto les queda el recurso de la rabia combativa, de esa orgullosa oreja taladrada. Les queda el Machu Picchu, ese Machu Picchu que ha agrandado los límites del mundo y que es la última esperanza.

«Catherine murió de sobredosis, yo me voy cuando empieza el día 6»
19/09/78

Éste es un reportaje paradigmático de lo que fue la plaga de la heroína en nuestro país. Parques y aceras estaban sembrados de hipodérmicas, los baños de los bares de moda tenían una vampírica iluminación violácea para que los drogadictos no se encontraran las venas y era habitual ver a algún yonqui metiéndose un pico al abrigo del quicio de un portal. Hasta que, en octubre de 1981, se diagnosticó el primer caso de sida en España. Para finales de los ochenta ya no quedaban yonquis: se habían muerto. Cuando se publicó esta crónica, recibí una llamada de la policía. Tuve que ir a comisaría y un inspector me preguntó cómo había conseguido tantos detalles; cómo había llegado a la conclusión de que se había tratado de una sobredosis y de un suicidio, y no, por ejemplo, de un asesinato (por entonces, como explica la entradilla, aún no se había publicado ningún dato oficial). Contesté que había hablado con los amigos de los muertos. De hecho, fueron esos amigos, conocidos de conocidos míos, quienes se habían puesto en contacto conmigo rogándome que escribiera la verdad sobre los fallecidos, para acabar con las especulaciones truculentas y amarillistas que estaban saliendo en la prensa, avivadas por el hecho de que las víctimas eran de buena familia. «Fue fácil, los amigos me lo contaron todo. Si quiere, le puedo dar sus nombres y sus teléfonos». El inspector se me quedó mirando unos segundos. «Ya hemos hablado con ellos», dijo al fin: «Pero a nosotros no nos cuentan nada. Con nosotros no hablan». Era 1978, y la policía era vista aún como el enemigo. Dos días más tarde cerraron el caso, dando por buena esta versión de los hechos.

El pasado día 6, miércoles, Rafael Cisneros, vecino de la calle Angelita, número 1, de Pozuelo de Alarcón, avisó alarmado a la Guardia Civil: por debajo de la puerta del piso inferior de la vivienda salía agua incesantemente. La Guardia Civil encontró en el piso bajo del chalé los cuerpos sin vida de Fernando Aldecoa y Catherine Fernández de Castro; aparentemente ella murió de sobredosis de heroína, él se seccionó las venas. La policía aún no ha informado sobre el resultado de las autopsias.

Hace calor, mucho calor en este viernes primero de septiembre, piensa Fernando Aldecoa, y las plantas de la terraza de su amiga se estremecen con el denso vaho que sube de las baldosas. Hace mucho calor y, sin embargo, el otoño debe de estar agazapado en cualquier sitio, próximos los fríos, cercano ya ese invierno excitante que puede, que tiene que traer buenas cosas. Acaba de recoger Fernando a Catherine de la guardería donde trabaja, y bajo el brazo lleva él aún el periódico doblado, ese periódico en el que ha estado buscando trabajo. Panorama, la librería de Gaztambide, está cerrada desde hace varios meses: no iba demasiado bien, y, además, tras la muerte de Elsa, su mujer, la tienda, como tantas otras cosas, perdió sentido. Pero ya va a cumplirse un año de la muerte, hace un calor que huele a invierno, Catherine ríe sudorosa a su lado y se percibe el olor de la comida que la amiga prepara para los tres. Casi se siente optimista Fernando, aunque es difícil. Y, de cualquier forma, está de buen humor.

—Esta tarde me tomo vacaciones —bromea Aldecoa tirando el periódico sobre una silla: es un gesto que él sabe simbólico. Esta tarde me tomo vacaciones, pero mañana sigo...

Si no encuentra trabajo, se dice, marchará dentro de unas semanas a la vendimia con Nando, el marido de Catherine.

—Pero, Fernando, no te creas que es fácil conseguir que te contraten en la vendimia —comenta la amiga.

—Ya lo sé, pero Nando tiene conexiones allí, con ellas el trabajo será seguro.

Catherine sí. Catherine trabaja desde enero en la guardería. Tuvo suerte: los dueños la conocían y le dieron el empleo. Está bien Catherine ahora; está saliendo de esa nebulosa caótica de los pasados años. Ahora, habitando en Pozuelo junto con Fernando y Concha, cuidando a Juren, la hija de Fernando, amparándose a tres, va «aprendiendo» a vivir, se serena.

—¡Eh!, vosotros —comenta la amiga—. Mañana me marcho al Canet Rock, ¿os venís?

No estaría mal, piensa Fernando, pero hay que conducir muchas horas y el coche le pone nervioso desde que tuvo aquel pequeño incidente con la policía —o la policía con él— hace unos meses, por conducir algo cargado.

—Yo no puedo —dice Catherine—. El lunes tengo que ir a la guardería.

Y ella es muy pundonorosa en esto, sonríe Fernando para sí, casi irritado: prusiana en el trabajo.

—Es mejor dejar Canet para otro año...

«Catherine murió en la madrugada del 4 por sobredosis. Yo me voy cuando empieza el día 6». Los encontraron el mismo 6 por la tarde. Era un miércoles. El agua salía por debajo de la puerta, ése fue el aviso. Ella en la cama, él en la cocina, los brazos tajados brutalmente. Y la palabra fatal: «sobredosis». El sifón del váter está roto desde hace tiempo, el agua se sale. Pero bajo la palabra perversa, esa agua que corrió bajo la puerta ha de adquirir matices siniestros. Drogadictos. Es un caso más de muerte por *caballo*. Bajo el tampón policial de heroína todo se ordena confortablemente, todo está admitido, todo es explicable. Puede haber conjuras internacionales siniestras, asesinatos. Que no se estremezcan los honestos padres de familia: la muerte de un drogadicto no afecta al mundo, es una muerte justificada, moralizante, aparte. Ellos se lo han buscado. Sus cadáveres sólo ponen una rúbrica al buen orden.

Estaba muy enferma de las vías respiratorias. Catherine, quiero decir. Era una insuficiencia que, a sus veinticinco años, se había hecho crónica, ya había habido problemas. Con la heroína, sí: colapsos en anteriores tomas. Usar *caballo* en estas condiciones es más suicida que nunca, ¿y qué? Darse el pico no es un hecho aislado, forma parte de un todo, es precisamente vivir en el filo del riesgo también en eso. Tan suicida como el *caballo* es ser distinto. Tan suicida es vivir a tres, intentar nuevas formas de relación. Y mantener una amistad grupal con el marido de Catherine, una amistad que el exterior condena, incomprensible y peligrosa porque no es cornuda. Es suicida intentar cuidar amorosa y colectivamente a Juren, la niña de cuatro años, más allá del papel del propio padre o de la madre muerta. Es tan suicida no poder encontrar sitio en una sociedad que se deshace. Son gestos personales irreversibles que van abriendo abismos, que te empujan, que te insertan en una inercia marcada por los otros. Está escrito: en alguna medida, quien no se adapta a las normas es carne de caballo; es más cómodo:

—En Francia, desde hace cuatro años, se está llevando a cabo una furiosa campaña en torno a las drogas. Ha coincidido esto con la desaparición del temor a los grupos de izquierda. Y es lo mismo que está pasando en España —dice alguien.

Se necesitan monstruos con los que poblar las lindes prohibidas de la decencia. Si los pavores políticos ya no sirven, se potenciarán los de las drogas. El camino del bien es estrecho, a veces espinoso: hay que ennegrecer el abismo de desorden que limita la senda. Si usted se atiene a las normas, será feliz: fuera de ellas todo es llanto y crujir de dientes. Es una sociedad rígidamente satisfecha la que empuja hacia la heroína, hacia ese *caballo* al que dice combatir. Y el *caballo* sabe siempre a muerte, es la última soledad, es el espanto. Es un pavoroso y útil cuarto de ratas para niños malos.

—Hasta luego: nos vamos de viaje a la Conchinchina —dijeron Fernando y Catherine, el domingo 5, en el Rastro, cuando entregaron a la niña al hermano de Elsa. Fue una frase quizá casual que se ha querido interpretar después como aviso de suicidio. Es posible que el domingo les regalaran una dosis. Poco sería, porque no tenían dinero. Muy poco tuvo que ser, ya que Fernando no disponía de heroína para morir y se tuvo que cortar los brazos. Qué pensaría Aldecoa al descubrir a Catherine muerta... Dos días con su cadáver, cansado y solo. Quizá pensó en su apellido, en esa pesada herencia que le dejó su padre, militar heroico, capitán de Aviación que se mató en el 57, al dar un *looping* demasiado cerrado en una exhibición de acrobacia, estrellándose en la pista frente a él. Pensaría quizá en ese año y medio de cárcel que padeció a los diecisiete, cuestiones políticas, ya se sabe; él era inteligente, sensible y vitalmente anarco; dicen que pagó por un lío de armas sin licencia del que no era culpable. Y aunque lo fuera. Después vinieron los viajes a París, las tertulias en La Boule d'Or con García Calvo, el irse desencantando de la política activa. A los veintiuno ya había pasado otro año en prisión por drogas: son demasiados antecedentes, demasiados para sobrevivir. Lo intentó Fernando, sin embargo. Marchó a Ibiza, se quedó allí dos años: quiso inventar, al mismo tiempo que otros muchos, la serenidad marginal de la vuelta a la naturaleza. Conoció a Elsa, se casó con ella. Decidió tener un hijo. Volvió a Madrid, abrió la librería. Panorama estaba especializada en textos anarcos, en libros de pedagogía antiautoritaria, en estudios naturistas. Cientos y cientos de páginas a la búsqueda de nuevas formas de vida, de salidas, de otros valores. Pero estamos en los setenta, en esos años setenta arrasadores, mediocres, represivos. Las euforias colectivas agonizan: el anarquismo, el naturismo, Ibiza son sueños cándidos que se deshacen. Fue hace dos años y medio cuando esa amiga íntima, tan querida, se suicidó en París, delante de ellos. Era el comienzo del fin.

El día 7 de septiembre de 1977 Elsa aparece en Pozuelo muerta. Sobredosis de Nembutal, dicen. Y no fue sólo la muerte lo terrible, no fue sólo la carencia de Elsa, el convencimiento de la inutilidad, la soledad. Fue también la comisaría, las mil preguntas, el atestado abierto, los interrogatorios.

Las muertes por sobredosis ahogan policialmente a los que quedan: se los marca, se los etiqueta, se los archiva. La biografía de los marginados se condensa en cárceles, detenciones y procesos: convierte a las personas en una ordenada relación de sus desórdenes, en folios mecanografiados y culposos sin posibilidad de redención.

Fernando Aldecoa era y sería siempre ese joven de buena familia indecente y descarriado. Ya lo escribió en un artículo de *ABC* Alfredo Semprún hace muchos años, la espada justiciera enarbolada contra él por enfangar un buen nombre: terminará mal este chico. Y, sin embargo, él quiso vivir. En las oscuras semanas tras la muerte de Elsa habló de marcharse a Venezuela con Juren, un nuevo intento. Pero rondaba los treinta, no tuvo fuerzas. Quizá había llegado ya a saber que ni tan siquiera la heroína es una opción personal ni heroica, sino un burdo imperativo.

Se quedó, pues, Fernando, y arrastró por Madrid una existencia trabajosa. Un mes después de la muerte de Elsa encontró a Catherine en una discoteca. Muy borracha, muy triste, muy sola. Fue su unión un protegerse mutuamente. Y queriéndose así, apuntalados, vivieron un año.

—¡Eh!, vosotros, ¿os venís al Canet Rock?
No se fueron. Murió estúpidamente Catherine. Posiblemente ni fue sobredosis. Para ahogar su tenue respiración enferma no hacía falta ni tan siquiera el *caballo*. Murió estúpidamente Catherine en la mañana del lunes. Tres días después se cumpliría un año del suicidio de Elsa. Quizá no quería matarse Fernando, no quería... Dos días permaneció abandonado y loco en la casa. Se haría un café, sabiéndola allí, saldría a dar una vuelta, acorralado, compraría un periódico con el automatismo de la normalidad, pasearía por la casa. Pensaría en la policía, en nuevos juicios, en interrogatorios, en antecedentes. Es tal el peso de una biografía «criminal» que ésta acaba por determinar tu vida, es un círculo asfixiante. Se cumple un año de la muerte de Elsa y la pesadilla vuelve a empezar, la soledad, el sentirse acosado, el afrontar la vacía y cansina cotidianidad de cada día. Quizá no quería matarse Fernando, no quería: tardó tanto tiempo en decidirse. Daría una última vuelta por la casa, miraría su rostro en un espejo casual, sintiéndolo tan ajeno. Buscaría un bolígrafo, un papel, un cuchillo con filo.

«Catherine murió en la madrugada del 4 de sobredosis. Yo me voy cuando empieza el día 6».

Quizá ni tan siquiera fuera sobredosis, qué más da: Fernando murió respondiendo a su insalvable papel de drogadicto. No pudo controlar su muerte como no controló su vida. Su suicidio estaba esperándole desde hacía mucho tiempo en una hoja en blanco de la carpeta de antecedentes, esa que recoge su trayectoria de animal dañino.

Muerte colectiva para un colectivo laboralista
13/10/78

El cobarde y brutal asesinato de los abogados laboralistas de la calle Atocha, cometido el 24 de enero de 1977, fue un trauma nacional. Murieron cinco personas (los letrados Luis Javier Benavides, Francisco Javier Sauquillo y Enrique Valdelvira, el estudiante de Derecho Serafín Holgado y el administrativo Ángel Rodríguez) y cuatro más quedaron gravemente heridas y con secuelas de por vida. Recuerdo cómo se fue extendiendo la noticia por Madrid en las horas siguientes al atentado; recuerdo el dolor y el terror, y cómo muchos pensamos que aquélla podía ser una noche de cuchillos largos. Más de uno no fue a dormir a su casa aquel día. Por entonces vivíamos en el filo de una navaja y la prensa publicaba, cada pocas semanas, las supuestas listas de las personas a las que la extrema derecha iba a matar en cuanto tomara el poder. Yo conocía bien el despacho de Atocha porque había ido allí como clienta para solventar ciertos problemas laborales. Mi abogado era Nacho Montejo, que por fortuna se salvó por cuestión de minutos. La herida de aquella espantosa matanza nos marcó a todos cuantos tuvimos edad suficiente para vivirla. Creo que todavía noto el relieve de la cicatriz. Este reportaje salió veinte meses después de los asesinatos. Dos semanas más tarde, la extrema derecha mandó un paquete bomba a la redacción de El País; *causó la muerte de Andrés Fraguas, un conserje de diecinueve años, y mutilaciones y heridas graves a otras dos personas. Lo cuento para señalar el pantano de caótica inseguridad en el que vivíamos.*

«Estamos atravesando un momento particularmente tenso». Es muy tarde, y los abogados descargan un cansancio infinito (hace tan sólo unos minutos que el último obrero abandonó el despacho) tomando unas cañas en El Globo, el bar de enfrente. «Es un intento claramente desestabilizador. Los atentados a los policías, los secuestros de Oriol y Villaescusa...».

Es extraño. Durante años han trabajado calladamente bajo la represión, el pavor, el riesgo. Rozando la ilegalidad, los despachos laboralistas de gente del partido han realizado durante los últimos años del franquismo un trabajo político y social incalculable. Ha sido una labor anónima, efectiva, dura. Ahí están Francisco Javier Sauquillo y Lola González, metidos en esto desde hace mucho. Se casaron en el 73, los dos con el título bajo el brazo, flamante, recién sacado. De buenas familias, con perspectivas de un futuro profesional triunfante y poderoso. Y, sin embargo, optaron por el trabajo colectivo. Concretamente, por la acción ciudadana: trabajan en Alcorcón y en Móstoles.

Todas las mañanas hay que coger las camionetas de extrarradio, reventadas de gente, de sueño insatisfecho, de sudor febril. No es una vida fácil la que han escogido, ni ellos ni sus muchos compañeros. Gran parte de los abogados del partido son dorados delfines de clase acomodada. Muchos tenían el futuro fácil, y fácil hubiera sido para ellos seguir el camino marcado, instalarse confortablemente en el orgulloso, elitista e individualista estatus de abogado: ser un competitivo y triunfante letrado del Ilustrísimo Colegio.

Como Luis Javier Benavides, de muy buena familia, tan tradicional que tuvo un gran disgusto con su madre viuda cuando decidió, hace un año, irse a vivir con Elisa sin casarse con ella. Y Enrique Valdelvira. Su padre es un patrono del vidrio, del sindicato vertical. Muy vertical, muy patrono. Parece mentira que Enrique haya salido así, tan a su aire. Tan idealista, contracultural, imaginativo. Todo el día dando la tabarra con el ecologismo, con el medio ambiente, con la contaminación: quiere un mundo nuevo para su hijo de diez meses.

En fin, todos. Todos escogieron el anonimato individual. Escogieron la efectividad colectiva. Escogieron también treinta mil pesetas de sueldo al mes. Risible. Escogieron (eso no lo tenían tan claro en un principio, pero las cosas han ido así) un trabajo sobrehumano. Por la mañana hay que ir a los juicios, a la delegación de trabajo, a cumplir papeleos. Por las tardes hay que atender las consultas en el despacho, colas y colas de obreros hasta las diez y mucho de la noche, todos angustiados, todos pensando —lícito pensamiento— que su caso es el más grave: «Señor Enrique, mire, que el jefe me ha dicho que...», «Luis Javier, que nos ponen en la calle...».

Es extraño. Tanto tiempo trabajando en la ilegalidad, con el riesgo cercano y tangible de la cárcel. Tanto tiempo dejando a un lado todas esas cosas fundamentales en la vida, leer, pensar, ir al cine, ligar. Hablar con tu mujer o tu hombre. Ver crecer a tus hijos. Tanto tiempo resistiendo en una situación límite y, sin embargo, es ahora, tras la muerte de Franco, cuando todo parece adquirir dimensiones irreales. Cuando a veces uno siente la extraña sensación de estar manipulado: ese entregar la vida ¿merece la pena?, te preguntas en las horas bajas...

Son tantos años de esfuerzo acumulados, las cosas están cambiando tan deprisa ahora, la situación política es tan distinta... Sí, tiene que merecer la pena, sí, la merece. Pero es tan duro...; ahora parece serlo más que nunca, quizá sea el estar sobrepasados por el trabajo, quizá sea el cansancio, quién sabe, es algo extraño. También es extraña esa sensación de miedo. Casi más que antes. Y, sin embargo, la legalización debe de estar ya próxima. Pero hay tal tensión, tal confusión en el ambiente..., ¿quiénes son los GRAPO? ¿Quiénes son esos secuestradores de Villaescusa, capaces de atravesarse Madrid a plena luz del día sin que pase nada? ¿Quiénes están asesinando policías? Hay tantos datos que no cuadran...

—¿A quién favorece la violencia, el terrorismo, las muertes, en estos momentos? A la derecha más reaccionaria, que ve que la situación se le escapa de las manos.

Es como vivir en un polvorín sin saber quién tiene las mechas. Hace unos meses, en octubre, Nacho Montejo, un abogado de Atocha, 55, recibió una amenaza firmada por el Comando Francisco Franco: «Si no os marcháis, os matamos». Fueron unos meses malos, después de aquello.

—Yo es que me voy del país.

—Pero, hombre, ¿qué dices? —contesta Javier Sauquillo.

—Que sí, que sí —insiste Nacho—, que si las cosas se ponen así, de amenazas, de atentados, yo me largo, que no lo aguanto. Que no se trata sólo de mi seguridad, que se trata también de la de mi mujer y mis hijos.

Piensa en los pavores que ha pasado a raíz de la amenaza. Ahora ya se va recuperando, pero... No quiere salir el último. Se niega a marcharse solo del despacho, afrontar los grandes portalones de casa vieja en la negrura de la noche. Afortunadamente, Ángel Rodríguez Leal, el chico este de veintipocos años que está de administrativo desde hace cuatro o cinco meses, comprende su miedo y le espera. Buen tío, Ángel. Le echaron de Telefónica, estuvo sin trabajo durante algún tiempo, al fin se colocó en el despacho. Tiene esa actitud fiel y cariñosa de los obreros que saben que el trabajo de los laboralistas es algo suyo, para ellos. Y bueno, con su ayuda se pueden sobrellevar los miedos nocturnales.

—Pero no digas eso, Nacho —está añadiendo Sauquillo—. Esas cosas de los anónimos son sólo para asustar. Eso no nos pasa a nosotros, hombre, sería un escándalo demasiado grande. La burguesía monopolista controla la situación, en definitiva, y no permitirá ningún desmadre fascista. Todo lo que hace es achucharnos con el fantasma de la dictadura, pero no hay riesgo: el conjunto está controlado, no les conviene pasarse...

El despacho de Atocha, 55, ha estado todo el día abarrotado de gente. No sólo están los obreros normales, sino que hay una reunión de los del transporte, para estudiar la huelga que terminó exactamente ayer, a los seis días de comenzar. Hoy, 24 de enero del 77, se ha firmado el convenio, y los de Comisiones, con Joaquín Navarro al frente, están haciendo recuento de la batalla. Son los inconvenientes del uso plural de los despachos: dan cobijo a todas aquellas reuniones laborales que, por no haber una situación legal clara, carecen de local para llevarse a cabo. Y así pasa que el despacho está de bote en bote. Largo día, éste. Por la noche habrá aquí una reunión de los abogados que trabajan en el asesoramiento de las asociaciones ciudadanas.

—Ah, Gloria, pasa, pasa, que ya acabo.

Nacho tiene aún unos cuantos clientes que le esperan. Sin embargo, son cerca de las diez y quiere ver una película. Su mujer ha venido a buscarlo y, bueno, pase lo que pase, hoy es-tá-dis-pues-to-a-ir-al-ci-ne. Ya está bien: trabajar tanto es una forma de embrutecerse. Los del transporte, que son ciento y la madre, han terminado ya y parece que empiezan a irse: la puerta está abierta y hay un trasiego de personas que entran, que salen. Que se asoman.

—Hay mucha gente todavía —dice uno. De modo que Juliá, Cerrá y Lerdo dan media vuelta y siguen escaleras arriba, al cuarto piso, el inmediato superior. Desde el descansillo, con la luz que se enciende y apaga, escuchan voces y bromas que llegan desde abajo. Despedidas, risas, pasos en el viejo entarimado de madera. Son las diez en punto. Hay tiempo.

Todavía no se han terminado de ir los del transporte cuando ya empiezan a llegar los abogados de la reunión de barrios: esto nunca se acaba. Primero entran Lola y Javier Sauquillo, que vienen del despacho de Españoleto. Luego, Luis Javier. Está Luis Javier algo fastidiado porque lleva unos días medio enfadado con Elisa, y hay un gesto de cansancio en su cara joven. Ahí llega Enrique Valdelvira: es una entrada la suya, desde luego, triunfal, estrena una capa con sobrepelliz que es alabada por todo el mundo.

—Tú lo que quieres es matarnos a todos.

—Exactamente —ríe Enrique, satisfecho—. ¿Queréis un mordisco?

Viene comiendo Valdelvira un bocadillo de jamón, que comparte con alguno: es una típica escena de esta vida, sin tiempo para comer, sin tiempo para nada. Ese bocata comprado en el bar de la esquina y la perspectiva de una noche de discusión y trabajo. Una reunión más, mil palabras de cuya utilidad a veces se duda. Buff. En fin, inmediatamente ha entrado Luis Ramos, encogido por el frío, pareciendo más alto y delgado que nunca. Un hombre muy afectivo, algo mayor que los demás abogados: cerca ya de los cuarenta. Lo mismo le pasa a Miguel Sarabia, que aparece ahora. Miguel tiene cincuenta y un años y ha entrado al partido hace poco, al despacho hace menos. Todavía no se ha integrado del todo en esa hermandad, a veces un poco colegial, que hay entre los otros, ese compartir bocadillos aceitosos que manchan los muy sesudos papeles en los que se recogen las conclusiones, etcétera, etcétera.

A las diez y veinte, de los últimos, llega Alejandro Ruiz. Viene de Vallecas y está reventado: como a los demás compañeros, le desborda el trabajo. Se cruza con Navarro en la puerta, éste está a punto de marcharse. Saluda a Sauquillo: es la primera vez que se ven desde Navidades. Los abogados de la reunión van entrando en la sala principal y toman asiento, a la espera de que lleguen los que faltan. Valdelvira saca mágicamente otro bocadillo del bolsillo y lo ofrece, se lo comen a medias entre Alejandro y Luis Javier.

Comentan la situación política mientras escuchan decrecer el ruido de las voces, a medida que los demás se van. Sauquillo cuenta que acaba de tomar un tentempié en El Globo con Manola Carmena, y que han estado hablando de la tensión del ambiente. «Cuando venía para acá —ha dicho Manola— he visto en la calle un hombre que venía hacia mí con un objeto extraño, metálico, a un costado, y me he asustado, fíjate. Después, cuando llegó a mi altura, me di cuenta de que era un turista japonés y que el objeto metálico era una cámara. Esto es ya la paranoia».

Aún le quedan dos personas por recibir a Nacho, pero son las diez y veinte pasadas y no va a haber manera de hacer nada. De modo que, en un rapto de locura, decide pedirles disculpas y rogarles que vengan al día siguiente. El despacho está ahora tranquilo. Aparte de los de la reunión, ellos son los últimos en salir: Ángel Rodríguez Leal, Joaquín Navarro, Javier López Roberts, Nacho y su mujer, Gloria.

—¿Te vienes? —grita alguien a Serafín Holgado.

—Ahora voy, tengo que recoger unos papeles.

Serafín tiene veintisiete años. Es más bien gordito, un chico callado y muy trabajador. Hijo de un ferroviario de Salamanca, se ha hecho la carrera de Derecho con grandes apuros. Lleva sólo cuatro meses en el despacho, sin sueldo, aprendiendo el oficio, recibiendo únicamente una especie de ayuda de cinco mil pesetas al mes.

Claro está, no tiene un duro y ha de malvivir en una sórdida pensión cerca de Atocha. Como es tímido, le ha costado hacerse al ambiente del despacho, pero, últimamente, parece que va entrando. Dice Serafín que tiene que recoger unos papeles, pero todos saben que se queda para llamar por teléfono a sus padres, a Salamanca: es justo, no tiene dinero para pagar conferencias.

De modo que los otros bajan sin esperarle. La escalera está silenciosa, pero ellos la llenan con sus voces, con bromas. Quizá, en un absoluto silencio, se hubiera podido escuchar ese leve rumor, ese roce, esa respiración ahogada del descansillo de arriba. Una vez en la calle, Nacho y Gloria corren a su cine. Los demás entran en El Globo a tomar algo: una ronda de chatos y de cañas. Ángel, de pronto, recuerda que ha olvidado el *Mundo Obrero*.

—Id pidiendo algo de picar, que ahora bajo —dice. Sale del bar, cruza la calle, el ascensor está estropeado, usa las escaleras.

—Yo creo que ya podemos ir...

Desde el descansillo, Cerrá, Juliá, Lerdo han visto salir a decenas de ellos. Abogados, se dicen abogados: ¿qué abogado trabaja más allá de las diez de la noche? Allí están todos los rojos que han hecho la huelga del transporte, todos los que reciben consignas de fuera, todos los que matan policías, cerdos, sucios marxistas cobardes.

—Yo creo que ya podemos ir.

Eso es lo que les ha dicho Albadalejo que hagan. Aventuran pasos cautos por las escandalosas escaleras de madera. De pronto, uno hace un gesto imperativo: alguien sube. Se detienen en seco, amparados en las sombras. Aguantan la respiración mientras la mano, helada y húmeda, aprieta la enorme culata de la pistola del nueve largo. Ven llegar a un hombre joven con barba: abre la puerta, entra. Permanecen unos minutos en silencio: no hay ni un ruido.

—Vamos.

Juliá sube el capuchón de su anorak. Las pistolas salen al aire. Bajan los últimos escalones.

Riiing.

Ángel ha entrado directamente al fondo, a coger la revista: ha visto a Serafín, que, por supuesto, está hablando por teléfono. Cuando suena el timbre hace ademán de ir, pero escucha la puerta de la sala: abrirá algún abogado.

Riiing.

Alejandro y Luis Javier están sentados en el mismo banco, de espaldas a la puerta. Cuando ha sonado el timbre los dos han hecho intentos de levantarse y se han chocado. Risas. Es, al fin, Luis Javier quien sale de la habitación, quien abre. Una pistola. Una sonrisa irónica y una pistola. Enorme. Negra. Tres hombres. Miedo. Sentir un vacío en el estómago, frío en la nuca. Son ellos, al fin. Después de los anónimos. Son ellos.

Entra en la sala Luis Javier, encañonado por Cerrá. Todos se ponen en pie. ¿Es posible? Es sentir de repente una bofetada de pavor. Cerrá sonríe, le chispean los ojos, habla con guasa, «a ver, poneos todos juntos, más juntitos, así, y levantad las manitas, más arriba, a ver, más arriba». No hay tiempo ni para mirarse, en esos momentos se siente uno tan solo, tan solo ante el estupor y la angustia, ante el agujero negrísimo de esa pistola, hay otro más, también armado, que arranca cables telefónicos y sale de la habitación para recorrer el piso, ¿hay quizá otro?, ¿otro allí fuera, al otro lado de la puerta, cerca de la entrada? Miedo, un miedo que sólo permite mirar a ese hombre que está enfrente, ese que te encañona y que pregunta: «¿Dónde está Navarro?», y alguien dice: «No sabemos quién es», y el hombre insiste con guasa: «Sí, hombre, uno bajito, rubio, con la cara como picada de viruelas, venga, no os hagáis los tontos...». Luis Ramos, Miguel Sarabia, Lola González, Alejandro Ruiz, Luis Javier Benavides, Javier Sauquillo, Enrique Valdelvira... Todos permanecen quietos, intentan

imaginar qué es lo que puede pasar, se siente miedo, un miedo físico y atroz, un miedo real, sin paliativos ni defensa, por lo menos de una paliza no nos libra nadie, Dios.
Bang.
Y un tiro suena por la casa, es un estallido seco que parece repercutir en el estómago de todos. «¿Qué pasa? —dice Cerrá con frialdad—. Venga, veniros para acá de una vez».

Sí, a Carlos se le ha escapado un tiro, quizá arrancando los cables de algún teléfono, quizá en un instante de nerviosa confusión: la bala ha agujereado la manga del anorak, pero no le ha herido, afortunadamente. Está tenso, Carlos. Teme no saber actuar a la altura de las circunstancias, y es necesario que sea eficiente, es necesario dar un escarmiento a estos canallas. Ha recogido a Serafín y a Ángel y observa con frialdad sus ojos desencajados, bien sabe Carlos que no son hombres, que son unas ratas cobardes. Obedeciendo a Cerrá los conduce a la sala. Y de repente... De repente un dedo que se siente ajeno ha apretado el suave gatillo de la pesada pistola, es como un juego, esa mano que actúa casi automáticamente.

¿Ha reconocido Carlos a Ángel, quizá? ¿Había coincidido con él en alguna de las reuniones de la huelga de transportes? ¿Tiene miedo a que le identifique? Es todo tan confuso, sucede tan rápido... ¿Ha sido Carlos el primero que ha disparado? ¿Entrando en la sala, la visibilidad tapada por el cuerpo grande, alto y joven de Ángel? ¿Levantar el pistolón con ambas manos, apretar el gatillo, disparar ese tiro contra la nuca indefensa, una bala que entra por detrás, que destroza el cráneo, que sale por la frente, y ese cuerpo que se desploma sorprendentemente, que deja ver con su caída, durante unas décimas de segundo, el rostro estupefacto de los demás abogados? ¿Ha sido el miedo, el nerviosismo, el odio, o ese mandato de muerte que Cerrá y Juliá llevan impreso, implícita o explícitamente?

El primer disparo provoca ecos, ¿son ecos?, no, son los siguientes tiros, Cerrá está apretando el gatillo, Juliá también, es increíble lo fácil que es, el mundo se detiene en este instante extraordinario en el que sólo existen los estampidos de los disparos, los gemidos truncados de las víctimas, ese grito de «asesinos» que alguien dice, el ruido de los cuerpos al caer, el crujido sordo de los huesos reventados, enemigos, son nuestros enemigos, ésta es una guerra por la salvación de España, a los altos hay que dispararles al corazón, a los bajos a la cabeza, no debe quedar ni uno. Dios, Dios, ¿es esto posible?, nos están matando.

Silencio. Qué silencio espeso, extraño. Lerdo se asoma: está muy nervioso, sujeta desmayadamente su pistola, que no está cargada. Hay tanta sangre... Es curioso, sangran como personas, y, sin embargo, se desplomaron con la facilidad de peleles de feria. Es Cerrá quien primero reacciona, se dirigen a la puerta, calma, calma, la cierran despacito tras ellos, bajan las escaleras con paso normal, abren el portal desde dentro, el aire frío de la noche golpea sus mejillas enrojecidas, son las once y por la calle pasea un viejo que ha sacado a mear al perro.

Silencio. ¿Se han ido? Sí, parece que se han ido. Los cuerpos están unos encima de otros. Cuerpos que tiemblan en agonía. Cabezas destrozadas. Cada superviviente tiene la sensación de ser el único. Y ese desdoblamiento: por un lado el horror, por otro esa sensación de ser el lejano observador de una espantosa pesadilla. Hay que arrastrarse por el charco de sangre común, librarse del peso de los compañeros muertos, tan tibios. ¿Qué hacer? Las miradas de los vivos se encuentran: no se habla nada, es suficiente verse reflejado en los ojos moribundos de los otros, es sentirse unidos por encima de todo, unidos en esa vida que se escapa. Luis Ramos se arrastra a la ventana, intenta chillar, pedir socorro. Miguel llega a un teléfono que aún funciona, quiere marcar, pero es un aparato de teclado, no lo conoce. Alejandro le ayuda sin decir palabra, al fin Miguel llama, ¿a quién telefonea? Es curioso, la primera llamada es a la familia, a su mujer, ¿para decir qué?, ¿me estoy muriendo?, sólo después probará a llamar a la policía.

Alejandro repta trabajosamente hacia la puerta, ring, suena el timbre, ¿serán ellos otra vez?, no, es Luis Méndez, un compañero que llega tarde a la reunión, que sale corriendo horrorizado a pedir ayuda. Alejandro cierra la puerta y se tira ante ella, atravesándola con el cuerpo, es un gesto instintivo de defensa, hacer una barrera para impedir que entren «ellos» otra vez. Poco a poco van acercándose junto a él esas sombras que son sus compañeros, Miguel, Lola, Luis. Los cuatro están en el vestíbulo, tirados en el suelo. ¿Seremos sólo nosotros los supervivientes? Y ¿cómo se puede seguir viviendo así, cubiertos de sangre, con esas heridas, la cara de Lola destrozada por esa bala, el pecho y los muslos de Alejandro agujereados, el vientre de Miguel abierto en tantos sitios? Cada respiración ¿no es un paso más hacia el final? En el silencio de la espera viven una agonía comunal, una concretísima sensación de muerte: los abogados escogieron una vez vivir colectivamente, y colectiva es también su muerte.

Lucha como puedas
Gloria, miseria o furor
09/09/79

Pocas veces en mi vida he conocido a gente tan buena como estos luchadores. Me enamoré de ellos, de su humanidad, su veracidad y su estoicismo. El gran Víctor Castilla y su mujer, Ana Luz, me regalaron un cenicero de loza que simulaba una concha con una perla, un objeto modesto y kitsch *que todavía guardo como recuerdo de esas personas luminosas.*

Es una noche veraniega y sabatina, de modo que toca velada de lucha o de «*tele-catch*», como hay que denominarlo ahora, por culpa de la Federación y de su peculiar irritabilidad. Hay velada, pues, y Víctor Castilla ha llegado pronto al Campo del Gas madrileño y ahora se afana preparando y supervisándolo todo: de los vestuarios a la puerta de entrada, de la puerta al repecho del descampado, ahí donde están estacionados los coches de la Policía Nacional —tres microbuses y un *jeep*—, desde donde se puede observar todo el recinto para hacerse una idea del aforo. Hoy no hay mala entrada, sobre todo si se tiene en cuenta que la temporada ya se acaba: las gradas de hormigón están casi llenas, y las sillas de pista, esas sillas de tijera plantadas entre el polvo, junto al ring, ya están ocupadas en sus dos terceras partes por un público heterogéneo y rumoroso.

Son más o menos los mismos de siempre, unos cuantos progres barbudos y gafosos, que últimamente parecen haberse aficionado al *catch*, y luego un puñado de matrimonios de avanzada edad, particularmente activos a la hora de gritar, y más allá hay algún caballero muy bien vestido y de digno porte que luego, Víctor lo sabe, sacará en el transcurso de la pelea un lenguaje sucio y desgarrado, proclive a insultos especialmente crueles. También están los niños, niños modosos y familiares unos, o niños pandilleros y desharrapados, con aire de desafío. Y muchos hombres de mediana edad, arracimados, palmeándose las espaldas con ruda camaradería masculina, y hay también grupos de macarras inocentes, y algún carroza discreto, ansioso de contemplar carnes hombrunas, y aún faltan por contar los novios tiernamente cogidos de las manos, y los viejos y los locos, que hay muchos locos solitarios en estas veladas de verano. Ahora mismo, por ejemplo, está entrando en el recinto ese chico veinteañero y fornido que viene todas las semanas, ese chico de cerebro confuso que nunca paga entrada y al que hay que dejar pasar porque si no grita, se retuerce y patalea, pobre loquito amante de la lucha.

Pero los combates están a punto de empezar y Víctor Castilla se ha puesto esta noche, última de la temporada, una camisa color rosa fuerte, rosa fresa, que le hace aún más visible entre la masa. Y eso que Víctor nunca podrá pasar inadvertido, con su corpachón aún grandote y potente, a pesar de rebasar la cincuentena, cuerpo de viejo luchador. Y el cráneo rapado, y la cabeza inmensa, rotunda, encajada entre los hombros sin apenas cuello, y sus rasgos descomunales, con la gruesa boca de perfiles feroces, boca de ogro de cuento, boca de malvado traganiños, y un bulto cabalgándole en la nuca como rúbrica de su fealdad, que de tan fea resulta artística. Corre de acá para allá Víctor, pues, ultimando los detalles, y sus pasos están mordidos por la cojera, por esa maldita pierna que duele tanto y que cada día mueve peor, porque aquella lesión que se produjo luchando hace diez años, cuando se partió la cadera, ha ido degenerando y fastidiándole la pierna entera, y poco a poco, piensa Víctor, es posible que le convierta en un inválido. Por esta lesión, y también por la edad, claro está, dejó Víctor Castilla de luchar hace seis años. Intentó montar un mesón, vivir al margen de la lucha, y no pudo; ya se sabe, el gusanillo. Por eso se asoció hace tres temporadas con Jacobo Rossi, otro exluchador de estirpe, y formó con él la empresa Los Colosos del Ring, y se hicieron promotores del Campo del Gas, y ahí van tirando, con las veladas durante el verano, con un gimnasio durante el invierno, viviendo, en fin, siempre dentro del terreno de la lucha.

Arrastrando su pierna por el polvo, Castilla aspira ahora la expectación del ambiente, nostálgico quizá ante los preparativos del combate. Por los altavoces que cuelgan de altos mástiles se está retransmitiendo, como siempre, una crónica de toros a gran volumen, «José Luis Ganoso ha toreado muy bien a sus dos enemigos, brrr, purrr, purrr..., el de Puerto Real, que estuvo muy sentido y muy torero, fiuuuuu, despachó al primer asta..., brrrr, purrrr, purrrr», escupen los viejos altavoces con gran descoyuntamiento de interferencias, mientras un loco o un borracho, de chaqueta inmensa y pecho hundido, bailotea entre las sillas de pista, las manos callosas en alto, las bocamangas deshilachadas, la sonrisa quieta y boba.

Pero ya salen. Hay un rebullir del público, se silencia el altavoz. Ya ha subido el primer luchador al ring, saltarín y sonriente, con su *slip* negro, sus botas de cordones y una capa de lamé dorado sobre los hombros. Es gordo, o, para mejor decir, de carnes abundosas, de barriga espesa. Ojos negros, nariz un poco arremangada, grandes bigotes que cubren una sonrisa tuerta, porque le faltan dientes del costado derecho. El presentador coge un micrófono que apenas suena y hace la introducción pertinente, «a mi derechaaaaaa», y señala al mellado, «Joe el Exóticooooo» —«¿El qué?», pregunta alguien entre el público. «El Exótico, hombre, el Exótico», contesta su vecino—, y Joe se contonea sobre la lona, sujeta con gracia infinita el borde de su capa de lamé, hace rebotar su vientre de acá para allá con airosos saltitos, lanza miradas húmedas y arrebatadas por la comisura de los ojos, se lame la mella con una lengua sonrosada y atrevida. De la concurrencia se levanta un bramido de gozo: Joe es una víctima perfecta, una diana apropiada para las mayores crueldades, y hay risas entre el público, y corren los codazos fila a fila, y ya los más fogosos comienzan a gritar en son de chufla: «Aig, loca, más que loca, que eres una loca», y el de más allá: «Cuidao con el rímel, nena», y el amigo de ése: «Que te pareces a la Ursulandresss, tía», y mientras tanto, Joe, impertérrito, sigue dando vuelecitos por el ring y sonriendo con coquetería y donosura; este Joe tan exótico que, además de hacer de homosexual, hace de malo, o de «rudo», como se dice en el argot de la lucha. Así es que el público paladea anticipadamente el combate y procura ensalivar el mayor veneno posible y acumularlo en la punta de la lengua: «Mariquita, mariquita».

Pero ha sonado el gong del primer asalto (son cuatro, de cinco minutos cada uno) y ya está el Exótico agarrado a Juan Barajas, su contrincante, otra mole humana que hace de bueno, o, como ellos dicen, de «técnico». De repente Joe le da un rodillazo en el hígado al contrario y, con éste ya en el suelo, le patea con furia, brinca sobre su estómago, le da puntapiés por debajo de la discreta línea de flotación, pone cara de malo, de malísimo, mientras el otro se retuerce de dolor y llena el aire con sus gemidos. El público ha elevado el diapasón de su furia, sus insultos son ahora más frenéticos: «Cabróóóón, maricón, hijo de putaaaaaaa»; Juan Barajas se recupera de forma sorprendente de la acción trituradora del Exótico, se levanta, le golpea limpia y rudamente, los espectadores le piden con gozo que le mate, que mate al marica: «Que estás loca con sus bolitas, mariposa»; un niño se adelanta, se acerca al ring, lleva un arma de juguete entre las manos con la que ametralla al Exótico con gesto reconcentrado y justiciero; en éstas, Joe agarra del cabello a su oponente («Que le está tirando de los peloooooos», berrea el público mientras el árbitro permanece de espaldas sin enterarse de nada), le mete los dedazos en los ojos, le retuerce la nariz mientras el bueno aguanta con estoicismo, y después, cuando Barajas se desploma, Joe corre hacia las cuerdas, sube a ellas, se enfrenta con el público, le reta con sus posturas afeminadas y etéreas, mientras la masa le insulta salvajemente, mientras le odian.

Ahí está Joe el Exótico, trepado a las cuerdas, actuando de chulo y de malvado para más diversión de los espectadores, y piensa Joe que el público está caliente, bien caliente, y que mejor no pasarse con el reto, que si no la cosa se vuelve peligrosa, como hace quince días, aquí mismo, en el Campo del Gas, cuando después de combatir se volvió hacia los vestuarios y por el camino algunos espectadores se abalanzaron sobre él, le bajaron el bañador, le tiraron de..., en fin, y por si eso fuera poco le quemaron el pecho con la brasa de sus cigarrillos (y el voluminoso vientre de Joe el Exótico está marcado por unos lunares redondos y sospechosos, por unas cicatrices color marrón oscuro, dos, tres, cinco marcas, las señales de las quemaduras, aún visibles semanas después), y menos mal que llegó la policía, que si no... Claro que en esos momentos uno se irrita, y llega a pensar: «Si pudiera cogerlos y darles un par de tortas [un par de tortas con esos brazos potentísimos, que Joe, pese a su apariencia gruesa, es todo músculo, es un atleta, un gimnasta, un acróbata perfecto, capaz de volatines imposibles], si pudiera darles un par de tortas y decirles, pero ¿qué pasa, tío, qué pasa? Y es que, hombre, molesta un poco que después de que tú sales intentando dar lo mejor de ti mismo, intentando que la gente se lo pase bien, intentando hacer una actuación perfecta (y es tan difícil, tan difícil, hace falta estar bien preparado y ser buen actor y buen gimnasta, y ser valiente, porque hay muchos accidentes, como la doble patada que le dio Huracán hace dos años y que le saltó los dientes, que Joe se levantó escupiendo sangre y huesos entre el regocijo de los espectadores y desde entonces tiene esta mella que lame con dulzura), y estás nervioso, tenso, procurando ser un buen profesional, intentando divertir al público, bueno, pues molesta que después de semejante esfuerzo te ataquen de tal manera, te ataquen personalmente, te quemen la barriga con cigarros... Claro que a todo te acostumbras, porque cuando salí a pelear por primera vez, hace catorce años, en el Price de Barcelona, me asusté mucho, estaba tan nervioso que casi le rompí la muñeca al contrario. Luego vas aprendiendo, aunque los nervios siempre están, porque cuando toca pelear todos estamos muy tensos, nos fumamos dos paquetes de cigarrillos o vamos cada dos por tres a los servicios, de puro nervio que te entra. Pero es distinto, luego te llega a gustar que la gente chille, porque eso es señal de que has representado tu papel, de que has gustado, de que los has conmovido...». Y quizá la gente se irrite más con él por hacer de homosexual, aunque Joe, que en realidad se llama José Adell y tiene treinta y cinco años, está casado y es padre de dos hijos, y vive con María Rosa, su mujer, una muy convencional vida familiar allá en el barrio obrero de Barcelona, en donde está su casa. «Yo no sé, siempre he hecho de malo, o de rudo, porque con esta cara que tengo no podía hacer otra cosa, pero hace un año se me ocurrió coger este personaje del Exótico, porque aunque no soy homosexual pertenezco al Frente de Liberación Gay de Cataluña, porque me parece que los homosexuales tienen derecho a vivir como todo el mundo y pueden hacer con su cuerpo lo que quieran con tal de que no molesten a los demás, y por eso escogí este personaje, por cosa reivindicativa, porque en este país ser marica es peor que tener la lepra, y yo quería demostrar que esta gente, que siempre ha estado marginada, es gente normal, que lo suyo no se contagia y que deben ser respetados. Y lo que pasa es que creo que esta sociedad es demasiado machista, hay mucha gente que chilla mucho y que a lo mejor luego son peores, vamos, que dicen que son muy machos y luego en realidad, pues... Porque de mis trabajos en el cine yo conozco a mucha gente, actores de nombre, por ejemplo, que hacen papeles de macho y luego no son así, como Kirk Douglas, que hace siempre de hombre durísimo y luego en la vida real pues..., y tiene todo el derecho a ser como quiera».

Y piensa Joe que no se puede quejar, que aunque este deporte-arte-espectáculo-magia es muy duro no le va mal y puede vivir de ello, bueno, de luchar en los veranos y luego, en los inviernos, de alguna película que salga (ya ha hecho una docena) y del *show* que acaba de montar con otros dos compañeros de lucha y de películas, un *show* que llevan por las salas de fiesta, una pelea del Oeste con volteretas y puñetazos y todo eso, y la idea de este *show* se le ocurrió a Albert Boadella, qué cosas, el de Els Joglars, el de la cárcel, que es cuñado de Freddy Turner, uno de los actores del *show*, y Albert pensó que un espectáculo así tendría que gustar, y ya lo creo que gusta, marcha muy bien por las salas de fiesta...

Y Joe se baja de las cuerdas, se lanza de nuevo contra Barajas, forcejean, aúllan, se golpean con ruidosos cachetes, tan sonoros como las tortas circenses, se pegan costaladas tremebundas, montan, en suma, un espectáculo verdaderamente precioso y al fin, al fin, Joe «plancha» al adversario, o sea, que le sujeta de espaldas contra el suelo, con los dos hombros pegados a la lona: el árbitro se agacha, cuenta tres, da el combate por terminado, «Vencedooor, Joe el Exóticoooooo...». La gente chilla, enfurecida, disgustada, decepcionada porque ha ganado el malo, el marica; hay un tremolar de desasosiego en el ambiente y la policía escolta hasta los vestuarios a Joe, entre espectadores que le odian. Y, sin embargo, la pelea ha sido soberbia, los volatines, fantásticos, los ejercicios, arriesgados, la interpretación del Exótico, impecable, siempre con su sonrisa insinuante, siempre en su papel.

Cuando llega el descanso y las luces del ring al fin se apagan durante diez minutos —las veladas suelen tener cinco peleas, y una de ellas normalmente es de «*catch* a cuatro», es decir, por parejas, multiplicación prodigiosa de buenos y de malos—, los niños se abalanzan al cuadrilátero, se suben trabajosamente a la lona, intentan repetir entre ellos los fabulosos golpes que acaban de ver, y los encargados del Campo del Gas se esfuerzan en apearlos del ring: «No es porque no puedan estar ahí, es que se terminan lastimando», y también sube el muchacho algo loco que viene cada semana, el que entra sin pagar, y allá arriba, entre las cuerdas, Gulliver entre los niños, se contonea grandullón e ingenuo con una sonrisa feliz entre los labios, y también a él hay que decirle eso de: «Venga, hombre, bájate del ring», y hay que decírselo con mayor dulzura que a los críos, porque el chico está fuerte y no es cuestión de que le dé la rabieta y haga o se haga daño.

Mientras apoya todo su peso en la pierna buena, para descansar, Víctor Castilla piensa que la noche por ahora marcha bien. La gente está contenta, se han divertido en los tres primeros combates, no ha habido ninguna lesión, en fin, la cosa funciona. Ahí enfrente, sentada en silla de pista, está la mujer de Víctor, Ana Luz, muy hermosa aun con su pelo todo blanco, con su cara tersa y sonrosada, que ya se sabe que siempre ha sido muy guapa, que no en vano los llamaban la Bella y la Bestia cuando él estaba todavía en activo. Llevan toda una vida juntos, desde que se casaron en el 52, y no han tenido hijos, ésa es la pena, porque los niños los fascinan.

—¿Qué tal estás, Ana Luz? —pregunta Víctor, cariñoso.
—Pues nada, que me duele mucho el brazo.
—Pero mira que eres quejica...
—Anda, calla, calla, que te hago otro chichón —contesta ella con fingido y gozoso malhumor.

Ana Luz, ahora, tiene el brazo en cabestrillo porque se rompió un hueso tontamente en un frenazo de un taxi, pobrecita. Pero aun así sigue viniendo a las veladas, que le encantan. Así se conocieron, en Barcelona, hace tantos años. Poco después de casarse fue cuando Víctor cogió su personaje más famoso, el de Quasimodo. Claro que, con el físico que tenía, Castilla se vio siempre obligado a interpretar personajes de malo, de rudo. Primero fue Torito Arandino, cuando aún estaba en el boxeo, luego se llamó Castilla el Rudo Burgalés, cuando empezó en la lucha profesional; más tarde, el Hombre de las Cavernas; después, el Ciclón del Caribe, y luego, King-Kong, que fue un personaje que también gustó mucho, y por último, Quasimodo, a partir del año 1956 y hasta que se retiró, ese personaje que fue su delirio, que le encantaba, con el que se hizo mundialmente famoso, el feroz y bestial Quasimodo con su chaqueta de rombos cuajada de cascabeles y una pesada campana entre las manos.

Víctor siempre salía al ring con ella y una vez la dejó en su córner y un espectador particularmente furioso se acercó, cogió la pesada campana de bronce y se la lanzó a la cabeza mientras él luchaba y por poco le descalabra. Qué cosas. Ahora Víctor tiene cincuenta y dos años y hace ya seis que se retiró. En realidad, la vida media de un luchador, si no está muy lesionado y se mantiene bien, puede llegar hasta los cuarenta y cinco y no más. «La verdad es que cuando yo me retiré estaba hecho un cacharro», piensa Víctor mientras se palpa la pierna: tuvo la lesión de la cadera, y aquella, también grave, que le separó el esternón de su sitio. Por eso, por los golpes que se ha dado, Víctor tiene, ahora que es empresa, especial cuidado en poseer un ring en condiciones, cosa que nadie suele hacer en esta profesión, porque él ha tenido que luchar a veces en el puro suelo, o en cuadriláteros asesinos escasamente preparados.

Así es que Ana Luz y Víctor no tienen hijos, pero a cambio tienen un chihuahua con complejo de gran danés que se llama Pío Pío, y un gato que tiene por nombre Simún Viento Terrible del Desierto, pero que consiente en ser llamado Michino por la familia, y varios periquitos y jilgueros y canarios, y una casa pequeñita y vieja en un barrio fabril madrileño, una casa demasiado abigarrada con los recuerdos que Víctor ha ido recolectando en sus viajes (porque Castilla conoce todo el mundo, todo menos Australia), y con los muchísimos libros de Ana Luz, que es una lectora insaciable, y con los álbumes de recuerdos que ha confeccionado su mujer, que ahí están las fotos de Torito Arandino, un Víctor guapetón, con pelo aún, con nariz recta, con el bulto del cogote apenas visible. No es mucho todo esto, la verdad. No es tener demasiadas cosas después de toda una vida de esfuerzos, no es nadar en la riqueza. Y, sin embargo, Víctor está contento y satisfecho.

Y lo está porque él nació en Aranda, en una familia campesina apretada de penurias. Tenía cinco hermanos, ninguno metido en la cosa del deporte: en realidad, el primer boxeador de Aranda fue él, porque Víctor, ya está dicho, se metió de entrada en el boxeo. Y fue ésta una decisión casi a la desesperada: «En el año 1937 mi padre cayó enfermo, y por falta de medios y de asistencia se murió. A mí me decían que me parecía mucho a mi padre, en lo honrado que era y en lo trabajador. Y yo pensé que como mi padre, pese a ser tan honrado y tan trabajador, había terminado muriendo sin necesidad, de una manera absurda, yo tenía que buscarme otra forma de vivir». Y así se hizo boxeador. La verdad es que al principio le ayudaron mucho los del Frente de Juventudes, «las cosas como son», y primero ganó el campeonato de Burgos y después fue a San Sebastián y se hizo subcampeón de España. Estuvo boxeando como *amateur* durante tres años: «No tenía mucha técnica, pero sí coraje, y levantaba a la gente de sus asientos». Pero ese mundo no le gustaba, no se encontraba en su ambiente, porque el boxeo es una cosa terrible, en el boxeo «cualquier golpe que te den, sea donde sea, te llega al cerebro».

Así es que le hablaron de la lucha, y un amigo de Aranda —Enrique Heredero, qué buen tipo— le costeó un viaje a Zaragoza y le pagó la pensión allá en los primeros tiempos, porque Víctor no tenía una peseta. Y así empezó. «Rico, lo que se dice rico, no te haces en este trabajo, pero si sales al extranjero puedes vivir bien». Y piensa Víctor que está satisfecho de su vida, porque gracias a la lucha ha podido conocer el mundo entero, y eso es algo hermoso que no hubiera conseguido de quedarse en Aranda de campesino, claro está.

Por supuesto que la lucha profesional es algo muy duro, muy difícil. Hay que estar muy bien preparado, hay que compaginar las dotes de actor con las de gimnasta..., hay que tener valor. «Y, claro, tienes que divertir al público sin olvidar al contrincante, porque todos salimos a quedar lo mejor posible, porque todos queremos ganar, no puedes perder siempre, porque en ese caso el público no te aprecia. Y es mentira, es mentira eso de que antes preparas los combates con el oponente: un buen profesional no habla antes de la pelea con el contrario, un buen profesional improvisa sobre el ring. Eso sí, sales sabiendo que, en primer lugar, hay que conseguir que el público se lo pase bien, o sea, lo primero es el espectáculo. Y después, lo de ganar o no viene más tarde». Y por eso, quizá, suele ganar el bueno, el técnico. Porque el rudo es el contrapunto, porque el malo es el alma del espectáculo, y está más pendiente de la reacción del público y de mantener el ritmo que del contrario, y así, al llegar a los asaltos finales, puede estar más distraído, puede ser realmente sorprendido por el oponente, puede ser «planchado» aun sin quererlo.

«Y cuando representas bien tu papel de rudo, cuando la gente brama de odio en tu contra, es que lo has hecho bien, es que los has convencido, es que el público se ha creído lo que tú has querido expresar, y por tanto es un éxito... Claro que también es un poco duro, es duro que te insulten y te ataquen... Como en Liverpool, porque yo es que las he pasado canutas, como en Liverpool, cuando vencí al niño bonito de allí, al favorito, y la gente me quería matar, los espectadores se tiraron al ring y mis compañeros se subieron para ayudarme y a uno en la pelea le rompieron un dedo... Yo me arrojé del ring y corrí hacia los vestuarios, por el camino me pusieron la zancadilla, me dieron patadas, al final conseguí entrar en las cabinas y cerré la puerta y me apoyé contra ella, y así estuve desde las diez de la noche hasta las dos o las tres de la madrugada, con la gente intentando tirar la puerta...». Y da un poco de coraje que la gente se ponga así, «porque uno se siente orgulloso de crear un buen espectáculo, pero no de crear agresores. Claro que yo normalmente he sabido llegar hasta donde podía, quiero decir que cuando veía que el público estaba muy irritado procuraba calmar los ánimos; si no hubiera tenido esta habilidad, a estas horas ya estaría muerto...». Y da lo mismo que el público sea culto o no, da igual. Quitando Japón, donde los espectadores son muy educados y al final siempre aplauden, en todas partes es lo mismo. Por ejemplo, en el Albert Hall de Londres, donde Quasimodo peleó muchas veces:

«Allí llegaban los hombres con sus trajes de etiqueta, las mujeres con sus pieles, gente finísima y educadísima, y luego se convertían en bestias; en el Albert Hall han intentado pincharme con los paraguas, pegarme, escupirme... Es el instinto bestia que sale. Los hombres somos peores que animales, como en Barcelona, que había un médico con su mujer, una pareja que venía siempre, estaban abonados a dos sillas de pista, y una vez tuve que detener el combate, bajarme del ring y decirle: "Mire, oiga, que ni yo soy así ni mi madre era así". Luego me encontré con él en un bar y el hombre me pidió disculpas... Es que con esto de la lucha les sale el animal, les salen las frustraciones, todos los gritos que no dan durante el día, porque no se atreven, a sus mujeres, a sus maridos, a sus jefes, y luego llegan al ring y se descargan atacando a los luchadores, que están indefensos... Esto forma parte de esta vida que llevamos, tan nerviosa...».

Y quizá sea por esto, por la conciencia de su propia potencia física (una potencia que nunca emplean a fondo, que retienen para no causar daño), y por el contacto cotidiano con la bestialidad ajena, por ese saber contenerse ante los insultos, por esa tranquilidad moral, por esa superioridad íntima, será quizá por todo esto, digo, por lo que a los luchadores profesionales les ha nacido esta humanidad que poseen, su sentido generoso y solidario de la vida, su serenidad, ese equilibrio personal. Porque los luchadores tienen una hondura humana peculiar, porque son, en definitiva, buena gente, tan buena gente como es difícil de encontrar.

Víctor lleva tiempo inmóvil y se le está quedando fría la pierna y luego cuesta más moverla, maldita lesión de cadera, esa lesión que se produjo en 1969 y que después fue degenerando. Aunque en 1970 todavía fue capaz de aquella proeza en Berlín. Resulta que no venía mucho público a los combates, y el promotor alemán le dijo que por qué no hacía un número publicitario. Así es que él se vistió de Quasimodo, agarró la campana y, ni corto ni perezoso, siguiendo los consejos del promotor, escaló por la fachada de la catedral moderna de Berlín. Bueno, la que se armó. Abajo llegaron a reunirse cinco mil personas, avisaron a la policía, vinieron los bomberos... Y cuando Víctor llegó arriba, madre, qué altura, no podía descender, así es que se agarraba a la campana y gritaba: «Si no me traen a Esmeralda, no me bajo». Los bomberos ponían una lona debajo y le decían que se tirase, pero él no quería, había que dar un salto enorme. Para más dificultad, además, Víctor padecía en aquella época de vértigo de Ménière, o sea, que de resultas de un golpe se le había inflamado el oído y de repente le empezaba a dar todo vueltas, algo espantoso, y se caía al suelo. Estuvo cinco años con esa enfermedad, medicándose, y al final se le pasó. Por aquel entonces le aterraba la idea de que le diera un ataque en el ring, porque pensaba que si el compañero no se daba cuenta podría matarle; era una sensación de angustia... Pero, afortunadamente, nunca, en los cinco años, le dio el vértigo durante las peleas: fue una suerte. Bueno, el caso es que, pese a padecer la inflamación de Ménière, Víctor se subió a la catedral y después, cuando al fin lo bajaron, un policía alemán le pegó una patada en los riñones y luego le llevaron a la cárcel; claro que el promotor le sacó enseguida. Esto era, ya digo, en el año 1970, y él estaba ya hecho unos zorros, la verdad...

Se han encendido nuevamente las luces del ring y ahora llega el combate de la noche: Bengoechea, que es la figura española del momento, contra Destroyer. El público lee con delectación un panfletillo que se ha repartido a la entrada; es una hoja con la foto triunfante de Bengoechea, y en el reverso, la explicación de la famosa tenaza navarra que este luchador emplea, y que dice así:

>Según los estudios hechos por técnicos facultativos, han llegado, en líneas generales, a la más posible y acertada solución sobre la efectividad de dicha llave. La tenaza navarra consiste en: a) la presión del dedo índice sobre la parte frontal de la cabeza; b) la presión del dedo pulgar sobre el temporal derecho; c) el dedo corazón, sobre el temporal izquierdo; d) el dedo anular sobre el esfenoides, presionando, a su vez, el nervio óptico.
>De estas presiones, la solución es la siguiente: 1. La presión de los dedos sobre los huesos es lo que hace producir un intenso dolor de cabeza, con una duración de diez minutos hasta veinte minutos máximo. 2. La presión de los dedos sobre el nervio óptico, que pasa por el esfenoides, es lo que produce la falta de visión durante diez segundos a un minuto, máximo, y a veces origina una falta de conocimiento con una duración de diez segundos a dos minutos o más. Esperando entiendan, en líneas generales, la efectividad de la tenaza navarra, se despide con afecto hacia todos los adictos a este deporte-espectáculo.
>Firma,
>Bengoechea

(Y dice el propio Bengoechea: «Esa presa la descubrí por casualidad: estaba en unos entrenamientos, agarré al contrario jugando y me dijo que le hacía daño; así es que ensayé y perfeccioné la presa y les pregunté a unos médicos la efectividad que tenía, y luego, siguiendo una vieja costumbre de la lucha, lo expliqué en ese papel para que el público comprendiera cómo era..., aunque de todas formas a mí me aterra pensar que yo pueda hacer daño a un contrincante, que le pueda lesionar; eso me espanta»).

En éstas, sube al fin Bengoechea al ring; es joven, rubio, de ojos azules, sin una gota de grasa en el cuerpo, guapo, es el ídolo del momento, el luchador español más famoso, Bengoechea Junior, vástago último de una dinastía de luchadores, en el recuerdo quedan los nombres de sus tíos, de Juan y, sobre todo, de Pedro Bengoechea, que fue uno de los grandes. Y llega también Destroyer, una mole de carne convenientemente sujeta dentro de mallas negras. Todo en él resulta amenazador, desde la máscara siniestra con la que se cubre cabeza y cara hasta los gestos rudos y despectivos que hace. Un estremecimiento de odio recorre el campo, algunos se levantan y se acercan al ring para insultar con más comodidad a Destroyer, mientras la policía se afana en devolverlos a su sitio con educada firmeza: en especial a ese hombrecito de cara descoyuntada, ese que intenta levantarse continuamente los pantalones caídos y que grita insultos irreconocibles a través de sus encías calvas de dientes.

El árbitro está efectuando ahora la comprobación rutinaria de manos y pies de los luchadores para ver si ocultan algún objeto contundente. Y de repente Destroyer parece esconder algo en los riñones, metido bajo el calzón. Así es que el público empieza a gritar: «¡Que tiene algo, que tiene algooooo...!» para avisar de tal malicia a ese árbitro que nunca se entera de nada, pero el tipo de blanco sigue sin aclararse y los espectadores se desesperan más y más. Al fin parece que el árbitro coge onda y hace volverse a Destroyer, pero éste se ha sacado lo que escondía y ahora se deja mirar con los dos brazos en alto y un puño cerrado, como conteniendo algo; el público brama con desasosiego: «En la mano, imbécil, mírale la mano», y el árbitro sigue sin enterarse, hasta que al fin parece escuchar el griterío y exige al luchador que le enseñe las palmas abiertas, pero Destroyer ya se ha guardado de nuevo en los riñones el enigmático objeto y muestra unas manos limpias. Los espectadores están echando espumarajos de horror ante tanta mala fe y se desgañitan intentando advertir al árbitro y a Bengoechea de la perversidad de ese mal hombre. Gritan y gritan, espeluznados, lo mismo que los niños en una función de títeres, cuando, sobrecogidos por el susto, se esfuerzan en avisar al buen Currito de que la perversa bruja ha aparecido por detrás de él con una estaca, mientras Currito mira para otra parte sumido en un despiste propio de toda alma cándida.

En éstas, una mujer joven, con un bebé entre los brazos, se acerca al ring: es Trinidad, la esposa de Bengoechea. El luchador se agacha, la saluda, besa a la nena: se produce al instante un silencio religioso en todo el campo mientras dura este rito familiar. Después, Bengoechea se incorpora, se santigua con brevedad en un rincón, suena el gong, la lucha empieza. Cuando Trinidad vuelve a su silla de pista, el vecino de fila le dice cortésmente: «Usted perdone, señora, si insulto a su marido...».

La verdad es que Bengoechea sólo tiene veintisiete años, aunque aparenta alguno más, y se llama, en realidad, José Ignacio Gorospe Quintana, y es navarro, de Olazagutía. Como viene de familia de luchadores, a José Ignacio le entró desde muy niño el gusanillo peleón, y ya a los doce entrenaba en un gimnasio. Claro que a los dieciocho lo dejó, porque Trini, que era su novia por entonces, le convenció de que era una cosa más bien bestia. Pero al salir de la mili necesitaba dinero, y decidió meterse en esto y le fue bien. En 1975 se casó, tiene dos nenas y hoy es un hombre puntero en esto del *catch*, aunque en realidad él trabaja en otra parte, porque Bengoechea es auxiliar de clínica del

Alonso Vega, y forma parte del comité de empresa de la Ciudad Sanitaria Provincial, lo que antes se llamaba el «Francisco Franco», que ahora le han quitado ese nombre «por convenio». José Ignacio está ahí muy bien considerado, porque es hombre solidario, un líder sindical; tiene las ideas claras en materia laboral y política y es persona progresista y batalladora. Lo que pasa es que luego, en los fines de semana veraniegos, José Ignacio Gorospe se convierte en Bengoechea Junior, campeón del mundo, el de la tenaza navarra: él es de los técnicos, un luchador limpio y popular. Claro que José Ignacio mantiene su mismo espíritu reivindicativo en el ring, y por eso, por solidaridad, se ha sumado a los trece luchadores expedientados por la Federación, aunque él mismo no estaba sancionado. Pero vayamos al principio; en el programa de Íñigo, en la tele, pusieron unos combates de lucha —«*tele-catch*»— que llevaron Los Colosos del Ring, la empresa de Víctor Castilla y Jacobo Rossi. Se intentaba dar trabajo en invierno a los luchadores que estaban parados y se explicó por televisión que era una especie de pantomima del cómic americano. Pero la Federación de Lucha se molestó, y sancionó a perpetuidad a trece luchadores. A Bengoechea, y a otros muchos, esto les parece injusto. En cambio, qué curioso, la Federación no protesta cuando hay que luchar en un ring en malas condiciones. Piensa Bengoechea que el luchador está desasistido: no tiene seguridad social, no tiene paro. La Federación posee una mutualidad médica (y bien puede, puesto que cobra un tanto por cada velada y una cuota anual a cada luchador, y otra por los campeonatos, e ingresa, en fin, un buen dinero, cuyas cuentas nunca ha rendido), pero esta mutualidad sirve de muy poco: el mismo Joe el Exótico tuvo hace poco un derrame en los tobillos y el médico de la Federación le administró tan sólo unos calmantes, con lo cual Joe tuvo que permanecer mes y medio sin trabajar, y en ese tiempo se comió todas las ganancias de un viaje a Alemania. Y gracias a que tenía ese dinero. Y él, Bengoechea, se rompió el peroné hace poco con un golpe desafortunado, y tuvo que estar tres meses de baja: menos mal que le cubrió el seguro de su trabajo en la clínica, que si no... El caso es que sancionaron a los trece luchadores, y entonces Los Colosos del Ring tuvieron que ponerle un nuevo nombre al espectáculo, el de «*tele-catch*», para no tener problemas con la Federación y poder seguir dando trabajo a esa gente. La verdad es que Los Colosos es la única empresa que se porta bien; cuida las condiciones de lucha, ofrece un contrato que se firma cada velada y que te cubre médicamente si te lesionas, permite que los luchadores aporten ideas... Quizá por todo esto han recibido muchas zancadillas, zancadillas de la Federación, de las otras empresas españolas, que funcionan como verdaderos monopolios: como la de Barcelona. O la de Valencia, o la de Zaragoza... Y piensa Bengoechea que él al menos tiene un trabajo fijo, la vida resuelta. Pero sus compañeros están ahí, dependiendo de este azaroso, arriesgado oficio, sin recursos. Dura vida ésta.

Destroyer está pateándole los hígados a Bengoechea, y aprovechando un descuido del héroe le lanza con contundencia contra el córner. Mientras el navarro permanece atontado en el suelo, Destroyer se dedica a desatar malévolamente el protector de espuma que recubre el córner para evitar que los luchadores se hagan daño contra el hierro. La gente brama observando sus intenciones, mientras el árbitro está de espaldas sin enterarse de nada, cual suele; así es que Destroyer agarra a Bengoechea, y le va a lanzar contra la peligrosa esquina desnuda («cabrón, cabrón, asesino», clama la concurrencia, torrefactada en sus propias iras) cuando hete aquí que el navarro se libra portentosamente de la tenaza y consigue ser él quien estrella al malo contra el córner manipulado. «Ahhhhh», gran alarido de satisfacción del público. Pero, ay, Destroyer parece haberse enfurecido; se abalanza sobre Bengoechea, le da un rodillazo en los testículos, lo tira al suelo, le agarra del pelo, le refrota los ojos, le inmoviliza, al fin, en una presa que el público intuye sucia, como si le agarrara de donde no debiera. Bengoechea grita de forma desgarradora; un espectador particularmente nervioso se acerca y lanza un cubo de agua sobre ellos (el agua, digo, y no el cubo, por fortuna), intentando deshacer la tenaza, pero ya el árbitro, el muy estúpido, cuenta hasta tres y da vencedor a Destroyer. Hace apenas dos minutos que ha empezado el combate y Bengoechea queda tirado en el suelo, retorciéndose de dolor; así es que Destroyer le patea y le arroja rodando fuera del ring, y ahí, sobre el polvo, permanece tumbado el navarro, en apariencia fuera de sí, aullando, sujetándose sus partes como si las tuviera machacadas.

Y aquí empieza lo gordo. El público se desmanda: ese 30 % o 40 % de público que se lo cree todo, que vive las peleas con absoluta intensidad, convencidos por la magia y por el juego. Y decenas de personas se levantan, rompen el cordón de la policía, se abalanzan al ring. Por un momento el Campo del Gas se convierte en un caos; los segundos de Bengoechea lo levantan del suelo y se lo llevan en hombros, Destroyer desaparece prudentemente rodeado de guardias; los espectadores insisten en matar a Destroyer, en matar al árbitro, en matar a los jueces; los insultos son atronadores, menudean los empujones, policías y público ruedan por los suelos, y el resto de la audiencia, la mayoría sentada en sus sillas, contempla este espectáculo con delectación. Durante varios minutos la velada se detiene, mientras parte del público da vueltas en torno al ring como fieras furiosas, insultando a Jacobo Rossi y al árbitro, que están aguantando el chaparrón en mitad del cuadrilátero, justo en el centro, para estar lo más lejos posible del alcance de los espectadores. Están serios Jacobo y el de blanco, serios pero serenos, porque ambos llevan muchos años en esto y no se asustan ya por nada. El mismo Jacobo, que ha sido luchador toda la vida, lleva en la espalda, justo encima del riñón izquierdo, un monstruoso costurón, una cicatriz violácea de quince centímetros, en recuerdo de cuando le rajaron en Caracas con una botella rota, tras un combate particularmente violento. Y menos mal que aquí, en el Campo del Gas, están prohibidos los vasos, las botellas y los vidrios.

Pero las furias van amainando, ya salen los siguientes luchadores; son Huracán Sánchez, el cubano, y Allan Mitchell, el inglés, dos profesionales formidables, dos técnicos que ofrecen un combate sin buenos ni malos, un combate que calma a la concurrencia y la deja embobada, absorta ante el buen hacer de los luchadores, impecables, prodigiosos, capaces de montar un espectáculo lleno de gracia y de potencia. Allá, al fondo de la explanada, cerca de los vestuarios, Víctor Castilla contempla el ring iluminado. Algunos chavales, algún hombre maduro particularmente impresionable se acercan a él a preguntar por el estado físico de Bengoechea: «Mejor, mejor; está mejor», contesta. Bengoechea está bien, por supuesto. En fin, piensa Víctor, ha sido ésta una buena velada, sí, una velada que ha emocionado, aterrado, indignado, divertido, entusiasmado de forma sucesiva al público. Ha sido una buena velada, un cierre brillante a la temporada. Y Víctor Castilla, trasladando el peso de su cuerpo a la pierna buena, comienza a pensar en las combinaciones posibles para el próximo año, en los espectáculos venideros, mientras la noche refresca ya con la promesa del otoño, y allá, al fondo, de la expectante oscuridad que rodea al cuadrilátero, se eleva un «¡Ahhhhhhhh!» maravillado ante una acrobacia particularmente perfecta y arriesgada de los luchadores.

Herrera, en un lugar de la Mancha
Controversias sobre una cárcel modelo
02/10/79

Este reportaje fue uno de los más complicados que he hecho en mi vida. Dos abogados de presos, Gonzalo Martínez Fresneda y Jaime Sanz de Bremond, se pusieron en contacto conmigo para decirme que en la recién estrenada cárcel de máxima seguridad de Herrera de la Mancha se maltrataba bárbara y sistemáticamente a los internos. Me presentaron a algunos funcionarios del penal que estaban espantados por lo que veían y yo misma quedé horrorizada ante sus testimonios. Los abogados iban a denunciar los hechos en los tribunales, pero temían que no les hicieran caso y necesitaban que antes saliera algo en prensa. Pedí visitar la cárcel y me concedieron el permiso; decidimos publicar el tema en una doble página, a la izquierda la visita oficial, a la derecha las declaraciones de los funcionarios disidentes, con nombres y apellidos. El día antes de la salida del reportaje, cuando ya estaba todo preparado, vinieron a verme al periódico los funcionarios. «No podemos identificarnos, no podemos salir con nuestros nombres», me dijeron, aterrados. Tenían miedo de lo que les pudiera pasar. Así que subí a ver al director, que en aquel momento era Juan Luis Cebrián, y le expliqué lo que había sucedido. «Tengo todo, y me consta que las denuncias son verdaderas. Pero no podemos sacar los nombres de los informantes». «¿Estás segura de que lo que dices es cierto?», preguntó Cebrián. «Completamente». «Entonces lo publicamos». Por entonces todos apostábamos fuerte para intentar cambiar la sociedad; dudo que hoy hubiera salido a la luz un reportaje así. El texto provocó una tormenta monumental. Cuando, meses más tarde, comenzó el proceso, Cebrián y yo tuvimos que ir a declarar ante el juez instructor en Manzanares. El director dijo que no conocía las fuentes, lo que era cierto, y yo, absolutamente muerta de miedo, porque el juez amenazó con encarcelarme, tartamudeé que no podía revelarlas. Por fortuna no me pasó nada. El juicio fue larguísimo, fatigoso, desmoralizador y deprimente. Al final, en julio de 1985, el Tribunal Supremo condenó al director de la cárcel y a ocho funcionarios más a veintidós años de suspensión y un total de treinta y seis meses de arresto por dos delitos de rigor innecesario y nueve delitos de torturas (esto es, malos tratos a detenidos o presos). Fue la primera condena en España por delito de torturas. Antes no existía; fue introducido en el Código Penal en julio de 1978.

La visita oficial

Hay que usar un mapa a gran escala para poder encontrar, en medio de la Mancha, el nombre de Herrera escrito en letras minúsculas. Pero no se busque un pueblo bajo ese nombre: Herrera no es un núcleo urbano, es sólo un enclave penitenciario, camuflado en la soledad de las llanuras castellanas. Ahí está la cárcel antigua, que para decir mejor es un centro de régimen abierto, una granja de reeducación. Durante muchos años, en los alrededores no ha habido nada más: sólo campos de trigo y melonares. Pero ahora, al otro lado de la carretera que lleva a Manzanares —es la población más cercana y está a quince kilómetros—, ha crecido de la noche a la mañana un apiñado montón de casitas.

Desde fuera parece una urbanización modesta, pequeños chalés encalados, todos iguales, todos con un minúsculo jardín pedregoso y reseco. No hay ningún cartel que anuncie lo que esa enigmática urbanización encierra. Y, sin embargo, oculta entre las casitas, perdida en ese desierto sin posibilidad de sombras, está la cárcel cerrada de Herrera de la Mancha, la novísima prisión de alta seguridad, un establecimiento especial para reclusos «altamente peligrosos».

—Esta clasificación de peligrosidad no viene dada por la vida anterior del recluso, ni por el tipo de delito que ha cometido, sino por su comportamiento anómalo dentro de una prisión.

Esto lo dice Santiago Martínez, el director del centro. A Herrera vienen exclusivamente, pues, presos enviados de otras cárceles, ya sean penados o preventivos. Y todos ellos, se supone, han de ser reclusos conflictivos en sus respectivos penales de origen: los hombres que organizaron o intervinieron en motines, los antiguos líderes de la COPEL (Coordinadora de Presos en Lucha), los que intentaron fugarse, los que se autolesionaron, los que agredieron a funcionarios... Para ellos se ha construido esta prisión especial. Especial, porque reúne unas condiciones de seguridad muy elevadas: circuito interno de televisión, centro de control con monitores, alarma instantánea cuando se abre alguna de sus puertas —incluidas las interiores—, cimientos de hormigón y acero empotrados en la roca sobre la que se asienta Herrera, para imposibilitar así la construcción de túneles, doble barrera (de rayos infrarrojos y magnética) rodeando el edificio, un régimen interno muy duro (de primer grado) y superabundancia de funcionarios: la población reclusa actual es de ciento nueve hombres (y quince de ellos son internos de segundo o tercer grado traídos a Herrera para desempeñar los trabajos del economato, cocinas, etcétera, que no pueden llevar a cabo los reclusos considerados «altamente peligrosos» por su especial aislamiento), y para su vigilancia hay ciento cuatro funcionarios: más de uno por preso, contabilizando sólo los internos *especiales*.

Pero Herrera es una cárcel distinta, no sólo por su elevada seguridad. También es un centro misterioso, casi un mito. Desde su inauguración, en el pasado mes de junio, no han entrado en él periodistas. Nuestra visita fue recibida por ello con cierta cautela: el director telefoneó a Madrid para solicitar permisos. Permiso para fotografiar el módulo no habitado, para hablar con un recluso. Al fin se consiguen las autorizaciones y comienza la visita del recinto: de la zona no ocupada por reclusos, «porque dada la peligrosidad de los internos no se puede visitar el resto». En el recorrido nos acompaña el director de la cárcel, el subdirector (Melchor Turiño), un jefe de servicio y dos o tres funcionarios más. Todos muy amables, extremadamente atentos.

Herrera tiene cuatro módulos idénticos. En cada uno de ellos, sesenta celdas individuales en el piso superior. Y en la planta baja, comedores, salas, enfermería, capilla, despacho del maestro, patio, las dependencias necesarias.

Los reclusos que ingresan en Herrera pasan automáticamente al módulo uno, «y ahí permanecen un tiempo variable, que por lo general no excede de dos meses». Es este primer módulo el que posee un régimen más duro: los internos están todo el día en sus celdas, a excepción de la salida al patio «de una hora mínimo, menos aquellos internos que estén en aislamiento». Comen en sus celdas y son los propios funcionarios quienes les pasan la comida, «para que el preso se acostumbre a su contacto y se habitúen al funcionario», comenta el director. «El recluso se mantiene en estrecha observación y si muestra un comportamiento adecuado es pasado al módulo siguiente, y así sucesivamente, y cada módulo va teniendo un régimen más abierto. Con esto lo que se intenta es lograr la adaptación de los internos a la vida en las cárceles; son todos presos conflictivos, y lo que se busca es enseñarlos a vivir en convivencia», comenta Santiago Martínez.

—Pero si se les mantiene aislados de tal manera, ¿cómo se les puede enseñar a vivir en convivencia?

—Dese usted cuenta de que se trata de hombres muy peligrosos, de reclusos especiales. En el módulo uno se les observa estrechamente, se les conoce, se les da un trato adecuado a sus necesidades...

Estamos paseando por el módulo cuatro, aún sin estrenar. El uno está repleto, con sesenta internos. El dos tiene una veintena de hombres; el tres, siete reclusos. Nos enseñan las duchas, «con agua caliente». Y un funcionario se apresura a aclarar que «hay calefacción». Las celdas son pequeños cubículos de dos metros por dos, aproximadamente, cubiertas casi en su totalidad por la cama. A un lado hay un lavabo y un retrete, separados por una mampara, y en el muro del fondo, una gran ventana enrejada que da al patio. «Y éste es el panel de controles de la música», nos dicen, señalando una rejilla metálica en la pared de la celda. Una pequeña palanca muestra tres posiciones: música, silencio y llamada, «para cuando quieran avisar al funcionario».

Luego hay que ver el gimnasio, y el gran salón de actos, que todavía no ha sido utilizado, y la enfermería central, llena de despachos para las diversas especialidades médicas, habitaciones abandonadas con muebles a medio desembalar y con aire de no haber sido aún estrenadas: «La prisión cuenta con la visita diaria de un médico y dos ATS, y si se necesita un especialista lo podemos traer de fuera». Y Santiago Martínez añade que «hasta ahora, afortunadamente, no hemos tenido grandes problemas; sólo un interno ha tenido que ser trasladado al hospital de Carabanchel por habérsele metido un objeto extraño en un ojo». Y ahí, en el hospital, lleva más de diez días.

Es una cárcel especial esta de Herrera, pero su especialidad no se advierte en la construcción. Pese a estar recién inaugurada produce una impresión pobre y triste. Materiales baratos, muebles de ínfima calidad y, por todas partes, una apariencia de provisionalidad, de urgencia en la terminación de las obras: todo Herrera tiene aire de barracón recién encalado, de hangar paupérrimo y desolado. No hay una sola planta verde y el polvo cubre las esquinas: «Lo terrible es que no tenemos presupuesto para nada; en un principio estaba previsto que contáramos con dos mujeres de la limpieza, un cocinero, un jardinero —comenta el director—, pero luego Hacienda dijo que era demasiado dinero y nos hemos quedado sin nada de todo esto». Y, sin embargo, ahí están los monitores de televisión, y los carísimos circuitos de infrarrojos, y la barrera magnética, un montaje de seguridad de lujo en una prisión de muros baratos.

—Dicen ustedes que procuran conocer de cerca a los reclusos. ¿Cuentan con psiquiatras, con psicólogos?

—No, pero tenemos un educador, un abogado criminólogo que los visita, que habla con ellos..., y el constante contacto con los funcionarios, claro está.

Dentro de ese constante contacto hay que contabilizar los cinco recuentos oficiales que se hacen al día, «aunque extraoficiales hay muchos más». Pero hemos llegado a los locutorios. Una sala con ocho cabinas familiares, con cristal antibalas y rejas, que permiten el control de las conversaciones, y dos cabinas más para jueces, no intervenidas. «Las visitas son de un cuarto de hora semanal, pero como la cárcel está lejos, a veces se unen dos turnos y se concede media hora, si el familiar no puede desplazarse todas las semanas».

Es aquí, a los locutorios, donde traen a un recluso para que pueda hablar con él. Se llama Juan, tiene veintisiete años, y fue condenado a ocho por un consejo de guerra por «robo y amenazas». Llegó a Herrera el 22 de julio, procedente de la prisión de Burgos. Juan lleva el pelo rapado casi al cero, sobre su cráneo apenas apuntan unos cuantos canutos endurecidos y punzantes. Junto a él, al otro lado del cristal, y tan cerca que pueden escuchar nuestra conversación, hay tres o cuatro funcionarios. A mi lado, el director de la cárcel, el subdirector, el jefe de servicio. Todos atentos, pendientes de sus palabras. Juan dice que «Burgos era un penal muy viejo, en muy malas condiciones». Cuando se le habla de Herrera sólo contesta que «está bien», y se encierra en un estrecho mutismo.

Hay cierta tensión en el ambiente, en el mismo Juan, de ojos intensos bajo su cráneo pelón: «¿Mi profesión? Era tapicero, oficial de primera..., y es la primera vez que estoy preso, no tenía antecedentes».

La visita a Herrera finaliza. Juan García Espinosa, un funcionario de veintiocho años, comenta que el trabajo en Herrera es duro, «porque el trato con los internos es muy delicado, ya que son reclusos muy peligrosos». Sin embargo, añade, «no hay una relación tensa entre el recluso y el funcionario, aquí nos conocemos mucho mejor, tenemos más relación, somos su único apoyo». Dice Juan García que los reclusos no vienen con miedo a Herrera, «sino con cierta prevención, acaso, pero luego están contentísimos; a mí me han dicho algunos que en otras prisiones estaban mucho peor».

—Algunos dicen que se pegan palizas a los internos cuando llegan.

—Eso es mentira. Lo niego rotundamente. Yo he asistido a seis conducciones de presos y puedo asegurar que no es cierto; lo que pasa es que algunos presos vienen insultándote y dándote patadas y se niegan a entrar, y entonces hay que meterlos entre seis o siete funcionarios a las celdas...

La otra versión

Hace poco tiempo, en el transcurso de una conducción de presos, un funcionario de la cárcel de Herrera se echó a llorar:

—Aquel hombre lloraba porque no podía soportar la contemplación de las palizas que estaban dando a los reclusos.

Esto lo dicen sus propios compañeros, un grupo de funcionarios de la prisión de Herrera de la Mancha, que se muestran disconformes con el régimen interior de este centro. Y su versión sobre la cotidianidad de la prisión difiere bastante de la oficial.

—Sí, es cierto; se pega a los reclusos. En todas las conducciones reciben caña; es como una forma de enseñarles a los presos adónde han llegado. Empezaron los golpes el mismo día 18 de julio, con la primera conducción. Para ser más exactos, con la segunda parte de la primera conducción. Y a partir de entonces...

Las conducciones son siempre reducidas, es decir, traen a los presos en pequeños grupos. Son recibidos por los funcionarios, por la Guardia Civil, por la Policía Nacional: «Un enorme despliegue de hombres; vienen amedrentados y no intentan hacer nada... Eso de que se rebelan y atacan no es cierto. Hay que decir que ni la policía ni la Guardia Civil han tocado nunca a un recluso».

Los internos son sacados del furgón, se les hace entrar en el recinto de la prisión «y ya allí, en la entrada, reciben la primera tanda de golpes». Algún preso hubo de ser llevado en volandas a su celda «porque no se tenía en pie». Una vez pasado este «primer vapuleo» son subidos a sus celdas. Inmediatamente después comienza el cacheo: dos o tres funcionarios van sacando a los presos de uno en uno al pasillo. Le hacen apoyarse en la pared, de cara a ella, sobre los dos dedos índices de sus manos, en precario equilibrio sobre la punta de los pies, con las piernas muy abiertas y separadas del muro. «Ahí siempre cabe la típica gracia de golpearles las pantorrillas, lo que los hace caer al suelo porque la posición que mantienen es muy difícil. Y una vez que el preso está en el suelo, recibe algún golpe más». Después se le levanta, se le traslada a una sala que hay en el mismo módulo y se lleva a cabo la operación de toma de sus huellas dactilares.

«Y es ahí, en esa sala, donde más reciben, porque llevan a los reclusos de uno en uno y puede haber hasta una quincena de funcionarios pegando».

La operación de toma de huellas dactilares está supervisada por el jefe de servicio, de modo que estas palizas se realizan en su presencia.

«De los tres jefes de servicio que hay, dos han participado en los golpes».

Allí se pega al preso con las porras reglamentarias («todos los días que hay conducción se rompen un montón de porras de tanto pegar; algunos funcionarios han tomado ya la costumbre de sumergir previamente la porra en agua y mantenerla después un tiempo envuelta en trapos humedecidos para que aguante más sin romperse») o se utilizan pies y puños.

—Pero este tipo de palizas dejará señales...

—Saben pegar, suelen dar en las nalgas, los dejan diez días sin poder sentarse ni moverse, pero después se quitan las señales... Claro que algunos se pasan y los presos quedan marcados, pero siempre dirán, por miedo, que se han golpeado con la cama, esas cosas...

En la sala de la toma de huellas se les pregunta a los reclusos la razón por la que han sido trasladados a Herrera.

—Si ha sido por agresión a un funcionario, se les ha caído el pelo. Y es peor que mientan, claro está, puesto que tienen su historial.

En Herrera se vuelven a juntar funcionarios y presos que han tenido enfrentamientos en otras cárceles, funcionarios denunciados por malos tratos con el preso que los denunció. Por otra parte, se pide información a los reclusos. Información de los penales de los que acaban de llegar: túneles, proyectos de fuga, aprovisionamiento de drogas... «Se les interroga a base de golpes, y a medida que pasan las semanas muchos cantan. Eso supone el paso al módulo dos, que tiene un régimen de vida mucho más abierto. Muchos de los que hoy están en el módulo dos han delatado algo».

Una vez terminados los trámites del primer día, los presos son retirados a sus celdas.

Las celdas del módulo uno se diferencian de las demás en el «cangrejo». El cangrejo es una segunda puerta de gruesos barrotes de hierro, puesta detrás del portón metálico, hacia el interior de la celda. Tiene una abertura rectangular en medio, por donde el funcionario pasa la comida al preso.

Tras el portón y el cangrejo queda encerrado el recluso recién llegado. Se le ha informado escrupulosamente del reglamento: prohibido hablar con el funcionario si éste no le pregunta. Prohibido hablar con otros presos de celda a celda. Prohibido asomarse a la ventana.

A las 8.30 se les retira el colchón: como la celda es mínima, durante el resto del día tendrán que sentarse en el somier. Por otra parte, tampoco tienen reloj: el tiempo se convierte en algo inmensurable, elástico, amalgamado. Cada vez que hay un recuento el recluso ha de pegarse de inmediato al muro del fondo, mirando al techo, con brazos y piernas abiertos. Y es esta misma actitud la que han de observar cada vez que un funcionario se acerque a su puerta.

La única salida es la del patio. Los del módulo uno sólo tienen veinte minutos diarios; salen de seis en seis, y han de dar vueltas constantemente, con la cabeza gacha, los brazos cruzados tras la espalda y las manos abiertas, mostrando las palmas. Tienen prohibido hablar entre sí.

Cada tres días toman una ducha, «y la ducha y el afeitado se llevan a cabo en sus veinte minutos de patio». Y una vez a la semana, la visita familiar.

Cuando se desplazan por la cárcel los reclusos han de mantener esa postura de cabeza gacha y brazos atrás que tienen en el patio. De modo que hacia los locutorios también van así. Pero cuando llegan a la esquina del pasillo, desde donde puede verlos la familia, tienen orden de erguirse y caminar con normalidad. Después, al volver a traspasar el límite de visibilidad, han de retomar la postura inicial.

Y, por supuesto, tienen totalmente prohibido comentar nada sobre el régimen interior de la cárcel.

Ni que decir tiene que cualquier pequeña infracción de estas reglas es castigada a palos. Basta que un funcionario susceptible piense que un recluso le ha mirado mal o que no tenía la cabeza bien agachada. De todos estos incidentes los funcionarios dan parte inmediatamente; suponemos que para cubrirse las espaldas. Dicen que tal recluso se amotinó, que cometió una infracción, que hubo que llamarle al orden o hacerle una advertencia.

Y entre las infracciones más castigadas está la de llamar al funcionario. «Ya se lo advierten cuando entran: tienes que estar muriéndote para llamar, porque si no...».

La cotidianidad que describen estos funcionarios en desacuerdo es torturante, acechada por el miedo:

—Hemos sido testigos de cómo algunos funcionarios obligaban a reclusos a firmar una instancia voluntaria para pedir un corte de pelo al cero.

—Y, además, no hay equipo técnico... ¿El educador? Nosotros no lo hemos visto jamás. A lo mejor existe en nómina y se acerca por Herrera una vez al mes, pero no lo hemos visto nunca. El que sí va es el maestro.

Pedro García Peña, apaleado junto a Agustín Rueda, que presentó la correspondiente denuncia por la muerte violenta de éste en la prisión de Carabanchel (y se ratificó repetidas veces ante el juez, y asistió al careo con los funcionarios acusados del asesinato, y fue trasladado a Ocaña después, en donde presentó una nueva denuncia ante el juzgado de instrucción número 15 de Madrid, por coacción por parte de un grupo de funcionarios de Ocaña para que se desdijera de la anterior denuncia), llegó a Herrera el día 5 de julio. El día 12 de agosto, domingo, solicitó la presencia de un juez. Éste, juez accidental de Manzanares, llegó a Herrera el día 13. Ante él, ese lunes, Pedro García hizo una declaración en la que se desdecía de todo lo que había estado afirmando en los quince meses anteriores, quitando la responsabilidad de la muerte de Agustín Rueda a los funcionarios y concluyendo que a Agustín «le debió de matar algún preso».

Lobos solitarios del periodismo
14/12/80

Me resulta increíble constatar, leyendo este texto, que hubo una época no tan lejana en nuestro país en donde apenas existía la prensa del corazón y que la que había era amable y rosada, sin comparación alguna con la venta de casquería al por mayor que llegaría luego.

El reportero ha dado dos vueltas de oteo a la manzana y al fin aparca su R-5 entre dos álamos, frente a la casa, en tal posición que la puerta del chalé se ofrece inerme al disparo de su teleobjetivo. Corta el contacto y el último ronroneo un poco asmático del coche —el carburador está sucio, como siempre— se mezcla con su suspiro de resignación. Es mediodía y luce un sol uñero e invernal que apenas calienta la chapa del vehículo: «Me voy a quedar tieso», se vaticina el reportero sombríamente. Las guardias son así, en invierno uno se escarcha en el gélido encierro de los coches, y en verano, en cambio, uno se sancocha con lentitud: espalda, muslos y nalgas adquieren propiedades semilíquidas al contacto con la tortura de los asientos de vinilo, y al cabo de un par de guardias semejantes uno agarra una portentosa cistitis del recalentón, dolencia que, aparte de enojosa de por sí, resulta de lo más inadecuada para las exigencias de esta profesión. Porque el *paparazzi* ha de superar hambres, sueños y otras necesidades que no por menos nobles son menos perentorias. El reportero suspira de nuevo. Él quisiera ser un *paparazzi* de hierro, un cazador implacable. Envidia y admira a los fotógrafos italianos, padres del *paparazzismo*; son lobos solitarios, héroes urbanos, capaces de vivir aventuras trepidantes. Al verdadero *paparazzi* no le arredra ni le detiene nada, no teme las palizas, los tiros que le acechan, es capaz de atravesarse medio mundo tras la pista del personaje al que persigue. El *paparazzi* es un ser autosuficiente, callado y sobrio, que se mueve con facilidad entre los aeropuertos exóticos y las intimidades de los vips: es hombre que está en posesión de los secretos de los poderosos. Pensando todo esto, el reportero se repantiga en el asiento, hace crujir los nudillos y suspira por tercera vez, ahora con orgullo. Comienza la guardia, y hay que hacer acopio de paciencia, porque la espera va a ser larga.

El apasionado del oficio

Dice José Luis que él en las guardias se relaja, «me concentro, medito». El padre de José Luis era fotógrafo de iglesias y él empezó de la misma manera, retratando estrenos conyugales: «Por eso yo creo que he tenido más facilidad que otros para este trabajo, o sea, que desde muy joven aprendí bien el oficio, porque ser fotógrafo de iglesias se parece mucho a ser fotógrafo de prensa, date cuenta de que tienes que liar a los novios para que se queden con las fotos y no puedes desperdiciar ni un negativo, así pasa lo que pasa, que yo ahora me hago un reportaje entero con un solo carrete, y otros compañeros desaprovechan muchísimos». José Luis García Díez nació en la muy madrileña calle del Pez, es guasón y algo castizo, y posee lo que se dice una labia prodigiosa. Empezó en prensa hace doce años, es decir, cuando contaba dieciocho, pero tuvo que dejarlo porque la cosa no daba dinero suficiente: «Entonces apenas había revistas del corazón y tuve que dedicarme a fotógrafo industrial». Pero venció su vocación, y hace dos años volvió al azaroso trajín de *paparazzi* como socio de Ángel Llamazares y Carlos Moraleda, en una agencia de prensa a la que llamaron Broder Press —sí, como «hermano» en inglés, pero con una «d» que simplifica los follones sajones del «th»—, un nombre que parece aunar la camaradería, el toque internacional y una tendencia cheli irreprimible. «*Paparazzi* en España somos muy pocos —dice José Luis—, lo primero porque es muy duro y no hay muchos capaces de quedarse tres días seguidos en el coche haciendo una guardia con sólo un bocadillo y una Coca-Cola. Y, después, porque se necesita un dinero para invertir en los reportajes, a ver si me entiendes, lo primero para el equipo fotográfico, que vale una pasta, y para el material..., los hay que han seguido a alguien y que después no le han podido sacar fotos porque sólo tenían un carrete y no era el adecuado, a mí eso me ha pasado. Y necesitas un buen coche, porque no vas a perseguir el CX del marqués de Griñón con un seiscientos, por ejemplo; y necesitas llevar siempre algo de dinero, porque si estás detrás del duque de Cádiz, un poner, y coge un avión para Mallorca, pues tendrás que irte detrás de él». Y en este sentido, el *paparazzismo* español es un *paparazzismo* de recesión económica, algo «tercermundista». José Luis no es alto, está empezando a perder pelo, dentro de cinco años será grueso si se descuida, y posee un rostro moreno y simpático, un rostro rasurado de buen chico. Por su aspecto podría ser un opositor a banca, un muchacho modoso, decente y buen partido, pero en realidad García Díez posee un ánimo peleón y aventurero: «Yo, lo primero, voy por las buenas y pido permiso para hacer una entrevista. Pero normalmente dicen que no, porque en este país todo funciona a base de amiguetes, y te contestan que sólo se fotografían con su amigo fulanito. Entonces es cuando yo me empeño y hago las fotos como sea. Yo disfruto cada vez que alguien se niega, a ver si me entiendes, cuanto más difícil es la cosa, más me gusta. Lo maravilloso es hacer lo que otros no consiguen. Por ejemplo, a la infanta Margarita en el mercado, como yo he hecho. Me pasé veinte días siguiéndola, arriesgándome a que los de su escolta me pegaran un tiro, pero al fin lo hice». Porque desde luego que ésta es una profesión bastante peligrosa: «Como cuando mi compañero Fernando Sacristán y yo estuvimos siguiendo a la Merry Martínez-Bordiú, llegamos tras ella a un pueblo, eran las doce de la mañana, y en la plaza principal, delante de todo el pueblo, nos rodeó la Guardia Civil, nos hicieron bajar del coche con las manos en alto, y ocho guardias alrededor venga a maltratarnos y a darnos culatazos, yo con el carné de prensa entre los dientes, y como si nada, oye...». El *paparazzi* no tiene a nadie que responda por él, no hay una revista, un periódico, una empresa, está solo ante situaciones semejantes: «Porque somos como cazadores furtivos, eso es lo excitante»; y mientras el *paparazzi* italiano rastrea piezas raras y mayores, el de aquí, por la penuria del contexto, se deja pellejo y ánimo a la caza y captura de conejos y algún que otro gamusino. «Es un trabajo muy difícil, sí —recapacita José Luis—, por eso yo me cabreo cuando me dicen que nos pagan mucho por los reportajes, porque nos dan cien mil pesetas, o trescientas mil, o lo que sea. Porque no se dan cuenta de que te has pasado meses detrás de ello y de que además has hecho una inversión. Por ejemplo, sigues a Ángela Molina hasta Francia, y te pasas allí cinco días. Pues en esos cinco días te gastas mucho dinero, en dormir no, porque duermes en el coche para ahorrar, pero sólo comer ya es una pasta, porque en Francia una Coca-Cola te cuesta cien pesetas. Y, a lo mejor, después de gastarte todo eso, no consigues las fotos y no recuperas nada». Y eso sin contar los gastos de mimo, de imaginación, al preparar un reportaje. José Luis ha hecho de todo: se ha disfrazado de enfermero para entrar a un hospital, de repartidor de flores, se ha puesto peluca para pasar inadvertido, ha comprado por diez mil pesetas un puesto de camarero en una fiesta... Es un trabajo esforzado que la gente menosprecia; el resto de la profesión los mira con reparo, los famosos proclaman odiarlos: «Pero bien que llaman luego todos para salir en la prensa, sus insultos son cuento casi siempre», dice José Luis con sabio escepticismo. Los *paparazzi*, en suma, vienen a ser el lumpen de lo informativo. Y, sin embargo, los reporteros españoles son, en general, orgullosos y decentes, poseen una estricta escala de valores: «Yo sé bien que hay más de uno que trabaja para alguna revista española como fotógrafo —dice José Luis—, y que hace chantaje con las fotos para publicarlas. Yo no. Nosotros, en Broder, no. No aceptamos un solo regalo. A mí nadie me ha dado nunca nada. Yo podría hacer chantaje con las fotos que tengo, porque hay algunas muy comprometidas. Pero no lo hago. Hay muchas fotos que no he publicado por no fastidiar a alguien. Porque nosotros somos gente legal, a ver si me entiendes, no publicamos algo si con ello vamos a fastidiar un hogar, por ejemplo. Yo no quiero hacerle mal a nadie. Lo que me cabrea es que me utilicen. Por ejemplo, la duquesa de Alba nos ha llamado veinte veces para que le hagamos fotos y reportajes cuando le interesa. Y después se casa y da la exclusiva de la boda a EFE. Hombre, eso no es justo. O lo de la Preysler. Yo he perseguido a la Preysler tres meses sin que ella se diera cuenta, que ya es mérito. Nos enteramos un día de que iba a dar clases de danza española, y la llamamos para pedirle un reportaje vestida de gitana. Bueno, pues nos dijo que no, y luego supimos que es que el reportaje lo iba a hacer una amiga suya fotógrafa, que es una Fierro. Así es que nos dijimos: "Conque no, ¿eh? Pues ya verás". Y montamos guardia, y al fin la cogimos un día saliendo de la clase, en Serrano. Iba en un Range Rover, con otras ocho señoras, todas de la altísima sociedad, todas vestidas de gitanas. Y arrancaron, y nosotros detrás. Íbamos tres, y cada vez que tenían que pararse en un semáforo nos bajábamos dos y, ¡pum, pum!, venga a hacerles fotos. Y ellas intentando huir, la Preysler, la señora de Fierro, todas vestidas de gitanas, muy serias en su coche, por todo Serrano, y las pillaban todos los pasos en rojo, y nosotros machacándolas; cada vez que tenían que pararse en un semáforo yo me moría de risa. Pues esto es normal, ¿no? Si la gente da las exclusivas a sus amigos y yo no me llamo Fierro, sino García, tendré que conseguir las cosas como pueda, ¿no? Pero eso sí, yo no arruino un hogar aunque pueda hacerlo, y aunque muchos se lo merezcan...».

Y es que el *paparazzi* nacional es casero, probo y sentimental. El mismo José Luis está casado: «Sí, tengo mujer y dos hijos, y eso es duro, porque no tengo tiempo para verlos, y que conste que yo estoy locamente enamorado de mi mujer, pero para un *paparazzi* no existe la familia, y yo este trabajo es que lo llevo dentro... ¿Tú sabes lo bonito que es lograr una foto que no ha logrado nadie, tú sabes qué es eso?».

El sofisticado

José María Castellví es un hombrón tremendo, alto y fuerte. Lleva un pañuelo rojo atravesándole las sienes a modo de vincha mohicana —«es que como estoy quedándome calvo creo que así se disimula»— y viste una cuidada ropa descuidada. Lleva diez años de profesión y ha hecho y aún hace labores de *paparazzi*, aunque lo que le ha hecho famoso sean sus fotografías de desnudos femeninos, publicadas sobre todo en *Interviú*. Castellví es, sin embargo, un *free lance*, es decir, no está fijo en ninguna revista, y publica en medios tan importantes como *Oggi, Paris Match, Stern* o *Time Magazine*. Es, por tanto, uno de nuestros fotógrafos internacionales, poseedor de una personalidad sofisticada e inclasificable: «El *paparazzi* —define— es un señor que husmea en la vida de la gente, que vive de los despojos de los demás. Hay algunos como Ron Galella, un italoamericano que consigue vivir durante cinco años de los despojos de Onassis y la Kennedy». Castellví está tumbarrajeado sobre diez metros cuadrados de informes cojines en su casa-estudio-archivo, consistente en una única y enorme habitación —«es un *penthouse*», dice él— repleta de plantas, de detalles de buen gusto y de polvorientos trastos. «Yo hice como *paparazzi*, por ejemplo, las fotos de Alfonso de Borbón y la duquesa de Cádiz en las Bahamas, cuando su luna de miel. Fui con Santi Arriazu, otro periodista, y fue un reportaje muy accidentado, estuvimos a punto de ser acuchillados por unos negros, y luego, otro reportero, García de la Torre, nos descubrió en el hotel.

Afortunadamente nos confundió con el Dúo Dinámico, y nosotros le seguimos la corriente para no ponerle sobre la pista de los duques de Cádiz. Fue un reportaje duro, tuvimos que dormir entre la maleza tropical y nos comieron los mosquitos». Pero Castellví se define como «un *paparazzi* de cinco estrellas», y en este sentido no soporta las penurias económicas que otros *paparazzi* españoles atraviesan. Castellví en realidad quiere ser realizador de cine, y su faceta de *paparazzi* es puramente económica, porque «para ser *paparazzi* hace falta tener mucha paciencia o mucha hambre».

Aunque a veces se ha divertido haciendo reportajes, como aquel día en el aeropuerto de Barajas, cuando siguió a Brigitte Bardot a los lavabos y tras abrir inopinadamente la puerta del servicio retrató a la actriz en precaria y azarosa situación: «Fue una foto —ríe Castellví— que dio la vuelta al mundo». En su atípica y ajetreada biografía ha tenido la oportunidad de hacer fotos harto comprometidas. «Yo debo de ser el fotógrafo más procesado del país, tengo como dieciocho juicios a mis espaldas por escándalo público. Pero para mí eso es un orgullo, porque el artista ha sido siempre procesado a través de la historia, y a Miguel Ángel le hicieron vestir los desnudos de la Capilla Sixtina. Yo guardo muchas de mis fotos en el banco, algunas porque son comprometidas, pero otras por su valor artístico, porque soy consciente de que algunas de mis fotos, sólo algunas, otras son horrorosas, que algunas de mis fotos, digo, estarán colgadas en los museos en el año 3000, como las obras de Miguel Ángel». Diciendo esto se detiene, levanta trabajosamente la cabeza del hoyo de cojines (hoy Castellví está muy cansado, a las seis de la mañana estaba haciendo fotos a Ágata Lys subida en un elefante dentro de una tienda de cristalería fina), me mira con aire malandrín y añade: «Esto último queda muy ostentoso, ¿verdad? —suspira—. ¡Ay!, siempre he tenido una vanidad fuera de todo límite..., pero es que me he tomado la vida siempre en broma, porque si la tomas en serio vas de cráneo». Y se ríe de manera contagiosa. Castellví nació en Tarragona, está soltero y tiene treinta y seis años, «sí, se puede decir mi edad todavía, porque estoy sin pelo, pero sin una sola arruga...».

El tímido

Ángel Llamazares es el decano, el veterano, el pionero de los *paparazzi* españoles. Tiene treinta y nueve años y lleva dieciocho en el oficio. Él era en realidad un empleado administrativo, pero pronto se pasó al rastreo fotográfico. Y quizá este convertirse en cazador nocturno y solitario contribuyó de algún modo a su separación matrimonial. «En España no hay verdaderos *paparazzi*. Los *paparazzi* persiguen un mismo tema durante años, y nosotros nos cansamos enseguida».

Ángel tiene un primer pronto de maduro *latin-lover* a la romana, pelo largo y rizoso, chaqueta deportiva, ajustada camisa de seda y cadena de oro enredada en la pelambre pectoral. Pero una segunda y más atenta inspección descubre que la camisa no es de seda, sino más bien sintética, y que en lugar de la cretina chulería del *playboy* hay un ánimo tímido y amable. Llamazares es feo, tierno y sentimental: «En esta profesión no se puede ir de bueno, y yo soy bueno», musita con evidente azaramiento. «La gente se mete con nosotros, sí, pero muchas veces es pura apariencia. Un día te llama Bárbara Rey, por ejemplo, y te pide que vayas a Barajas a hacerle fotos porque viene con Alain Delon, y entonces te avisa de que ella hará como que no sabe nada. Y tú llegas al aeropuerto, y empiezas a disparar, y la Rey te monta un número espantoso, finge que se sorprende, que se indigna, intenta pegarte con el bolso y te recuerda a tu madre. Y uno, mientras tanto, aguantando. Y que conste que no me parece mal lo de Bárbara, eso demuestra profesionalidad».

Con tantos años de otear y perseguir trasfondos, Ángel ha ido criando un escepticismo visceral, «eso sí, con esta profesión se te caen todos los mitos, todos los personajes». Ahora se toma el trabajo sin pasión pero con gusto, es un laborioso del oficio, y se le puede ver en el Festival de Cannes corriendo sin descanso detrás de los famosos o lanzando un *Diez Minutos* a los personajes por las calles, para retratarlos cuando atrapan, sorprendidos, la inopinada revista volandera. Son las pequeñas picardías que enseña la experiencia. Ha pasado por momentos de miedo, como hace cuatro años, en una discoteca de la calle Goya. Ángel estaba allí con Jane Birkin y Serge Gainsbourg, a la captura de un reportaje, y fue agredido por dos muchachos que iban buscando bronca y que acusaron a la pareja francesa de inmorales. Sacaron una pistola, se hicieron pasar por policías, metieron a Llamazares en una cabina de teléfono y durante media hora se entretuvieron en hacerle cortes de navaja en cara, pecho y brazos: «Cuando llegó la policía de verdad y me rescató me estuve como diez minutos llorando en brazos de la Birkin; eso fue lo único bueno del asunto». Ángel habla de todo sin alardes: «Yo soy un tipo muy normal... No fumo, no bebo... Me paso el día dedicado a esto, me preparo muchísimo. Porque tienes que leerlo todo, estar al día, conocer las cosas... Yo ahora soy como un libro abierto, sé quién está embarazada, quién se casa, quién se separa, quién sale con quién, me lo sé todo de memoria».

Tras tantos años de esfuerzos y experiencias, Llamazares es un *paparazzi* laborioso que ya no cree en gestas ni en proezas: «Yo hago esto porque me gusta y porque está bien retribuido. Y porque, pese a lo duro que pueda resultar, se trabaja menos que en un banco. O por lo menos es un trabajo mucho más divertido. ¿La aventura? Aquí, en España, somos poco aventureros. El *paparazzi* debería vivir solo porque no sabe si a la hora siguiente ha de coger un avión para la otra punta de la Tierra. Pero nosotros, antes de coger el avión, llamamos a la mujer, a la madre, a las hijas, a la novia, ya sabes cómo somos... Aquí llamamos a toda la familia, y cuando queremos coger el avión ya se ha marchado...».

La guerrera

Magali Berenguer nació en París hace veintiocho años, hija de padre español, y se vino a Madrid a los diecisiete, decidida a ser fotógrafa de prensa. Porque ya en su infancia, cuando contaba cinco años, quiso ser corresponsal de guerra, vocación algo truculenta y extraordinaria para criatura de tan tierna edad: «Pero es que a mí lo que me va es el follón, cuanto más follón hay, mejor me salen las fotos, es lo que más me gusta, las manifestaciones, las catástrofes, todo eso, las cuestiones sociales me sensibilizan poco, y además, para mí es más fácil ir a sitios conflictivos, porque con este físico que tengo de ama de casa nadie se imagina que soy una reportera, no tengo pinta peligrosa».

Magali es una mujer rotunda y redondeada, pero su aspecto de modosa madre de familia queda hecho añicos cuando abre la boca y suelta sus agudos, mordaces comentarios: «Cuando llegué aquí con diecisiete años me fui a *Pueblo* a pedir trabajo, con mi carpeta bajo el brazo, porque llevaba un año como ayudante de Parry, uno de los mejores fotógrafos de moda de París. Emilio Romero me dio una cita a las siete de la tarde y no me recibió hasta las cinco de la madrugada, así es que me encontró dormida en el antedespacho. Le gustaron mis fotos y me contrató como colaboradora, a doscientas pesetas foto publicada. Y ahí empezó mi martirio en *Pueblo*: había quince fotógrafos en nómina, y yo, como colaboradora, era la dieciséis. No sabía una palabra de castellano y ni siquiera tenía equipo fotográfico, tuvieron que prestármelo. Yo era vista como la francesa —y hace once años ser francesa era como ser puta—, la puta francesa que viene a robar el pan de los hijos, y nadie quería trabajar conmigo. Me pasaba el día en *Pueblo*, incluso dormía allí, sobre los sillones, para ver si me daban reportajes; sólo un tío, un periodista de allí, me llevaba al principio con él para hacer fotos, y al cabo de seis meses, cuando aprendí algo de castellano, me enteré de que ese tío había ido diciendo a todo el mundo que éramos amantes, aprovechándose de que yo no podía rebatirlo».

Como con las doscientas pesetas por foto no podía vivir, Magali comenzó a trabajar de negra para unos *paparazzi* franceses: «Yo hacía las fotos y ellos las firmaban, eran para *Ici Paris* y *France Dimanche*». Como esclava del *paparazzismo* tuvo que sobornar a conserjes de hotel y a telefonistas, perseguir a la Sukarno o a la condesa de Rothschild por España.

«Los *paparazzi* italianos me pinchaban las ruedas del coche para que no pudiera hacerles la competencia, yo era muy poco avispada en estas cosas por entonces». Magali es todo lo arriesgada y corajuda que no deja adivinar su apacible aspecto, y en su historial hay casi de todo, desde la guerra del Líbano hasta una misa secreta por Hitler en la cual ella hizo fotos con *flash*: «Creí que me mataban, me rodearon los niños de Fuerza Nueva y me querían linchar; al final me salvó un falangista que trabajaba en el diario *Arriba* y que me conocía; fue milagroso». Ha recibido anónimos amenazantes (de la OAS, por ejemplo, una organización terrorista francesa de extrema derecha) y algún que otro sopapo, como el que le propinó un ministro argentino que venía de incógnito y al que ella descubrió. Magali, sin embargo, es una mujer llena de imaginativos recursos, y a los reportajes conflictivos suele ir con las cámaras escondidas en la bolsa de la compra, bajo barras de pan y acelgas de languidecidas hojas: «Así disimulo, aprovechando mi aire inofensivo de gordita». Ahora trabaja como colaboradora con una agencia italiana y otra alemana, y de cuando en cuando hace cosas para EFE. Lo más aparatoso que ha hecho últimamente fueron las primeras fotos que se consiguieron de Carmen Martínez-Bordiú y su enamorado

Rossi. Al fin logró la muy solicitada exclusiva, «pero mientras lo estaba intentando», dice Magali, «mientras esperaba y esperaba a la puerta de la casa de Rossi, me encontraba a mí misma ridícula, me decía: ¿qué puñetas hago yo aquí, qué me importa a mí que esta tía se acueste con Rossi o con un mono? Porque a mí el *paparazzismo* no me gusta, yo lo que quiero es ser corresponsal de guerra».

El lobo solitario

«Para mí este trabajo es la aventura, y eso es lo único que realmente me interesa».

Mauro Colasanti es hombre amable pero seco, y escudriña mucho mientras habla, como acostumbrado a desconfiar de todo interlocutor, de toda esquina oscura, de todo gesto amistoso aparentemente inocuo. Mauro es italiano, tiene treinta y siete años y lleva casi cinco establecido en España. Es un *paparazzi* auténtico, el depredador depurado y solitario, que se ha visto obligado a ser duro e implacable. Comenzó el oficio a los dieciséis años, «y por entonces me llevé la primera paliza; descubrí una noche junto al río Tíber al marido de Virna Lisi con una mujer, yo me fui a hacerle fotos creyendo que ella era Virna, pero resultó ser su amante y el tipo me dio una paliza descomunal. A partir de aquello aprendí a ser prudente». Dice Mauro que en España los fotógrafos tienen la vida fácil, «pero en Italia, o haces las fotos que nadie consigue, o no comes». Sin embargo, añade de inmediato, «yo hago este oficio por placer; cuando hay algo que parece verdaderamente imposible de conseguir es cuando tú te sientes obligado a hacerlo, es el reto. Para los *paparazzi* nada es imposible; hay un dicho común entre nosotros para indicar la dificultad de algo, dices: ¿qué te crees, que vas a hacer al papa en calzoncillos? Pues bien, incluso eso se ha conseguido, unos amigos míos han hecho al papa en calzoncillos hace poco, lo que sucede es que el Vaticano ha pagado sesenta millones a cambio de retener su publicación durante un año». Mauro posee un historial sorprendente, una biografía de intrusiones domésticas, de incursiones subrepticias, de sigilos nocturnos y alevosos. Es una profesión marginal y subterránea, que hace vivir las cautelas del ladrón, la obsesión rastreadora del policía. Por ello Mauro sabe que la mejor hora para introducirse en territorio ajeno son las cinco de la madrugada, «ésa es la hora clave, a esa hora nadie está despierto».

Mauro posee conocimientos de ratero y resistencia de faquir. A las cinco de la madrugada se introdujo subrepticiamente en el chalé de Carlo Ponti, por ejemplo, para fotografiar a Mastroianni, que rodaba unas escenas de desnudo para la película *Qué*, de Polanski. Se escondió tras unas cajas de cartón, haciendo un agujero para asomar el *tele*: «Allí esperé agazapado, y cuando se hizo de día y comenzó el rodaje estuve fotografiando todo. Pero a eso de las cinco de la tarde me traicionó la fatiga, no pude aguantar más, las piernas me fallaron, hice un movimiento en falso y tiré las cajas de cartón, de modo que tuve que salir huyendo». Ha sido perseguido a tiros —verdaderas balas asesinas— muchas veces, pero nunca le alcanzaron: «Porque otra cosa no será, pero correr sí que corro». Mauro tiene un cuerpo reseco y enjuto, un aspecto físico así como abrasado, que no deja adivinar su evidente resistencia y fortaleza: es como un cactus que lo aguanta todo. En 1969 marchó a África, y allí unos tuaregs le informaron de que en Nigeria había un mercado de esclavos. Se obsesionó con el tema y atravesó el continente sin un duro, en autostop, haciéndose pasar por un exmercenario de Biafra. Seis meses le costó conseguir los contactos, y al fin, compinchado con otro compañero, sacó las fotos del mercado escondido en el maletero de su coche: «Claro que tuvimos que comprarnos un esclavo, para disimular; nos costó treinta mil pesetas, estaba loco y quería venir conmigo a Italia; le dejé allí cuando me fui». Lo más duro de todo es la absoluta soledad, la falta total de confianza: «La verdad es que ahora estoy cambiando un poco, pero había llegado a ser un lobo solitario. No hacía más que trabajar y dormir unas cuantas horas para comenzar de nuevo al día siguiente. Y luego está la absoluta desconfianza, no puedes decir nada a nadie, no puedes comentar tan siquiera que estás detrás de un tema importante, porque en ese caso te hacen guardia a ti». Es un vivir en perpetua paranoia, el cazador que teme ser cazado: la soledad del *paparazzi* es una soledad llena de oídos, agresiva. «Yo he seguido fundamentalmente a dos personajes: a Soraya y a Mastroianni. Creo que llegué a convertirme en una obsesión para Mastroianni; abría una persiana y enfrente estaba yo haciendo equilibrios en un andamio, se caía una caja de cartón en el rodaje y aparecía yo, se iba a tirar a una piscina y yo estaba en el agua, o entre las ramas de un árbol. Lo mismo Soraya: me pasé un año entero pegado a sus talones, haciendo sólo eso, viviendo sólo de sus fotos. La seguí por todo el mundo, me metí en su casa veinte veces. Incluso me demandó, me llevó a un juicio que luego gané yo. Pero, al final, el personaje al que sigues llega a cogerte aprecio, y si sale de casa y no estás allí se preocupa. Perdí a Soraya en una autopista en una ocasión, y ella mandó parar al chófer y me esperó hasta que aparecí tras ella nuevamente».

Aquí, en Madrid, Mauro ha abierto una agencia de prensa y trabaja menos como *paparazzi*.

«Efectivamente, el trabajo de *paparazzi* es para gente joven, porque se necesita mucha resistencia... Yo, por ejemplo, me metí en una finca de Sotogrande, en Marbella, porque me dijeron que iba a venir Onassis. Entré de madrugada y me subí a un árbol. Tres días me pasé en ese árbol sin que apareciera Onassis. El único que apareció fue un perro furioso que no me dejó bajar en los tres días, hasta que llegó un guarda y se lo llevó. Fueron tres días sin comer, sin beber, sin dormir... Es duro, es muy duro».

Mauro compone un gesto yo diría que un poco melancólico hablando de todo esto, rememorando sus gestas de antihéroe. Le pregunto si piensa abandonar la profesión definitivamente, y entonces reacciona: «No, mientras el ojo no me falle seguiré». Y de la soledad de su época huronera recupera la única y estrambótica amistad, esa extraña relación visceral que une al perseguido con la presa: «Por ejemplo, a Mastroianni seguiré haciéndole fotos siempre... Porque es cierto que llegas a tomar cariño a tus personajes, y por eso cada vez que Mastroianni viene a España yo le sigo, aunque ya sus fotos no me sirven para nada, aunque ya no las vendo. Pero le sigo y le seguiré siempre, mientras pueda, sólo para fastidiarle, para que sepa que estoy aquí, para que se dé cuenta de que aún estoy vivo».

Son las tres de la madrugada y aún no ha salido nadie. El reportero se siente morir de frío y de calambres. Da palmadas para recuperar la movilidad de los dedos y poder usarlos para apretar el disparador, que más de una vez no le han respondido las manos de puro agarrotadas. Piensa con disgusto en Concha, su mujer, y en la bronca que le va a pegar —«es que este trabajo no puede ser, otra noche que te has pasado fuera de casa»—. Con la lucidez que proporciona la fatiga, el reportero reflexiona con amargura sobre lo dura que es esta profesión aquí, en España. El *paparazzi* internacional persigue su pieza hasta Calcuta, mientras que el presupuesto del español llega a duras penas para pagarse un puente aéreo a Barcelona. Las piezas de caza celtibéricas son usualmente de un modesto medio pelo, y no pueden venderse extramuros: se gana poco dinero y, por tanto, se puede invertir poco.

El *paparazzi* nacional es pobre, pícaro y honrado. Y mientras enciende con intoxicadas náuseas un cigarrillo de su tercer paquete, el reportero se admite a sí mismo con resignada mansedumbre que, más que sabueso legendario o que lobo feroz, él es como el diligente perrillo de un sereno.

La ajetreada vida de Manolita Chen y el lanzador de cuchillos
18/01/81

A lo largo de los años me he acordado muchas veces de este reportaje y de aquellas personas con las que conviví durante tres o cuatro días. Leyéndolo hoy, acongoja la indecible indefensión laboral, el abuso al que estaban sometidas, su desprotección total. Me pregunto qué habrá sido de ellos; los sentí muy cerca, como amigos. El Teatro Chino de Manolita Chen, al que algunos llamaron «el cabaret de los pobres», fue una institución en España durante décadas. Era, en efecto, un cabaret que rondaba por los suburbios de las grandes ciudades con el público más desharrapado que pensarse pueda, hasta que, a finales de los sesenta, se puso de moda entre la progresía, porque sus espectáculos eran de lo más atrevido que se podía ver en las postrimerías de la España franquista: se hablaba de sexo, de lesbianismo, había travestis... La democracia, y sobre todo el destape acabaron con su atractivo: el Teatro Chino cerró sus puertas para siempre en 1986. Y un comentario al margen: para mi completo pasmo he visto que en el texto original hablo dos veces de un «chico subnormal», una palabra que hoy chirría tanto que parece increíble que en aquella época fuera el término habitual, la manera en que se decía. Tras pensarlo un poco lo he sustituido por «chico con síndrome de Down», porque «subnormal» me taladra la oreja y me saca del texto, pero no quería dejar de señalarlo como una clara medida del cambio de los tiempos.

Es una mañana fría y soleada. De día, los colores del Teatro Chino de Manolita Chen se ven más mustios y se advierte lo desteñido de la lona. Este fin de semana —días 26, 27 y 28 de diciembre, de viernes a domingo— toca Hospitalet, y el solar que se va a utilizar es muy menguado; tanto que no se ha podido abrir del todo el teatro portátil, y en torno a la carpa el terreno se desploma en una especie de vertedero que abunda en cascos rotos, ratas y basura. Al lado, una noria y dos tenderetes de verbena se apretujan en un simulacro de feria navideña, pobre e invernal. El desmonte está enclavado en una calle triste, de esas que son carreteras más que calles, sin casas, sin vida; una calle que merecería no tener nombre y que desde luego carece de historia. Y por encima de la carpa del teatro, al otro lado del desmonte, se ve un rudimentario campo de fútbol y un pequeño cementerio.

Qué ruido. Por los altavoces exteriores suenan a todo trapo las sevillanas que Paco se encarga de poner en el radiocasete. Frente al teatro, solo en la calle, un adolescente con síndrome de Down baila al ritmo de la música: taconea con piernas blandas y agita las manos con torsión imposible de muñecas. Paco da la vuelta a la cinta y abandona el furgón eléctrico para tomarse un coñac en Las Planas, el bar de la esquina. Paco tiene cincuenta años, pero aparenta algunos más. Tiene la cara marcada de profundos surcos, y algo en él recuerda la expresión de un galápago enigmático: entre desamparada y sabia.

En el bar están comiendo los empleados del teatro: los montadores y desmontadores del material, los eléctricos, los chóferes. Santos, Fabián, Pedro, Breiner, Luis, Joaquín... Lentejas, boquerones fritos y una manzana. Es un menú de ciento noventa y cinco pesetas y no está mal. El sueldo tampoco da para mucho más: ganan mil pesetas diarias, sin pagas extras, la mayoría sin seguridad social. «Ésta es una vida miserable, hombre... Si sólo en comer ya se te va el dinero... Y luego, tenías que haber visto en Mataró... Ahí, lloviendo a cántaros y desmontando..., que no se le ocurrió a la empresa ofrecer un coñac, no... No es vida, te lo digo yo, no es vida». Tienen miedo. Tienen miedo a poner apellidos a sus quejas, por las represalias, por el aquel de quedarse sin trabajo. Pero el ambiente está particularmente tenso: por primera vez en toda su historia, el Teatro Chino va a cerrar durante cuatro meses. La próxima plaza, Santa Coloma, será la última. A partir del 4 de enero se acabará el trabajo, hasta la feria de Sevilla. «¿Y de qué vamos a vivir durante esos meses? ¿De qué, digo yo? ¿Y la gente que *tie* familia, críos, todo eso? Si aquí no puedes ahorrar *na*... Si todo lo que ganas te lo gastas malviviendo». Muchos de ellos son de Extremadura, alguno de Galicia, otros vienen de perdidos pueblos castellanos. Están solteros todos, menos Breiner. «Las mujeres hay que tenerlas cuando se puede responder de ellas, cuando hay dinero para mantenerlas», dictamina Pedro con solemne aire de gran mundo. Pedro tiene diecisiete años y es de Mérida. Antes fue barman, pero hace un año que está con el teatro: «Al principio no podía ni con los baúles», ríen sus compañeros; los enormes baúles de artista, baúles de mimbre gigantescos. Y Pedro se encoge de hombros ante la broma y adopta un aire de fingida superioridad, de tibio desafío. Pedro es más bien bajo, tiene cara de ciervo joven, los ojos rasgados y el pelo rizoso. Ahora ya monta y desmonta el teatro con la misma pericia con que lo hacen todos. Y, cuando tiene tarde libre, va a los baños públicos de Barcelona, a lavarse: «Por noventa pesetas, oye; te dan jabón y todo».

Acaba de llegar el autocar con los artistas. Ahora, en invierno, el teatro lleva la mitad de gente que en verano. Se cobra menos, y los artistas que siguen contratados son aquellos que tienen casa en Barcelona, con lo cual el sueldo más o menos les compensa. El autocar los recoge todas las tardes a las cuatro en el bar Español, el célebre local del Paralelo, frente al Teatro Apolo. De modo que ahora, en el teatro, sólo viven tres familias que poseen caravana —Juan el batería, el jefe de electricidad y los Cuéllar, una familia que viene del circo— y los empleados, que duermen repartidos entre una caseta de lata y una tienda —«la chabola», como la llaman— que se asoma al desmonte de basuras. La tienda carece de calefacción, el piso es la tierra helada del solar, es una simple lona a dos aguas. También vive aquí Paco, el veterano (entró en el Teatro Chino hace treinta y seis años, siendo un niño, con un paréntesis de diez años en que estuvo en la Legión), que duerme en el furgón eléctrico, en el suelo.

Pero ya han llegado los artistas y las chicas comienzan a ponerse las pestañas. En todas partes los mismos comentarios, la misma angustia: «Nos cierran el teatro por cuatro meses..., hasta Sevilla. ¿Y quién va a ser capaz de llegar hasta Sevilla?». El invierno parece extenderse por delante, infinito, imposible. En los artistas, el miedo a señalarse con una denuncia se intensifica: «Esto del espectáculo es un clan, y si denuncias a una empresa ya no vuelves a encontrar trabajo, con ésta ni con nadie». Casi todas, sin embargo, son unánimes a la hora de buscar culpables: «El señor Chapín no es un hombre malo, en el fondo. Él no quiere cerrar. Pero Manolita le ha convencido. Y a Manolita la ha convencido Freddy, el maestro de baile, que tiene un contrato para estos meses y prefiere que cierren el teatro».

A Chen Tse-Ping todos le llaman señor Chapín, siempre señor, siempre Chapín, sin utilizar nunca el mote de «el chino», fácilmente imaginable: esto es, sin duda, una muestra del respeto o el miedo que le tienen, o tal vez de las dos cosas. Y más aún: pensando quizá que «Chepín» sonaba insultante —aun siendo la lectura correcta del verdadero nombre—, *motu proprio* han corregido la *e* primera por la *a*. Acaba de llegar Tse-Ping, por cierto, pulcrísimo, circunspecto, vestido de gris, con la piel tersa y mate como marfil viejo: «¿Cuántos años tendrá Tse-Ping?». «Uf..., ochenta o así, pero no se sabe». «¿Y Manolita?». «De ésa se sabe aún menos».

La vida de Chen Tse-Ping y Manolita está rodeada de misterios, y no sólo cronológicos; dicen que Tse-Ping fue el mejor lanzador de puñales de la historia, y que un día, allá por los años cuarenta, atravesó en plena pista del Circo Price a su compañera de trabajo, una alemana, que además era su esposa. Y dicen que tras este fallo mortal pidió una voluntaria entre las chicas del coro para seguir haciendo el número, y que una muchacha de hermoso cuerpo, quizá más valiente que las demás, quizá más ambiciosa, dio un paso adelante: esa muchacha era Manolita. Pero ésta es una vieja historia.

Frente al bar Las Planas, tomando el sol escaso, está el maestro Villalonga, el director de la pequeña orquesta. Es un hombre redondeado, atildadísimo, con ojos húmedos y pelo muy blanco repeinado al agua hacia atrás. Tiene sesenta y tres años y es cubano, y sus pequeñas manos blancas se cubren de oros —anillos, cadenas— y destellan al sol mientras sujeta la correa de Dolly, una perrilla minúscula, vieja y paralítica de los cuartos traseros: «Este año he cumplido mis bodas de oro con la profesión», dice el maestro Villalonga, nostálgico y pausado, «empecé con trece años». Tuvo orquesta propia durante mucho tiempo, ahora dirige a los cinco músicos del Teatro Chino, ha enviudado y vive solo con su Dolly.

A través del micrófono del furgón eléctrico, Paco da los cinco: «Señores profesores, cinco minutos, ¡cinco minutos!», y el maestro Villalonga se apresura a ganar el chiscón de la música, a la derecha del escenario. La primera sesión —en invierno hay tres, a las 17.00, a las 19.30 y a las 22.30 horas, y en verano llegan a hacer siete funciones al día, desde las 17.00 horas a las ocho de la mañana sin parar— es la preferida por los jubilados, y el teatro está lleno de ancianos y de ancianas. Tras el escenario, las chicas se amontonan junto a la escalerilla desvencijada, vestidas de nada, con unos pocos brillos por aquí y por allá. «Señores profesores, cuando ustedes quieran, sinfonía, por favor», vuelve a decir Paco, muy en su papel. Y el maestro Villalonga levanta sus cortos brazos y los señores profesores atacan la sinfonía. Se corren las cortinas doradas y aparecen todos: ahí están las chicas del coro, y luego la primera bailarina, Anny, y luego la *vedette* cantante, Mónica, y la primera *vedette*, la mexicana Olivia, y la *supervedette*, la francesa Ivette. La mitad de las chicas salen con el pecho al aire y la mitad con sujetador. Las cubiertas son aquellas que vienen del medio circense, aunque los sueldos, por supuesto, están en proporción con la carne enseñada.

El espectáculo está bien y es divertido, con una gracia picante y gruesa, el tradicional humor de teatro de variedades. «Que soy un bombón y me quieren comer», canta la *supervedette*, «bombón por aquí, bombón por allá», es un chachachá que tiene mucha aceptación entre los jubilados, «cómo me gusta, mamá, que me besen, que me coman, que me... ¡eeeeeso!». Al final, Ivette hace subir a tres ancianos de entre el público, para que la desnuden a ella y a las otras tres muchachas: Nirja —una castellana muy alta que come chicle y tiene cara de enfado—; Olivia, la primera *vedette*, y Silvia, una muchacha de diecisiete años, hija de Freddy y de Brusi, que tiene un cuerpo hermoso y cara de ratón. Los viejos quitan los largos guantes de las artistas —«pero sin meter mano, ¿eh?», sermonea Ivette, como quien se dirige a un niño— y ponen ojos golositos.

A continuación desabrochan el sujetador, y luego el tanga de pedrería, pero no se les ve nada porque manejan las boas de plumas con pericia admirable. Entonces les toca el turno a ellas y desnudan a su vez a los tres ancianos, y el público se desternilla, y al viejito de allá le han bajado los pantalones y enseña unos inmensos calzoncillos de algodón y unas piernezuelas blandas, descolgadas, blancas. Entonces Ivette pregunta al personal si les quieren ver «eso», y cuando el personal asiente, le dice a Nirja, que sigue masticando chicle y como ausente: «Anda, guapa, enséñaselo», y Nirja, plis, plas, se aparta un segundo la boa. Así es que luego sale Maika, vestida con traje de noche: «Y, ahora, acompañada por estos maravillosos profesores, voy a tener el gusto de cantarles *Lo tienes que pagar*». Maika compone ella misma la letra y música de sus canciones. Que son de corte folklórico, y como no sabe solfeo, se las tiene que tararear al maestro para que las escriba. Maika se lo toma muy en serio, es de las que salen con sostén, y, de todos los artistas, es la única que ha colgado, sobre la lona que hace de puerta en su camerino, un cuadrito de manufactura casera con su foto, su nombre y unas cuantas estrellas infantilmente dibujadas que se desmayan hacia las esquinas.

Y el espectáculo continúa: habaneras, charlestones, tangos —que la segunda *vedette*, Mónica, canta con muy buena voz— y paseos de las artistas por el escenario, con vestidos que alcanzan a medio culo y que se sujetan milagrosamente en plena nalga, sin llegar a escurrirse del todo. Y al fin la apoteosis, el último número, las chicas del coro vestidas de chinas —un pelucón de paja en la cabeza— y todos cantando eso del «Teatro Chino, el que la sigue siempre la consigue...».

«Uf. Pues ya hemos terminado la primera».

Son las 19.20 horas, y dentro de diez minutos empezará la próxima función: no hay tiempo para nada. Los camerinos son estrechos cubículos limitados por lonas. El viento entra por todas partes, es necesario encender las pequeñas estufas eléctricas. Ahí, en ese metro cuadrado de escasa intimidad, los artistas pasan sus tiempos muertos, que son muchos. En casi todos los camerinos bisbisea una televisión portátil. El espejo, la mesa barata, las sillas endebles de tijera, todo el mobiliario del cubículo ha de comprárselo el artista. Junto al espejo, fotos de los hijos, del marido, o estampas de vírgenes y santos. Y debajo de la mesa, un cubito, un cacharro de loza, algo que sirva a modo de orinal, porque en el teatro no hay servicios.

«También nos tenemos que comprar los zapatos. Los trajes del conjunto los ponen ellos, pero si haces algo de solista lo tienes que pagar tú. Y los finales, sobre todo. Te exigen un final nuevo cada temporada, y esos trajes son carísimos».

La verdad es que el dinero no da para nada. Las chicas del conjunto, por ejemplo, cobran entre las tres mil y cuatro mil pesetas por día de actuación. Ahora, en invierno, sólo se actúa cuatro días por semana. Y en verano la cosa tampoco mejora mucho, porque cada cuatro días el teatro cambia de sitio, y los desplazamientos no se cobran. No hay seguridad social, y si un artista enferma o se accidenta no le pagan las funciones en las que no actúa: «Como una inglesa que estuvo trabajando aquí, se rompió el brazo al caerse de esos malditos escalones, que están para matarse, y como necesitaba el dinero y si no trabajaba no cobraba, salió al escenario con el brazo escayolado, imagínate qué bonito hacía, con todas las plumas y la escayola...». Además, la vida es muy dura: «Termina la función y métete en ese autocar para hacerte ochocientos o mil kilómetros a la plaza próxima..., un autocar sin refrigeración ni calefacción, de asientos no abatibles... Y llega allí, reventada, y sal a actuar a lo mejor sin haber dormido... Siete funciones al día en verano, que no tienes tiempo ni para comer... Y encuentra una pensión, un sitio donde dormir en los pueblos en ferias... Se te va todo el dinero en comer y dormir, se te va todo el dinero malviviendo después de tanto esfuerzo».

El espectáculo está de nuevo en marcha. Alejandro Cuéllar, el portero, deja su trabajo por un momento para cambiarse de ropa y hacer un número en el escenario: se pone unas narices de cartón y aparece arrastrando una caja cuadrada, diminuta. De la caja saca un muñeco, un pelele, que se descoyunta, que se desmaya, que se cae. Al final, de dentro del pelele surgirá su hija, Ana María, o su mujer, Ana, porque se turnan en las tres funciones. Alejandro y su familia vienen del circo. Son trapecistas, hacen un número exclusivo, que fue inventado por ellos mismos, de cuerda rotativa. Pero el hijo mayor va a entrar en la mili, y el número no puede hacerse sin él, que es el portor. Por eso se ha metido toda la familia —madre, padre, hija, hijo— en el Teatro Chino. Alejandro padre hace de portero y de artista eventual. Ana y Ana María, la esposa y la hija, salen de chicas de conjunto —Ana madre es la mayor de todas, y Ana hija, con sus quince años, la más niña—, y Alejandro hijo se ocupa de los telones. Corren malos tiempos para la familia Cuéllar, porque en la última gira, de Alcalá de Henares a Linares, se les rompió la caravana, se partió por la mitad, perdieron en la noche bártulos y enseres, toda la vajilla. Ahora Alejandro padre intenta habilitar una furgoneta como vivienda, pero la vida está muy cara y los arreglos van despacio.

Ruido y frío. En el Teatro Chino siempre hay ruido y frío. El pasillo de los camerinos es un revuelo de batas y batines. Batas grandes, afelpadas, de lana, de pana, guateadas. Batas rojas, verdes, marrones, azul purísima, de flores. Esto es un constante revuelo de batas sobre las nadas de pedrería que las chicas llevan sobre la carne de gallina. Nirja, la que come chicle, está sentada en su camerino, esperando la entrada de su próximo número. Tiene treinta y un años, es alta y maciza, posee facilidad para la risa y dicen que también para las lágrimas. Nirja, que es de un pueblo castellano «que no viene en el mapa», fue auxiliar de clínica hasta los veintitrés: «Me metí en esto para probar aventuras, pero me equivoqué». Nirja tiene algo de tierno y de desamparado pese a lo grande y bronco de su aspecto: «Estoy desengañada de la vida, del amor y del teatro —dice entre risas—, estoy harta de esta vida, de esas subidas y bajadas de autobús en la gira..., lo voy a dejar, quiero pasarme al bingo, a ver si me mandan el carné, que lo he pedido». Pero Nirja está distraída, no ha escuchado decir «la pura», que es el pie del número cómico anterior, la señal de que debe prepararse. Y de repente alza la cabeza, demuda de color: «Uy, uy, uy», grita entrecortadamente mientras se debate con las tiras de diamantes falsos, «uy, uy, multa al canto, multa al canto», no acierta a meter las piernas por el agujero de su tanga y sale escopetada al escenario arrastrando pedrerías: si haces una entrada con retraso sufres una penalización de quinientas pesetas.

Sábado. Ha amanecido nublado y lloviendo. Fabián, Breiner y Pedro han hecho una zanja para que el agua no entre en el teatro: «Lo peligroso no es el agua, sino el aire: el aire puede tirar el teatro, y la estructura metálica, al caer, puede matar a los que estén debajo». La quinceañera Ana María desayuna una palmera recubierta de chocolate. Tiene la nariz enrojecida de frío y sin maquillaje parece aún más niña de lo que es: «Yo lo que quiero es ser canzonetista —dice—, Mary Santpere me oyó cantar cuando yo tenía diez años y me dijo que valía para eso». Paco, el eléctrico, está en su furgón, jugando con un viejo mazo de cartas: «¿Te engaño? Si quiero te engaño, ¿qué te parece? Yo hago muchas trampas». Mueve las cartas con tal agilidad que te confunde completamente y pierdes la situación del naipe elegido: «Yo hubiera podido ganar mucho dinero con esto, pero no quiero porque no es legal». Encima de su pulgar derecho tiene tatuado el número 13, «de la XIII Bandera de la Legión, en donde estuve». Paco posee la laureada colectiva y dos medallas, fue herido en acción de guerra y le queda una pensión: «Pero se la doy entera a una señora muy viejecita que la llaman la señora Pepa y que es mi madre, ¿qué te parece? Y yo tengo que buscarme la vida».

A Paco no le gusta hablar de los años de la Legión, de las medallas. Es hombre callado, modesto y solidario. Pero hoy, no sé por qué, recuerda aquella época: «Yo he matado muchos moros», dice, un poco taciturno. «Nos dijeron que teníamos que salvar a España, y vencimos. Murieron muchos de los nuestros, muchos. Pero vencimos». Se detiene un momento, recapacita. «Pero luego, años después, hemos entregado ese territorio, se lo hemos dado..., no lo entiendo». Un nuevo silencio: «No me gusta hablar de todo esto..., a veces, cuando me acuerdo por las noches, me parece que me vuelvo loco». Y Paco da la vuelta a la cinta de las sevillanas y se marcha a tomar un coñac al bar.

Fui a hablar con Tse-Ping y Manolita. Entré en el furgón de la taquilla. Manolita estaba encajada en el escaso chiscón: una enorme peluca de rizos, unas gafas, unos naipes españoles en la mano, una piara de perrillos diminutos trepando por encima de ella:

«¡Qué quiere, qué quiere, qué quiere!», me chilló, agitando la sota de oros ante su cara. «Hablar con usted y con el señor Tse-Ping». Tse-Ping viene al quite, nos recibe, es amabilísimo y charla con una lengua de trapo, con un castellano apenas comprensible, a pesar de los años que lleva en el país. Manolita se niega a hablar, oculta el rostro bajo la mole sintética de su portentosa peluca.

«Señores profesores, cuando ustedes gusten, sinfonía, por favor».

Y de nuevo los charlestones, los tangos, las plumas, el humor basado en el equívoco: técnicos de teléfono que vienen a arreglar el «aparato» a las señoras, muchachas que piden a un falso dentista que, por favor, «se la saque». En los camerinos se repite una vez más el desfile de batas y batines, el ritual de tropezones y de prisas: «A ver —grita Mónica, la *vedette* cantante—, dejad paso a la *vedette*..., aunque mejor sería decir a la bidet, porque a lavabo no he llegado...». Mónica es una mujer inteligente y lúcida, con un sentido del humor que a veces resulta sangrante: «El destape lo ha puesto todo más difícil —dice—; cuando llegó el destape contrataron a muchachas de barra por dos perras, y las artistas se vieron sin trabajo». Y luego está el problema del alterne. En las salas de fiestas se exige el alterne, casi sin excepción. Luján, la uruguaya, y Nirja, la castellana, y Mariana, la rubia ingeniosa y chispeante, todas han venido al Teatro Chino porque aquí no se exige alterne: «Terminas tus funciones y te vas». Todo el mundo coincide en señalar la crisis, la falta de trabajo: «Por eso aguantamos aquí lo que aguantamos. Sueldos miserables, y el hecho de que te traten como a un animal, no como a una persona. Si a mí me hubieran dicho hace unos años que iba a acabar aquí, me habría muerto... Porque esto es lo peor de lo peor, lo más tirado». Y, como siempre, el miedo. El miedo a ser identificados o identificadas en sus críticas: «Porque estás obligado a quedar bien en los sitios por si te ves forzado a regresar». Pero lo peor, dicen, «es que aquí hay gente que no quiere ser consciente de los problemas. Gente que te cuenta la historia de lo sacrificado pero bonito que es este trabajo. No quieren admitir que están en la mierda, no quieren admitirlo».

No quieren admitir que ya están viejas y que por ello han acabado en el Teatro Chino, o que han fracasado en sus ambiciones primeras, o que el mundo del espectáculo no es lo que pensaron. De todos los artistas que trabajan en el Teatro Chino, apenas tres o cuatro mantienen ilusiones, esperanzas: Ana María, la del flequillo adolescente, que quiere ser canzonetista como le predijo la Santpere. Silvia, la hija de Freddy y Brusi, que a sus diecisiete años aún se cree capaz de llegar a estrella de revista; Olivia, la primera *vedette*, que brega por llegar a *vedettísima*..., y pocos más. El resto sobrevive, trampea, se resigna. El resto ha aprendido a olvidarse de los sueños. Como Mariana, la rubia ingeniosa y chispeante, que se metió en esto «porque me gustaba mucho el baile, y, al principio, en las salas de fiesta, no era obligatorio el alternar». Mariana tiene ahora veintinueve años, unos ojos muy vivos y muy azules y un humor negro nacido de la decepción.

Ha terminado la segunda función y apenas quedan diez minutos para el comienzo de la otra. Los artistas comen apresurados bocadillos a la espera de los cinco minutos. La noche se ha enfriado y ha empezado a soplar un viento helado que hincha la lona del teatro. Cada vez que el espectáculo acaba, Dolly, la perra paralítica del director de orquesta, comienza un solo de aullidos histéricos desde el chiscón de los músicos. El maestro Villalonga mordisquea un bocadillo de queso sentado en las sillas de madera de la sala, allá al fondo, junto al chorro de aire caliente del cañón de la calefacción. Hace un frío espantoso y el maestro, pulcro y solo entre tanto asiento vacío, es la imagen misma de la melancolía. Pedro, el empleado de diecisiete años, arruga su cara de ciervo joven recordando a una muchacha de quince que trabajó en el Chino este verano y de la que se enamoró perdidamente: «No la he vuelto a ver desde el 23 de octubre», rumia con desconsuelo. Santos, otro empleado extremeño, añora sus épocas de técnico en electricidad, la empresa para la que trabajó, «en la calle Orense, de Madrid», antes de que por cosas del paro acabara en el Teatro Chino. Paco escribe poemas en su furgón eléctrico, poemas tristes, de amor y muerte: «Te estiman tus pocos años, / tu juventud retozona / y esos ojos de ladrona / que verán mil desengaños. / Pasas noches al relente / medio heladita de frío, / te explota un chulo perdido / y te desprecia la gente». Los escribe en retales de papel y, a veces, los regala: «Le di un poema a Nirja y se echó a llorar al leerlo».

El viento sigue aumentando. Faltan cinco minutos para el comienzo de la tercera función y el aire ha sobrepasado los límites razonables: la lona se hincha de forma pavorosa, las estructuras metálicas crujen y se bambolean. Todo el mundo comienza a mirar hacia arriba, con el corazón encogido. Los artistas se visten o, por mejor decir, se desvisten entre los gemidos de metal. Una ráfaga más fuerte: todas las chicas salen despavoridas de sus camerinos, se encuentran en el estrecho pasillo, se retuercen los dedos de las manos: «Se nos va a caer encima, se nos va a caer encima». Parece que amaina un poco: hay que descorrer el telón y Olivia, la primera *vedette*, sube al escenario. Nueva ráfaga, nuevo crujir, el esqueleto metálico se bambolea, los espejos de los camerinos oscilan. Olivia baja corriendo del escenario; Ana María, la quinceañera, sale de estampida hacia la puerta, en biquini, sin saber adónde va, y es detenida por su madre. «Calma, calma, no pasa nada», aseguran los veteranos. Una lona se raja en una esquina, con sonido lúgubre. Aparece Tse-Ping, enigmático, pausado: «Usted, señor Chapín, márchese, no tiene por qué estar aquí —le dicen—, no se arriesgue, que usted es muy mayor y si esto se cae no podrá correr». Pero Tse-Ping sonríe e insiste en permanecer con ellos: «Yo quiero estar aquí y ayudar, y además no *pachar* nada». Comienza la función. El viento arrecia, la lona se infla y luego cae sobre los mástiles con gran ruido. El público grita cuando el golpe de viento es muy fuerte, pero en general ignoran el riesgo que se corre. Freddy, que ya estaba malo por la tarde, no resiste la tensión, se pone a vomitar y se marcha del teatro. Los micrófonos bailan y oscilan portentosamente, las chicas han de evitarlos mientras actúan, para no ser golpeadas. La función va a toda prisa, se saltan números, hay que terminar pronto, antes de que todo se colapse. Alguna reza, todos están pálidos. En el número del charlestón, un foco está a punto de desprenderse: Mariana mira hacia arriba y lo ve, «cuidado, cuidado», bisbisea a las demás; antes de que se cierren los telones, detrás de cada número, las chicas salen corriendo hacia los camerinos, de modo que el público llega a ver sus despavoridas carreras escenario a través. El homosexual que se hacía el mariquita, que está en primera fila, se remueve inquieto en el asiento, y de cuando en cuando pregunta a voz en grito: «¿Estamos seguros aquí, no hay riesgo?», y Alejandro padre, colocado entre el público para calmar los ánimos, le contesta que no, que no se corre ningún riesgo. Silvia, la hija de Freddy, se cae por las inestables escaleras interiores en uno de los bamboleos de viento y se hiere malamente la pierna derecha. Rassssssss, suena la lona al rajarse de nuevo. Un telón se desprende en una esquina. De pronto, estando el conjunto en escena, la luz se va durante unos segundos. El público grita, las artistas se cogen de las manos. El viento zarandea el mundo, parece que todo va a venirse abajo. Vuelve la luz, la función continúa. Al fin llega la apoteosis, el espectáculo se acaba, todo el mundo se marcha corriendo, el ánimo revuelto, el estómago inestable. Los empleados se lanzan a repasar las sujeciones de la estructura: permanecerán de pie, vigilando el teatro, remachando clavos, hasta las cuatro de la madrugada. Ha sido una noche verdaderamente interminable.

Domingo. El viento continúa, aunque algo amainado. Hace sol y frío. La gente del teatro ha amanecido tarde, un poco macilenta. Paco conecta las sevillanas en el altavoz. El chico con síndrome de Down está de nuevo en la acera de enfrente, retorciendo las muñecas, pateando la calle solitaria. «Viene todos los años —comenta Fabián—, a veces le hemos invitado a pasar al teatro, pero cuando lo hacemos se asusta y echa a correr». Santos anuncia que se va a comer: «Come, come, que los próximos cuatro meses no vas a comer nada», le contestan con una broma un tanto mustia. Todos saben que es necesario llegar a Sevilla, pero Sevilla parece estar hoy demasiado lejos. Por debajo de la música del altavoz se escucha, de cuando en cuando, el aullido de la noria, que gira incansablemente sin llevar apenas pasajeros.

El golpe de Estado
25/02/81

Justo a la hora del golpe del 23-F, yo tenía una reunión en la sede de la Federación de Asociaciones Feministas, que estaba, si no recuerdo mal, en la calle Barquillo. Pero, cuando llegué, una compañera nos esperaba en el portal para decirnos a todas que nos fuéramos corriendo, que había un golpe en marcha en el Congreso y que el local era un sitio peligroso (la Federación había sido asaltada varias veces por comandos de extrema derecha). Busqué enseguida una cabina de teléfonos y llamé al periódico. Me confirmaron la noticia y la agravaron al decirme que parecía que era Tejero, un guardia civil que ya había sido condenado a siete meses de cárcel por un intento de golpe en 1979. «¿Qué hago, queréis que vaya al periódico?», pregunté. «No, estamos muchos, vete a casa y quédate en stand by *[es decir, a la espera]». Y eso hice. Me quedé en mi casa, rabiando y penando como tantísimos españoles, pendiente de las noticias, toda la noche en vela. A eso de las diez de la mañana del 24 me llamaron para que fuera al diario a relevar a la gente. «Vale, relevar yo relevo, pero no he dormido», avisé. Cuando llegué dijeron que me pusiera a redactar el relato del golpe para las páginas centrales. Así que me senté delante de una máquina de escribir y empezaron a traerme datos de periodistas y corresponsales de todo el país. Me puse a teclear a toda prisa esta historia, y a medida que iba acabando de escribir los folios me los arrancaban del rodillo y se los llevaban a talleres, porque querían sacarlo en una edición especial de la tarde, que al final no recuerdo si se hizo. Así que yo iba redactando en el vacío, sin tener toda la información, al principio sin siquiera saber cómo iba a acabar el golpe y sin haber dormido en toda la noche. La verdad es que ahora no entiendo cómo fui capaz de hacerlo. Ser joven ayuda, me imagino.*

Poco antes de las cuatro de la tarde del día 23, los guardias civiles van llegando al acuartelamiento de Príncipe de Vergara. Han sido convocados para llevar a cabo una revisión de armamento; lo de siempre: un ejercicio rutinario. La revisión apenas lleva media hora; tan sabidos son los gestos, tan acostumbrada la mecánica. Pero acabada la tarea, los números de la unidad comprenden que pasa algo raro: se les hace formar, se les sube a los autocares. No saben aún el destino de este viaje, pero están habituados a la disciplina del cuerpo y obedecen.

En el Congreso de los Diputados se está ejecutando también otra rutina: la Cámara Baja vota la investidura de Calvo-Sotelo. Los resultados son del todo previsibles y la votación transcurre con la morosidad habitual, sin inquietudes ni entusiasmos. Uno de los ujieres del palacio escucha un revuelo en el exterior. Abandona por un momento el pequeño cuarto adyacente al hemiciclo y se asoma a la puerta de la calle. Apenas da crédito a sus ojos: un grupo de guardias civiles se abre paso hacia la entrada arma en mano y con aire belicoso. El ujier presiente lo que ocurre, aunque en el primer momento no llegue a entenderlo todo. Da media vuelta, aprieta el paso hacia el hemiciclo.

A su espalda escucha los gritos de los asaltantes, los primeros enfrentamientos, golpes, quizá un disparo. Como una exhalación, el ujier entra al trote en el hemiciclo, sin perder tiempo en cortesías ni llamadas. La votación está en la letra ene, y Víctor Carrascal, secretario de la Cámara, acaba de pronunciar el nombre de Manuel Núñez Encabo. Pero la entrada escopetada del ujier los deja a todos como encogidos y en suspenso: «Guardias, guardias civiles con armas están entrando», tartajea el hombre en su carrera. Un letrado del Congreso se lanza hacia la puerta antes de que el resto de los ocupantes del hemiciclo haya podido reaccionar: todo sucede en fracciones de segundo, pero ya es demasiado tarde. Cuando el letrado alcanza la hoja e intenta bloquearla con su cuerpo, los primeros guardias civiles ya están en la sala. Llevan pistolas, cetmes. Un oficial, sí, es un oficial, es un teniente coronel, se sube a la presidencia. Apunta con la pistola a Landelino Lavilla, mientras los asaltantes entran por todas partes, por la tribuna del público, por la de prensa. Gutiérrez Mellado se levanta como movido por un resorte y se lanza hacia los guardias civiles: los increpa, los llama al orden, les dice que él es su superior. Unos números lo agarran de la chaqueta, lo zarandean. Uno de los asaltantes lo golpea en la mandíbula. El teniente coronel se baja de la presidencia, se abalanza hacia Gutiérrez Mellado. Mientras tanto, los asaltantes comienzan a gritar: «Al suelo, al suelo». Los diputados están estupefactos, inmovilizados. La Guardia Civil empieza a disparar: «Al suelo, al suelo». El Congreso se zambulle en las interioridades de sus escaños; el estrépito de los tiros es ensordecedor, cae la escayola del techo en fino polvillo. Gutiérrez Mellado es el único que permanece en pie, en mitad del hemiciclo. El teniente coronel se acerca a él, lo golpea, intenta hacerlo arrodillar con durísimo maltrato. Adolfo Suárez, Leopoldo Calvo-Sotelo y Pérez-Llorca emergen del asiento. Suárez sale a rescatar a Gutiérrez Mellado, lo sienta en el banco azul. El Congreso está aparentemente vacío, con todos los diputados perdidos por el suelo. Suárez, Calvo-Sotelo, Gutiérrez Mellado y Pérez-Llorca permanecen sentados, bien erguidos. Al lado asoma, en rasante, la calva mate de Fernández Ordóñez. Santiago Carrillo es uno de los primeros que se levantan. Repartidas por el hemiciclo, las cabezas de algunos de los diputados otean el panorama en medio de un silencio tenso. Pero la mayoría sigue empotrada contra el suelo, con los oídos aún taponados del ruido de disparos, sin saber tan siquiera si alguna bala ha hecho blanco.

Tampoco lo sabe el país, esos miles de personas que escuchaban pacíficamente, a media tarde, la retransmisión en directo de la votación a través de la cadena SER. De pronto, el periodista se puso a tartamudear: «Alguien, un disparo, no sabemos lo que es, porque... La policía, la Guardia Civil, entra en estos momentos en el Congreso de los Diputados». A estas alturas del relato radiofónico, medio país ha suspendido, estupefacto, sus ocupaciones, sus gestos, sus trabajos; medio país permanece con la boca abierta, el estómago encogido, el oído incrédulo, atento al caos pavoroso que refleja la radio: «Entran más policías, están apuntando al presidente del Congreso con la pistola». Y se oyen los gritos de «Al suelo, al suelo», y luego un furioso y sobrecogedor tiroteo, y luego «no enfoques para acá o te mato». Y después, nada. Tan sólo el miedo. La noticia corre como un fuego por Madrid. Se recuperan en un santiamén las viejas costumbres clandestinas, aún cercanas, y centenares de personas comienzan un éxodo urbano e interior: los despachos laboralistas se vacían, las asociaciones feministas, ciudadanas o culturales se despueblan a velocidad de vértigo. A las siete desalojan las facultades. Todo el mundo se dirige a sus casas. Mejor dicho, no todo el mundo: unos cuantos centenares huyen de ellas, con ancestral cautela de perseguidos.

Mientras tanto, en el Congreso, un oficial de la Guardia Civil, miembro de las tropas invasoras, se dirige a la presidencia. Con voz que intenta ser serena, pero que revela considerable tensión, da consignas de «tranquilidad». Aquí no pasará nada, dice, y mientras tanto, algunos de los números que le acompañan cargan el cetme. Esperaremos quince minutos o veinte, no será más de media hora, hasta que venga la autoridad, «por supuesto, militar», que dirá la formación de un Gobierno, «por supuesto, militar». Mientras desgrana sus «supuestos», el diputado Sagaseta se siente morir de desmayo, de sofoco. Dicen a los secuestrados que se incorporen: «Con las manitas a la vista», chulean los asaltantes. Poco a poco van surgiendo, y colocan las manos en el respaldo del asiento de delante. El ánimo de los asaltantes del hemiciclo es belicoso, despreciativo, superior. Los diputados, con las manos sobre el respaldo, tienen algo de patético colegio en penitencia. Pasan los minutos. A Sagaseta le da un ataque definitivo, se pone malísimo. Donato Fuejo ha de ir a socorrerle. Silencio. Quince minutos, veinte, treinta. Suárez se pone en pie, exige explicaciones. Gran barullo. «A ver si se cree que él va a ser más bonito que los demás», grita sardónico uno de los guardias. «Siéntese —rugen los asaltantes—; que se siente, coño». En estos momentos, cuando se organiza algún revuelo, los asaltantes parecen tensar aún más sus nervios. Más de un diputado piensa: es ahora, ahora cuando nos disparan. Son pensamientos locos que atraviesan el cerebro como un rayo. «A ver, esas manitas, que no se muevan, porque si se mueven esto también se mueve», gritan los asaltantes, indicando sus fusiles, con soberbia, despectivos. Carmen Solano, como tantos otros diputados, piensa que ese teniente coronel se comporta de una manera muy achulada. Ese teniente coronel, que además es conocido. Tan conocido... Esos bigotes, ese perfil familiar... Por supuesto, es el teniente coronel Tejero. Y la impotencia. Llegan noticias intranquilizadoras, que los asaltantes se ocupan de difundir: el teniente general Milans del Bosch ha declarado el estado de excepción en su región militar: Valencia está tomada por el Ejército. «Todas las regiones militares están haciéndose cargo de la situación», dicen, exultantes, los golpistas. Y la impotencia. Al final de todo, la impotencia.

Sacan a Suárez. Tejero se acerca a él, le coge de un brazo de manera no amistosa. Tejero pregunta al ujier que entró corriendo al hemiciclo que dónde pueden hablar, que dónde hay un despacho. El ujier, hinchando el pecho, contesta que «puede ir usted a la habitación nuestra, aquí al lado». Y dice esto dirigiéndose tan sólo a Suárez, en un gesto de pundonor: son sólo estos mínimos gestos de gallardía —una mirada, una nota de dignidad en el tono— los que pueden permitirse los secuestrados. Sobre todo, la impotencia.

La misma impotencia que siente el ciudadano medio. Está sentado en su casa, viendo una programación absurda a través de la televisión, escuchando la radio con avidez. La situación parece cada vez más negra: Radio Nacional comienza a emitir marchas militares, una tras otra. Al fin se sabe: Prado del Rey ha sido tomado por fuerzas militares de la División Acorazada Brunete. Un capitán, con una bayoneta calada, ha conminado a Castedo a seguir con su programación absurda, a suspender el informativo de las nueve. Y lo de Milans del Bosch. El ciudadano suda miedo.

Llaman los amigos, los teléfonos están bloqueados. Un vecino aporrea tu puerta; demudado, te dice que no te quedes en tu casa, farfulla inconexamente que él ha quemado los archivos. ¿Qué archivos? En este atardecer del 23 de febrero, en esta temprana noche, se queman archivos absolutamente legales, se rompen en pedacitos ficheros perfectamente constitucionales, se hacen recolectas de dinero, se acaparan víveres, se sacan los pasaportes del cajón en donde dormían desde el pasado verano. Es una pesadilla. Es un mal sueño. Y, sobre todo, la impotencia.

Comienza una larga noche, una noche confusa y densa en la que los hechos parecen apelotonarse. Han dejado salir a periodistas, público y funcionarios. La espera se alarga más de lo debido, incluso para los propios asaltantes. Quizá algo no funcione. Tejero se pasea, cachazudo, hace frecuentes llamadas telefónicas: «Sí, mi general —dice agarrando el auricular—, sin novedad, todo en orden, todo en orden». Después cuelga el aparato y grita, henchido de orgullo: «Viva España, por fin». Alguien cree identificar al comandante Ynestrillas entre los asaltantes. Se les ve seguros, satisfechos. Dicen que toda España está de su lado, que los levantamientos se suceden. Es el desastre, piensan los secuestrados, es el fin. Y, sobre todo, la impotencia.

Un momento: alguno de los aterrados ciudadanos que queman archivos perfectamente legales se detiene, a no dudar, en mitad de su labor. Por la radio, por la SER, maravillosa SER, magnífica SER informando todo el tiempo, acaban de decir que el Ejército ha abandonado RTVE. Aparece una mínima esperanza. La Junta de Jefes de Estado Mayor está reunida. La Junta, por fin, sí, por fin, pasadas ya las diez de la noche, da una nota en la que se compromete a defender el orden constitucional. El país comienza a tragar la saliva amarga acumulada.

Y el rey hará una declaración al país dentro de poco. ¿Será posible? ¿Nos salvaremos? Aparece un rayo de esperanza, sustentado, sobre todo, por ese lazo de unión que es la radio. La televisión, recién liberada, da un tartamudeante avance informativo. En las redacciones se reciben unas fotos, las fotos impresionantes que Manuel Barriopedro y Manuel Hernández, de EFE, han conseguido sacar subrepticiamente del palacio, pese a que los asaltantes se incautaron de todas las cámaras, de todos los magnetófonos, de todo el material informativo. Esa instantánea de Tejero, brazo en alto, pistola en mano, es la imagen misma del horror. El país vela y espera, acongojado. Algunos se entretienen en juegos morbosos. En calcular atroces coincidencias, por ejemplo. Desde el 14 de abril de 1931 hasta el 18 de julio de 1936 transcurrieron 1.922 días, igual que desde el 20 de noviembre de 1975 hasta el 23 de febrero de 1981. Y al pensar todo esto, el miedo se tiñe de superstición y fatalismo.

En el Congreso de los Diputados todo sigue igual. Han sacado del hemiciclo a Felipe, a Carrillo, a Rodríguez

Sahagún, a Suárez, a Gutiérrez Mellado. Los iban sacando de uno en uno, de dos en dos. Daba miedo. Pero las noticias han llegado también a los asaltantes: empieza a cundir cierto desconcierto. Como le sucede a aquel guardia: «Y pensar que yo me encontraba lavando un coche en el subsector de Tráfico —se dice el hombre— cuando me dieron el subfusil y me dijeron que fuera con ellos...». Algunos parecen dudar. Un suboficial grita: «Que nadie se marche hasta que se lo mande el oficial que le ha traído». Pero algunos no están contentos, no lo están. Algunos de los guardias civiles asaltantes creyeron, al irrumpir en las Cortes, que iban a detener un comando de ETA que se había apoderado del Congreso. Eso les dijeron. Y, de pronto, los asaltantes eran ellos. De todas maneras, el ambiente es tenso, tremendamente hostil. Alguien grita: «Viva la democracia», y uno de los guardias civiles contesta: «Democracia ¿para qué, para que sigan matando a nuestros compañeros?».

Avanza la noche. Los generales Aramburu y Sáenz de Santamaría y el gobernador civil de Madrid, Mariano Nicolás, se reúnen en el Palace. Fernández Dopico y Ballesteros, dimisionarios de la policía, aparecen en el hemiciclo. La Dirección de la Seguridad informa de que no participaron en el secuestro, sino que habían sido enviados en misión especial. Todo resulta muy confuso. El segundo jefe del Estado Mayor de Tierra, Alfonso Armada Comín, entra al Congreso de los Diputados y conversa con Tejero.

Al fin, al filo de la una de la madrugada, habla el rey. Es breve y rotundo en su discurso: se mantendrá la legalidad constitucional. El país respira un poco..., pero persiste en su vigilia, pegado a la televisión, al aparato de radio. Milans del Bosch, al conocer el mensaje del rey, manda retirar las tropas en Valencia. Nuevo suspiro de alivio.

Pero el teniente coronel Monzón, portavoz del Ministerio de Defensa, no está del todo tranquilo: «No me parece que la cosa esté mejorando», se dice cauteloso. Se habla de que hay guarniciones dispuestas a echarse a la calle, como la de Valencia. Mientras tanto, intentan convencer a Tejero de que está solo, que el levantamiento ha fallado, que la situación está bajo control. Tejero se ríe sardónico, no se lo cree.

Juan Pla, periodista del desaparecido *Imparcial* y amigo personal de Tejero, se ofrece de mediador y habla con el teniente coronel golpista al filo de las 1.30 horas: «Estás solo», le dice. Tejero le contesta que no es verdad. Que acaba de hablar con Milans del Bosch y que éste le ha dicho que «ha mandado a las tropas a dormir, hasta mañana», nada más eso. Juan Pla insiste en que reconsidere su actitud. «Armada me propuso facilitarme un avión», dice Tejero. «¿Y por qué no te vas?», pregunta Pla. «Porque a mí el avión me marea...», contesta el teniente coronel, burlón.

El ciudadano medio escucha todo esto, y tiembla y respira alternativamente, dependiendo del vaivén fluctuante de las informaciones. Mientras tanto, en la televisión, patinadores artísticos sobre hielo pasan y repasan infinitamente por la pantalla añadiendo una nota más de absurdo a lo absurdo de la noche. A las seis de la mañana se hace público un comunicado de Milans del Bosch por el que decreta la anulación de su decreto anterior, es decir, el estado de excepción de la III Región Militar. El comunicado suena raro y tenso, y no cita en absoluto la Constitución. Este texto es leído con megáfonos desde el exterior del palacio del Congreso; al acabar la lectura, del otro lado de los muros se oyen unos «vivas» amortiguados, la reacción de los diputados, que hasta ese momento no sabían la entidad real del golpe.

Los bulos y rumores se multiplican. Las de la madrugada serán las horas más confusas. Llegan varios vehículos de la Policía Militar y acordonan el palacio, pero nadie parece saber quién los ha enviado. Se habla de que los GEO van a tomar las Cortes al asalto. Se pasa frío. Se espera. En la televisión, mientras tanto, están poniendo un disparate de documental sobre chimpancés. Miles de chimpancés llenando la pantalla. Algunos diputados han de ser evacuados con problemas de salud: Pérez Puga y, más tarde, Rodríguez Alcaide... Los desmayos, las lipotimias van abundando a medida que las horas avanzan. A las 5.30 horas detienen a Juan García Carrés, y más tarde secuestran *El Alcázar*.

Al despuntar el día, los nervios están rotos. A las 8.30 horas, Íñigo Cavero se desabrocha la camisa: «Dispara, dispara», grita al teniente coronel Tejero. No ha transcurrido ni una hora desde este incidente cuando Fraga salta, con todo su carácter sanguíneo acumulado en esas horas de angustia y de impotencia: «Quiero salir —grita Fraga—. Quiero salir, porque esto es un atentado contra la democracia». Intentan hacerle callar, pero él insiste, estentóreo, indignado. De modo que es sacado a golpes del hemiciclo. Las horas últimas transcurren demasiado lentamente. Todo el mundo está agotado. Antes de las 10 horas, las diputadas son puestas en libertad. Se acaba de saber que entre los sediciosos está el capitán de navío Camilo Menéndez. Cerca de las 11 horas, una decena de guardias civiles se rinden y abandonan el palacio. Y después, una docena más. Se espera un rápido desenlace. A las 11.10 horas, comienzan a salir guardias civiles por una ventana lateral del palacio. Huyen, huyen literalmente; alguno pierde su gorra en las prisas por escapar. Algunos de los espectadores que han aguardado durante horas frente al palacio sienten que algo se les ablanda por dentro, que empieza a deshacerse el doloroso nudo del estómago. Los periodistas van contando los guardias civiles que salen por la ventana: «Uno, dos, tres y tres más..., y dos más...». El país entero está pendiente de esta cantilena numérica. Todo se acaba. A las 11.20 horas, Tejero dice a los diputados que «da la sensación de que están llegando al final del problema».

Durante las últimas horas, Tejero ha exigido la disolución de las Cortes y la formación de una junta militar que erradique el terrorismo. Pero ahora parece que al fin se derrumba. A las 11.35 horas, Tejero declara que él es el único responsable de la acción, que sólo se entregará en El Pardo y que no quiere fotógrafos en su salida del palacio. Sus condiciones son aceptadas. ¿Es posible que la pesadilla se acabe? Sí, sí, se acaba... La SER retransmite en directo desde el interior del hemiciclo. Son las doce de la mañana. Tejero dice que los diputados pueden salir. Y a través de la radio se escucha la voz calma de Lavilla: «La Mesa ordena la salida, señor teniente coronel». Hay un silencio total. De nuevo, Lavilla: «La primera fila, por favor, primero». El reportero va contando las filas de diputados a medida que se vacían los escaños tras casi dieciocho horas de secuestro: «Ha desalojado la primera fila...; la segunda, ahora...; la tercera». El locutor está emocionado, es imposible no vivir este momento de forma trascendente, un poco desgarrada. Tejero, pálido y tenso, intenta permanecer impasible: «Ustedes salgan tranquilos —dice—. Aquí no pasará nada; lo único que sé es que yo voy a pechar con treinta o cuarenta años de cárcel». Los primeros diputados son recibidos en el exterior entre lágrimas, abrazos y vítores a la libertad y a la Constitución. José Vázquez se desploma de rodillas sobre el suelo llorando. Los «vivas» a la libertad suenan roncos de tanta emoción apretada en la garganta. Y mientras tanto, sobre el ruido de los pasos de los últimos diputados que abandonan el Congreso, se escucha la voz de Lavilla: «Mañana habrá Mesa a las 9.30; portavoces, a las 12, y pleno, a las cuatro de la tarde».

Diario de una grupi
22/08/82

Cuando publiqué este reportaje, que recoge la gira rockera más mítica de la historia de la música en España, pero que vuelve a retratar una sociedad choriza, casposa y lastimosa, recibí la carta entusiasmada de una chica de quince años que me decía que, al leer mi texto, se había dado cuenta de que lo que ella quería hacer en la vida era ser grupi, y que por favor le aconsejara cómo podía conseguirlo. Pensé que algo debía de haber hecho fatal en mi relato y me apresuré a contestarle con una carta larguísima en la que le explicaba que ser grupi era algo horrible, que era vivir en función de los demás, ser un apéndice, una nada, que ella tenía que aspirar a una vida más plena y más propia. Hace pocos años me encontré en un acto público con esa mujer, que ahora estará cercana a los sesenta. Se identificó y nos reímos un buen rato.

Como ayer no tuvieron actuación, Miguel Ríos y su banda aprovechan esta inusual mañana de relajo para jugar un partido de fútbol en la playa: hay que mantenerse en forma para aguantar el machacante esfuerzo de la gira. Visten bañadores y playeras, y están todos menos Thijs, el teclista, el holandés que fue el alma de Focus, quien, con rolliza y sedentaria sensatez, ha preferido quedarse en la terraza del hotel. El partido es Europa contra Sudamérica, es decir, Miguel, John el galés y Paco el Pedales contra Sergio el cubano y Mario, Tato y Carlos, que son chilenos.

—*Go, John, go!* ¡Vamo' a por ello'! —brama Miguel, que es un portero peculiar que jamás está en la portería y que desempeña con admirable ubicuidad las funciones de defensa, de entrenador y de árbitro. Y cuando les meten un gol, se enfada—: ¿Se toma bien el sol por ahí, o qué?

Es al único al que se le oye: los demás trotan por la arena sin aliento. Yo estoy sentada en la playa, mirando y admirando, que es la obligación de toda grupi que se precie (para entendernos: una grupi es una chica con vocación melómana e itinerante que se pega a un conjunto musical, mayormente rockero, y los acompaña durante una gira, desempeñando pequeños servicios útiles e inútiles y ligando eventualmente con algún componente de la banda). El partido termina y los jugadores corren a darse un baño. Una bandada de quinceañeras se precipita sobre los despojos (toallas, ropas) que han dejado sobre la arena y los olisquea con fervor: «¿Quieres ponerte las playeras de Ríos?», gorjean.

Volvemos al hotel chorreando sal. En el jardín está Jaime, el *road manager* (o sea, el mánager volante, el que los acompaña en las giras), con sufrida cara de dolor de estómago:

—Que nada, que todavía no han montado el escenario.

—Pues suspende, tío, suspende —le dice Miguel—. A ver cuándo suspendemos una actuación, que ya está bien.

—Sí, sí —farfulla Jaime, poniéndose un poco más amarillo. Jaime es bigotudo y está en el puro hueso, digo yo que de tanto penar.

—Es que estoy quemado, hombre, quemado —se desespera Miguel—. Pues fíjate el otro día, en Tarragona, cuando metieron a nueve mil personas en un lugar en donde sólo cabían cuatro mil, y cobraron a setecientas pesetas la entrada, y encima habían anunciado el rayo láser y el vídeo, cuando ellos sólo habían contratado cuarenta y cinco minutos de actuación...

Porque Miguel tiene dos espectáculos: uno el Rock and Ríos (que dura dos horas e incluye pantallas de vídeo y juegos luminosos de láser), por el que cobra dos millones y medio, ya que los aparatos son muy caros; y luego está la actuación normal de cuarenta y cinco minutos, por la que percibe entre las setecientas mil pesetas y un millón. Esta gira está contratada casi en su totalidad con el espectáculo pequeño, pero la mayoría de los empresarios anuncian por su cuenta el *show* grande.

—Y eso es lo que les dije en Tarragona a los nueve mil que estaban ahí apiñados —prosigue Miguel—. Les dije: mirad, tíos, el equipo lo estáis pagando mil doscientos de vosotros, lo que me llevo yo lo pagáis sólo ciento veinte y el resto va a manos del empresario; es una vergüenza...

La furia miguelesca viene a cuento porque los promotores de la actuación de hoy, los G&G de Laredo, han anunciado también de modo fraudulento el Rock and Ríos:

—Y el tío tiene el morro de decirme que es que se han equivocado en la imprenta —comenta Jaime, el lívido.

—Qué *farta* de cariño —se duele Miguel—. Qué *farta* de respeto por la gente. Y encima, a las horas que son, todavía no han montado el escenario. Pero eso sí, no se cortan en cobrar la entrada a ochocientas pesetas, los tíos... Suspende, Jaime, suspende...

Pero Miguel lleva un equipo de veintidós personas, entre músicos y técnicos, al cual paga religiosamente. Como él sólo percibe del 10 % al 20 % de lo cobrado, una suspensión supone el tener que cantar diez galas sin ganar nada, sólo para cubrir los gastos. Es necesario, pues, suspender con notario, para que levante acta de que el grupo estaba ahí, de que fue el empresario quien incumplió el contrato.

—Que sí, que he llamado al notario —se explica Jaime—. Pero me han dicho que estaba durmiendo la siesta y que no podría hablar con él hasta que se despertara, y es el único notario que hay.

—Jo...

Siempre pasa lo mismo. «Los artistas —dice Miguel— nunca han ganado un pleito de este tipo». Porque hay pueblos en los que ni siquiera hay notario, o los que hay no están disponibles a las horas raras y a destiempo de los músicos. Y porque el grupo ha de marcharse inmediatamente del lugar para llegar a la plaza siguiente. Por eso Miguel sigue actuando, y canta ante audiencias de apiñamiento infrahumano, y sabe que después el público le hará responsable de la estafa, de la falta del láser, del precio abusivo de la entrada. Miguel los contempla, derretidos, amontonados, entregados a sus pies. Miguel los contempla y se conmueve, y entonces no actúa los cuarenta y cinco minutos contratados, sino que se siente obligado a complacerlos, a atenuar el fraude para ellos, y canta hora y media, a lo mejor dos horas: dos horas hoy, dos horas mañana, dos horas también al día siguiente, con la garganta destrozada y el ánimo rabioso.

La gira empezó el 15 de julio y durará hasta el 20 de septiembre, y desde los comienzos ha ido mal. Es una gira triunfal, sí, y siempre se queda gente fuera, con las entradas agotadas. Pero es una gira de disgustos, de contratos incumplidos, desdichada.

—A mí me ha caído el sambenito de apaciguador de masas, de líder de mierda, y un día va a suceder una desgracia, con todas esas masas apretujadas; va a pasar algo gordo, y están deseando que pase, yo lo sé. Están deseando que pase para prohibir el rock para siempre —dice Miguel, masticando funestos presentimientos.

—Muñeco, chico, muñeco —comenta Sergio, con su ligero acento cubano.

«Muñeco» es una palabra grupal, un código privado, y se aplica a una situación chunga, a algo que funciona mal: define lo calamitoso o lo antipático. Hemos comido en el hotel —poca cosa: carne a la plancha y ensalada—, y Miguel se ha atiborrado de píldoras antiinflamatorias para las cuerdas vocales. Vuelve Jaime, el huesines:

—Que todavía no está el escenario; tendremos que aplazar, no podemos empezar a las diez de la noche...

—Pues que pongan un cartel diciendo que el retraso es culpa de ellos.

Miguel se va a dormir, o a ver si duerme. En las giras acecha el insomnio, porque sólo sabes pensar en el resfriado incipiente que padeces o en la actuación de mañana, y te preguntas si saldrás al escenario y se hundirá el suelo, como en la gira del año pasado, que se hundió tres veces: Miguel daba un salto y el entarimado se abría a sus pies; él se colaba hasta los sobacos en el agujero, los músicos le miraban desde arriba patidifusos y Miguel les gritaba: «Seguid tocando, seguid tocando». Así son las cosas cuando te metes en el autobús, cuando te metes en el lío.

Jaime y Carlos (que es coproductor y está en la gira porque Miguel le ha pedido que les eche una mano) se acercan al polideportivo para ver cómo va todo. El panorama es desolador: inestables andamiajes a medio construir, las cajas de sonido por el suelo y un enjambre de montadores de G&G, con camiseta amarilla, que pululan entre los bultos sin rumbo preciso.

Llevan dos horas parados, a la espera de que lleguen unas malditas abrazaderas perdidas en no sé dónde, y Richard, el ingeniero de sonido, se desespera:

—*Do something! Don't stand in there! We have no time!* [«¡Haga algo! ¡No se quede ahí! ¡No tenemos tiempo!»].

Richard grita al capataz de los montadores de G&G en inglés, y éste contesta en castellano, sin entender nada: «Ya vienen, ya vienen; es cuestión de media hora». Roger, el ingeniero de monitores (a quien llaman Mary Gorri porque siempre lleva una gorra de visera calada hasta las cejas), le berrea también en inglés:

—*You always say half an hour, but it's not true!* [«¡Usted siempre dice media hora, pero es mentira!»].

Entonces el capataz explota con aspavientos desesperados: «Que te den por culo, *joé*, no te entiendo, *joé*, yo soy un obrero, *joé*, no te entiendo», y Jaime suda e intenta calmarlo, y Richard da enloquecidas vueltas por entre las cajas de sonido, señalándose el reloj y gritando: «*Time, time, time*», como un poseso, y Mary Gorri compone un despreciativo gesto de mal genio (siempre tiene gesto de mal genio, por otra parte), y Carlos dice que van a tener que retrasar el *sound-check* (la prueba de sonido) hasta las ocho de la tarde. Y entonces llega un rubiato ojiacuoso que es el segundo de G&G, o sea, el machaca del baranda, y Jaime le dice que esto es un desastre:

—O sea, que hay que retrasar la actuación hasta las once y media de la noche.

—Pero si ya está casi todo —argumenta el desteñido, mostrando con vago ademán el fragmentado y calamitoso panorama.

—No, hombre; cuando terminéis el escenario tenemos que empezar a montar nosotros las torres de sonido y todo lo demás...

—Entonces —suspira el machaca— empezamos a las diez y media.

—No, a las once y media.

—¿A las once?

—¡A las once y media! —insiste Jaime, implacable.

Justo ahora llega Vicente, que es un hombrón tremendo que lleva lo de Sonora, o sea, todo el equipo técnico de Miguel, y comunica que se han perdido unos focos, que han sido enviados por error a Bilbao. Carlos zarandea el escenario —«¿Ha quedado esto sólido?»— y toda la estructura retiembla precariamente.

Aparece el jefe de G&G, el mismísimo baranda, que es en realidad promotor de boxeo y que luce multitud de cadenas de oro enredadas en la pelambre pectoral, y vuelve a discutir con Carlos y con Jaime. Son las seis de la tarde y están empezando a montar las torres de sonido. Miguel lee una novela de Blasco Ibáñez en un rincón del jardín del hotel, y envuelve su cuello amorosamente con un pañuelo de brillos. Jaime se acerca y le cuenta que han puesto un cartel en taquilla que dice: «Por dificultades de montaje, ajenas a la voluntad de Miguel Ríos, este concierto se dará sin rayo láser». Miguel se enfurece:

—No es suficiente, tío, no es suficiente. Hay que hacer un cartel que diga que ellos han anunciado el láser sin permiso y que se han retrasado montando el escenario. Tienen que poner ese cartel, o no actúo.

Jaime le dice que sí y su rostro adquiere un fantástico tono verdoso. Todos se aplican en la redacción de la nota:

—A ver qué os parece esto: «El concierto de esta noche no contará con rayo láser, que fue indebidamente anunciado por la empresa. Por tanto, aquellos que quieran devolver las entradas podrán hacerlo antes de la actuación» —dice Carlos.

—Es muy largo —tartamudea Jaime.

Pero el cartel se aprueba por unanimidad y es entregado a Jaime con el imperativo de que lo coloque en taquilla.

—Si no dicen que devuelven el dinero de las entradas, yo no salgo —insiste Miguel.

Y luego se queda absorto, las gafas de leer cabalgándole la nariz, el ceño fruncido. De vez en vez exclama: «Qué putada», y de cuando en cuando dice: «Qué chorizos». De pronto parece recordar algo y se inclina hacia Jaime:
—Oye, trinca antes.
—Sí, sí —contesta éste—. Yo trinco ahora, dentro de un rato.
—Trinca la pasta antes, porque a la tercera canción voy a decir a la gente que estos organizadores son unos estafadores; lo he estado pensando y es lo mejor, lo único que puedo hacer.
Jaime calla y adelgaza medio kilo más.

Sound-check. Vamos todos al polideportivo menos Miguel, que se queda en el encierro de su habitación para ducharse, para relajarse antes de la actuación, para hacer ejercicios de calentamiento de la voz, un mmmmmmmmmmmm gargarizado de una esquina a otra del cuarto. Los demás nos montamos en el autobús, un autocar nuevecito forrado en verde, con dos mesas, cuatro literas y un sistema de aire acondicionado que funciona con mesura para no herir de frío la garganta de Miguel. La llegada al polideportivo con el enorme vehículo es un lío, como siempre:
—Échate para delante, que ahí cabes —dice Carlos.
—Que no, que bloqueo el tráfico, que ahí no puedo —contesta Pepe Rosado (Pink Pepe), el chófer extremeño.
—Que sí, que si metes el morro ahí dejas pasar por detrás —tercia Marito, Mario, uno de los baterías, que lleva el pelo peinado a lo Mafalda.
Cinco minutos de discusión y al final bajamos interrumpiendo el tráfico. El escenario parece otro, gracias al esfuerzo de los técnicos:
—*Check, check, check, one, two...*
Se prueban los micrófonos, y Richard sube y baja las palancas de la mesa de mezclas con delicado toque de artista.

Los músicos tocan pacientemente y el sonido se va ajustando con lentitud.

—Sí, sí, *check, check.*

Transcurren dos horas en la prueba, y a la salida el público se agolpa ya ante las puertas en gritones remolinos. Son las diez y cuarto y apenas hay tiempo para tomar un sándwich frío y recoger la ropa de escena, porque a las once hay que salir del hotel. Paco el Pedales (Paco es un virtuoso de la guitarra y posee montones de pedales con los que altera el sonido de las cuerdas, de ahí el sobrenombre) se marcha con un amigo que ha asomado por aquí, pero asegura que volverá a las once en punto. Aparece Miguel. Trae la cara de antes de actuar, un rostro serio y tenso, y no come nada porque prefiere salir con el estómago vacío.

—No han puesto el cartel —dice Miguel, tragándose los nervios—. Son la leche, la voy a montar. Esto es lo único malo de estos chicos —añade, refiriéndose a la oficina, a los mánagers, a Jaime y sobre todo a Manolo, el principal, que no está aquí—: Son unos tíos estupendos, pero contratan por teléfono los sitios, sin saber cómo son, y así no se puede. El año que viene no voy a hacer una gira como ésta, eso desde luego.

Y la última frase suena a usada, a muy repetida, a un añejo propósito de enmienda nunca culminado.

Estamos en la puerta del hotel, esperando a que bajen todos, y unos chavales abordan a Miguel:

—Jo, macho, ocho sábanas la entrada, t'as pasao, tío; es mucha pela, Miguel, tú.

Y Miguel intenta contarles todo, intenta explicarles lo inexplicable, sabedor de la inutilidad de tal esfuerzo, de que no puede ir detallando la situación a cada uno de los cinco mil espectadores que le esperan.

—Desde luego, el año que viene no voy a hacer una gira como ésta.

Pero son las once y diez y Paco el Pedales no aparece. Miguel patea la noche con crispada impaciencia:

—Este tío se ha despistado, que me lo conozco yo, se ha despistado.

El tiempo pasa y cada minuto es peor que el anterior.

—Qué raro —dice Tato, el bajista—. Paco es el más cumplidor, el que está siempre el primero; a ver si le ha pasado algo.

No hay más remedio que irse sin él, y Carlos se queda atrás para esperarle. Vamos hacia el pabellón envueltos en un silencio de mal agüero y al acercarnos empezamos a escuchar el griterío, el bramar de la muchedumbre. Alrededor del polideportivo hay mucha, muchísima gente, todos aquellos que se han quedado sin entrada, y hay que bajarse del coche en un lateral y correr hacia la puerta de servicio antes de que la masa se dé cuenta. Las instalaciones son verdaderamente inadecuadas, porque la puerta trasera da al vestíbulo del pabellón, que también está lleno de público. Así es que atravesamos la muchedumbre como una exhalación: detrás quedan los gritos, los aplausos, y los espectadores se arremolinan a nuestras espaldas como el agua de un lago tras una piedra lanzada con fuerza.

Nos encontramos en el vestuario, jadeantes. Es una habitación heladora, recubierta de losetas blancas y rajadas, con el suelo mugriento y una gotera troceando el silencio con su chop-chop. Estamos debajo del campo y sobre nuestras cabezas retumba el techo: el rugido descomunal del público, que lleva hora y media de espera, hace retemblar las paredes. Las mandíbulas de Miguel resaltan, lívidas y tensas, y todos callamos.

El aullido exterior crece y el patear de diez mil pies repercute en el estómago: la intuida muchedumbre resulta aterradora y hay un aroma de peligro en el ambiente.

—Paco, Paquito, ven, Paquito, ven, Paco —monologa Miguel, desencajado.

Da vueltas por la habitación como un león en su jaula.

—Tranquilo, Miguel.

—¡No sé por qué coño tengo que estar tranquilo!

Detiene sus febriles paseos sin rumbo y hace gárgaras con Oraldine, escupiendo después el líquido rojo al suelo.

—Y tenía que ser hoy, hoy que ya llevamos hora y media de retraso; tenía que ser hoy —gime Miguel, desesperado—. Paco, por favor, por favor, ven, ven, Paquito, ven.

El techo parece hundirse con el escándalo que están organizando los espectadores. Miguel se cuelga del marco de la puerta y hace unos ejercicios gimnásticos. Se deja caer al suelo y pregunta:

—¿Qué hora es?

—Las once y media en punto.

—Vámonos —dice, repentinamente decidido—. No podemos hacerles esperar más; tocaremos sin él.

Sergio, Mario y Tato le cogen de las manos: «Estamos contigo», le dicen con emoción. Suben hacia el escenario como cristianos dispuestos a ofrecerse a las fieras. Y allí, junto a las escaleras del entarimado está Paco, cambiándose apresuradamente de ropa: su amigo tenía el reloj atrasado, «por eso fue que...», explica muy nervioso.

El polideportivo está lleno hasta lo irrespirable, hasta lo imposible, y como se trata de un local cerrado, el calor asciende en espesas vaharadas. Los músicos suben al estrado a tocar, arrancan con el *Bienvenidos*, y Miguel, en ese tenso instante de antes de salir, espera enceguecido a que Carlos le dé la entrada. Entonces sube Miguel, aparece de un salto frente a la rugidora masa, y empieza el *show*, y a partir de ese momento ya no hay retorno: sólo existe el ritmo imparable del espectáculo.

Qué calor hace. Es imposible describir la intensidad del agobio, el bochorno bajo los focos. El aire es tan húmedo, tan denso, que cuando subo al escenario tras ellos se me empañan las gafas. Es un calor infernal, que marea, que impide respirar. Sin embargo, la actuación sigue, y Miguel salta, grita, da cabriolas. Todos chorrean: los pantalones blancos de John, el guitarrista galés, se tiñen con el rosa de su camisa. Los vaqueros amarillos de Mario están tan empapados que se transparenta el contorno de sus calzoncillos. Tato sufre una taquicardia en plena actuación, pero hay que aguantar: se agarra al bajo y continúa tocando. Miguel se siente desmayar por tres veces y ha de respirar muy rápido, porque el aire semeja agua hirviendo y se condensa en gotas que te caen encima, como una lluvia de sudor. El escenario vibra y se tambalea, y de pronto comienza a desplazarse lentamente de un lado para otro. Sergio, el cubano, advierte la inestabilidad y decide que, si se hunde, saltará por encima de su batería y se lanzará en plancha sobre la gente: por detrás tenemos una caída de seis metros y arriba hay una tonelada de focos.

Miguel se retira a un lado del escenario, casi desmayado, y Carlos le echa por la nuca una botella de agua. Vuelve a salir y entonces habla con la gente, les dice con lenguaje preciso y fácil cómo han sido engañados, cómo están pagando precios abusivos. La gente brama de placer rabioso y solidario. Vicente, el grande, el de Sonora, se sienta a mi lado y de su bigote caen gotas de sudor: «Escucha, escucha: esta canción es mi preferida, cada vez que la oigo se me eriza el pelo, porque es exactamente nuestra vida». Se trata de *El blues del autobús*, que narra cómo cada día amanecen en un hotel distinto, cómo duelen los huesos de tanto viajar, cómo todo va quedando atrás, siempre en camino: «Yo he estudiado Medicina —dice Vicente—, pero prefiero hacer esto, porque el rock tiene magia, magia, ésa es la cosa».

Una hora y cuarto de actuación. Se despiden y bajan del estrado jadeantes, derrumbándose en las escaleras, como muertos. Pero el público pide más y más, y han de tocar otra media hora. Al fin se acaba la tortura: se cambian de ropa, recogen los instrumentos, salen con toallas enrolladas al cuello y el pelo pegado al cráneo en endurecidos rizos.

En la puerta, un muchacho con aspecto latinoamericano está hablando con Thijs en inglés. Se me ocurre acercarme a él y en un abrir y cerrar de ojos me ha contado toda su historia: dice que es medio hermano de Jon Anderson, el cantante de Yes, y que su madre es canadiense, y que después de tener a Jon volvió a Canadá, y que allí se casó con su padre, que es mexicano, y que él ha vivido en Estados Unidos y luego siete años en México, pero que no sabe ni una sola palabra en castellano, ni una sola, porque en México iba a una escuela norteamericana, y que está aquí de vacaciones. Habla en un inglés chapucero y lamentable y yo me asombro de que ésa sea su lengua materna, pero él insiste en que no comprende nada de español. En suma, es un pelma prodigioso. Entonces el chico, con consumada desfachatez, le pregunta a Thijs si puede irse con ellos, y el buenazo del teclista no sabe cómo decir que no ante una autoinvitación tan sorprendente. Total, que se sube al autocar con todos.

Volvemos al hotel. A pesar del cansancio, Miguel está animado. Concentrado y cómodo, hace una pausa. El actuar le pone eufórico. En el vestíbulo le están esperando los periodistas, y se sienta con ellos a responder pacientemente a las mismas, únicas preguntas: ¿por qué el precio de la entrada, por qué la ausencia del láser? Son las dos y media de la madrugada y los demás canturrean, hacen chistes, comen emparedados fríos: después de una actuación se está tan excitado que es imposible dormir, hay que relajarse durante un par de horas. Jaime (le llaman Mary Banco, porque es quien lleva el dinero) ha partido ya hacia Zaragoza, la próxima plaza, para prepararlo todo. Carlos dice que mañana hay que salir a la una en punto, y que habrá multa de cincuenta pesetas por minuto de retraso (multas que jamás se cobran, explica Sergio en un aparte).

Y el medio hermano de Jon Anderson se pega a ellos y los contempla, silencioso, con expresión de póquer.

El autocar, camino de Zaragoza. Miguel se ha tomado una portentosa colección de medicinas con el café del desayuno: dos ampollas de Astenolit, y los antiinflamatorios, y vitamina C, y complejos vitamínicos generales en granulado y en píldoras, y unos polvillos efervescentes especiales para reforzar las mucosas, y qué sé yo. Ahora está en la parte delantera del autocar, solo, leyendo. Tiene la garganta rota del esfuerzo de ayer, y no quiere hablar para recuperarse para la actuación de esta noche: se cubre la boca con el pañuelo, como un fedayín, para defenderse del aire. El medio hermano de Anderson está sentado junto a una mesa, escrutador y fantasmal. Ha contado a todos, en sucesivas encerronas, la misma y vieja historia de su-madre-que-vuelve-al-Canadá-y-sus-estudios-en-un-colegio-americano, y todos procuran evitarle, horripilados ante lo contumaz de su paliza: le han rebautizado con el sobrenombre de Alien o Mary Sombra. A mí también me llaman Plumita o Pluma Loca, porque voy detrás de ellos apuntando incesantemente en un cuaderno, y a Antonio el fotógrafo le llaman Mary Flash, por razones más que obvias. En el autocar, Thijs hace puzles de enrevesada dificultad, o juega al ajedrez con Paco el Pedales, o construye espacios con una serpiente geométrica. John prefiere mantenerse al margen: es un hombre callado y sonreidor que durante el día se ensimisma en ensoñaciones o lecturas, y que sólo se une a los demás tras las actuaciones, momento en el que parece entrarle una pasión grupal.

—Es que John se lo toma todo muy a pecho, por eso toca como toca —dice Sergio, el batería cubano.

Como se llama Sergio Castillo, todos le conocen como Crimen y Castillo. Y Sergio ríe, con un sentido del humor zumbón y tropical. Carlos, Mario, Tato y Sergio juegan al parchís y hacen bromas:

—La ducha de ayer del hotel era tremenda, se te salía toda el agua fuera...

—Pues las hay peores: como esas que tienen la alcachofa obturada y sólo salen dos chorritos, tan finos y tan fuertes que te hacen daño...

—Y esas otras sin presión, que tienen la regadera pegada a la pared y entonces te tienes que arrimar al muro para que te dé algo de agua, y siempre te clavas en los riñones el grifo del agua caliente, que está hirviendo.

Los temas de conversación son casi siempre los mismos: anécdotas de giras pasadas, o de aviones, o de hoteles, o, en fin, de música, cuestiones sin duda apropiadas para un grupo de *rock* perpetuamente itinerante. De vez en cuando, Thijs saca un pequeño órgano electrónico y entre todos —menos John, menos el enmudecido Miguel— montan un concierto improvisado: cantan blues, tocan *rock*, Sergio redobla sobre la mesa con unas escobillas y Paco hace ritmos con una caja de cerillas. Son fantásticos.

Una parada de media hora en una macrocafetería de autopista, en donde todo es plástico, incluida la comida. Allí engullen un sucedáneo de almuerzo, de pie en el mostrador: un pincho de tortilla, una raja de melón. Después, todo seguido hasta Zaragoza (claro que hay que regresar a recoger a Carlos, a quien han olvidado en el restaurante), adonde se llega a las ocho de la tarde. Miguel se queda en el hotel y los demás se dirigen directamente a la prueba de sonido.

En la plaza de toros encontramos a los técnicos, con el tinglado ya dispuesto. Los técnicos no viven, no comen y no duermen: después de las actuaciones han de desmontar el tenderete, cargar y salir para la ciudad siguiente, donde todo ha de estar preparado a la llegada de los músicos. Echan cabezadas en el tráiler, se alimentan de precarios bocadillos, mueven veinte toneladas de peso cada día: y cada vez que los reencuentro me asombro de que aún no hayan fallecido.

También aparece Jaime, el *road manager*, que está esmirriándose a ojos vistas. Hay problemas, por supuesto: iban a colocar dos pantallas de vídeo, pero sólo ha podido instalarse una. Además, estaban contratados unos fuegos artificiales, pero el gobernador civil los ha prohibido:

—¿Por qué?

—Yo qué sé —contesta Jaime—. Porque este gobernador civil es el que prohibió a Bob Marley, porque no quiere.

Cuando tienen tiempo, los del grupo aprovechan el *sound-check* para tocar todos juntos durante un rato, para hacer música, para divertirse improvisando. Están en ello cuando Marito deja su batería por un momento, y Alien se sienta en ella y empieza a aporrear la membrana sin orden ni concierto. El resultado es tan desastroso que los demás paran de tocar, lanzándole miradas torvas que no parecen surtir ningún efecto.

Cuando llegamos al hotel (después de perdernos por la ciudad, como siempre) son ya las diez de la noche, y la actuación es a las once. El autocar no cabe en la calle del hotel, y los músicos han de acarrear a mano todos sus bultos, sus pesadas maletas para dos meses, a través de un trayecto lo suficientemente largo como para musitar tres o cuatro maldiciones. En el hotel no hay cafetería, sólo restaurante, y no hay tiempo para comer nada. Ha llegado Manolo Sánchez, el mánager jefe, desde Madrid: es joven, moreno, con aire pícaro y humor viperino. Miguel baja vestido con pantalones rojos para la actuación y se saludan amistosamente:

—Hola, Manolo, qué tal estás.

—Cansadísimo.

—Pues anda que yo...

—Pues yo te veo muy graciosa.

Manolo llama Amparo a Miguel, y a Jaime, el *road manager*, le llama Virtuditas.

—¿Han puesto las pantallas, Manolo? —pregunta Miguel.

—Uf, ya te contaré.

—No me jodas, ¿han puesto las pantallas o no?

—Hay vídeo, sí, pero ya te contaré.

Se lo cuenta en el autocar: Miguel, Manolo y Jaime se reúnen al fondo del autobús, y es probablemente ahí, en el inexorable camino hacia la actuación, cuando Manolo le dice que sólo hay un vídeo y que el gobernador ha prohibido los fuegos y que... Pero Miguel está animado: «Hoy lo tenemos que hacer de puta madre, porque yo quiero mucho a esta gente de Zaragoza, joder; ¿os acordáis del año pasado?». Y sí, se acuerdan. «¿Le echamos huevos y cantamos el *show* completo, aunque mañana me tenga que poner tiritas en la garganta?», dice Miguel.

—¿Qué te pasa, Pedales? —pregunta Jaime, porque Paco está callado en un rincón, melancólico y ojeroso.

—Nada, que estoy cansado, muy cansado; ayer jugamos hora y media de fútbol en la playa y...

—Eso —dice Jaime, regañón—. Me parece estupendo que os pongáis a jugar al fútbol hora y media, para reventaros.

Hay tal muchedumbre en torno a la plaza que el autocar no puede llegar hasta la puerta. Es necesario apearse y echar de nuevo a correr entre la gente; corremos y corremos, desolados, sin ver nada a nuestro alrededor más que brazos, manos, rostros borrosos. Carlos, Jaime y Manolo van delante, intentando proteger a Miguel, y detrás van todos los demás en fila india, corriendo como diablos; yo los sigo en esta carrera ciega, con el temor de que alguien me pare y no me deje pasar, con el susto de que se cierre delante de mí la brecha entre los cuerpos, con lo que debe de ser el síndrome de toda grupi: el miedo a perderlos, el miedo a que te olviden y te dejen atrás. Trotamos y trotamos sin ver, guiados sólo por el bramido, por el clamor colosal que sale de la plaza, veinte mil personas produciendo un tronar espeluznante que nos rodea, que nos absorbe, que nos traga; y hay algo agudo, emocionante, en este alcanzar angustiados la plaza, en estos momentos intensos que preceden a la actuación.

Ya estamos dentro. Resulta que no hay camerinos, sólo una covacha inmunda que ni siquiera tiene luz. Resulta que los organizadores han vendido las localidades de detrás del escenario, cosa que jamás se hace. Pero Miguel no tiene tiempo ya para ver esto, no tiene tiempo de pensar en esos miles de personas instalados tras la tarima, en un lugar desde donde no verán ni oirán nada. Son los minutos finales y Miguel ya está ciego de tensión. Se arrima a una pared, hunde el rostro contra el muro, intentando concentrarse, y veinte mil gargantas atruenan el ambiente. Pasan cinco minutos, y no se empieza. Diez minutos, y tampoco. Todos están en el callejón, ya dispuestos, dando vueltas sobre sí mismos, nerviosos, sin comprender qué ocurre:

—¿Sabe alguien por qué no empezamos? —dice Marito, mordiéndose las uñas.

No, no lo sabe nadie. Tato eleva los codos en el aire y pierde la vista en el infinito: es un método de relajación que él conoce. Quince minutos de retraso. Entonces aparece Manolo, el mánager, dando palmas:

—Vamos que nos vamos.

Y se apagan las luces y se encienden los focos, y los músicos suben, y yo me entero colateralmente de que el retraso se debe a que el empresario no pagaba y Manolo no quería hacerles subir hasta no tener el dinero, por si acaso.

Miguel aparece en el escenario de un salto entre dos acordes, canta el *bien-veee-niiiii-doooos* y la gente enloquece de gusto. De la arena pisoteada por miles de pies se eleva una constante nube de polvo, tan espesa que Carlos se asusta, confundiéndola con humo y creyendo por un momento que el escenario se ha prendido fuego. Miguel canta con todo empeño y de cuando en cuando se vuelve hacia los músicos y les indica por señas que está ahogado, que no puede más, que el polvo le está estrangulando. Pero el espectáculo continúa, y suena tan bien como siempre, a pesar de la arena y del cansancio.

Miguel se aproxima al borde del escenario, habla con el público, les dice que las autoridades han puesto impedimentos para el concierto, pero que él está seguro de que la gente sabrá comportarse mucho más civilizadamente que el poder oficial (aullido de la masa), porque el rock, grita Miguel, es civilización, es ser libres, y colegas, y legales, y Miguel se desgañita diciéndolo e intentando ser quien es. El delirio flota en el concierto. La sintonía con el público es perfecta. La plaza se viene abajo y han de salir dos veces más: han sido más de dos horas de actuación.

A la salida, abrazado a un ramo de flores, Miguel está eufórico, exultante:

—Jo, qué cantidad de polvo: tengo las cuerdas alquiladas a Agroman.

—Estoy contento —dice Sergio—. Hoy ha sido un día divertido.

—Esta noche Mary Gorri ha estado estupendo, como nunca —dice Carlos.

—¿Qué día es hoy? —pregunta Sergio.

—Viernes.

—¿Sí?

Porque en el autobús pierdes la noción del tiempo, te olvidas de lo que es el mundo real. No hay nada de comer en el hotel, son las dos y pico de la madrugada y todos están desfallecidos. Alguien facilita al fin la dirección de un pub que sirve sándwiches y que está abierto a esas horas, y vamos hacia allá en varios taxis: el local está lleno y la clientela aplaude la entrada de Miguel.

—Si este año me hubiera cuidado —comenta Miguel mientras bebe una cerveza sentado en el suelo—, probablemente habría aguantado un par de años más metido en esto. Pero con la paliza que me estoy dando, es posible que el próximo año sea el último. Cada vez me cuesta más recuperarme. Y, desde luego, me espantaría hacer el ridículo. Sin caer en trascendentalismos tontos, yo creo que estamos haciendo algo, algo valioso. Y que eso fallara por mi culpa me parecería terrible.

Y después de retirarse, ¿qué? Después, quizá, la promoción, organizar conciertos como nadie sabe organizarlos en este país. Miguel ya hizo algo así hace años, con la Noche Roja, un espectáculo que montó él mismo, siete horas de rock con diversos grupos, y faquires, y fuegos artificiales, todo por trescientas pesetas. Ahí vio que era posible, que se podían montar buenos espectáculos a precios razonables.

Pero Miguel no puede, no puede cantar y organizar al mismo tiempo. Por eso está Manolo, por eso la oficina. Y Manolo es un tipo estupendo, pero es un mánager, y debe de haber luchado mucho para serlo; lo suyo es contratar y contratar, y sacar todo el dinero que se pueda, y ése no es el ritmo de Miguel. Además, todas las galas de este año se apalabraron en enero, y el éxito posterior del Rock and Ríos ha desbordado hasta las más optimistas previsiones. Miguel permanece callado, sorbiendo pensativamente su cerveza, mientras Paco el Pedales juega a la máquina de matar marcianos y mata muchísimos, se ve que lleva muchas horas de maquinitas a la espalda.

Se sale hacia Lérida a las cuatro y todos aprovechan para levantarse tarde. Miguel ha amanecido a las dos y devora una tortilla en una esquina mientras discute con Jaime y con Manolo, probablemente sobre la gira, de lo mal que funciona (a nivel organizativo), de que deben arreglarla. Manolo se despide: se vuelve a Madrid. Los demás nos subimos al autocar, con Alien de perseguidor callado e incansable.

—Come-come-come-comecome-come-come-come-come-comecocos-comecocos...

Sergio y Carlos cantan el *Comecocos*, una canción pop rematadamente facilona que han compuesto en broma esta mañana. Miguel está hoy de mal humor, quizá a causa de la conversación con su mánager, y se acuesta en una litera con un periódico sobre la cara.

—¿Hoy actuamos en un local cerrado o al aire libre? —pregunta Thijs en inglés.

—Actuamos en una discoteca, pero al aire libre, en el aparcamiento que hay detrás; eso me ha dicho Miguel —responde Mario.

Yo me extraño, porque Jaime, el *road manager* huesines, me dijo hace varios días que la actuación de Lérida era en un lugar cerrado, pero me callo.

Llegamos a Lérida a las seis, buena hora para el *sound-check*, pero resulta que el escenario no está dispuesto y que hay que esperar hasta las ocho. Miguel sube a su habitación a descansar y los demás se reúnen en el bar. Carlos habla de Alien y de lo incómodo que es tenerle siempre ahí, silencioso y ojiabierto como un búho. Todos coinciden en que es una presencia molesta («el mismo Miguel nos preguntó si no nos importaría que vinieran su mujer y su hija a la gira durante unos días; tanto más éste, al que no conoce nadie»), todos se extrañan de su precario inglés, de que no hable castellano. Entonces Antonio, el fotógrafo, o sea, Mary Flash, dice que sí que habla, que en Laredo se dirigió a él preguntándole si Thijs era el Thijs de Focus, y que lo hizo en un español perfecto de acento mexicano. Todos nos quedamos boquiabiertos, y Carlos añade que el asunto le da muy mala espina, que el chico se parece a ese que intentó matar a Reagan, y es verdad.

Carlos lo dice en broma, pero cunde cierta paranoia en el ambiente: Alien debe de ser un tontito o un loquito o ambas cosas. Pero ya son las ocho, hora del *sound-check*. Y el local es espantoso. Por supuesto que es cerrado, y por añadidura pequeñísimo: apenas cabrán mil quinientas personas. No hay escenario propiamente dicho, y los instrumentos se han colocado en un mero escalón, la tarima original de la discoteca. Unos andamios desmayados, a ambos lados, pretenden sustentar las torres de sonido, pero cuando se intenta colocar las cajas en ellos se derrumban. De modo que hay que instalar las torres en el suelo, y allí el sonido rebotará en los cuerpos de los espectadores y no se escuchará nada. Mary Gorri está frenético y Jaime, horripilado.

—Muñeco, chicos, muñeco —dice Sergio.

—Miguel no debería actuar en un lugar así —comenta Thijs.

Yo pienso en Miguel, que cree que va a ser al aire libre. Pienso en Miguel, que no sabe que no tiene escenario, que no sabe que las cajas de sonido están en el suelo, que no sabe que la actuación será en esta discoteca canija y asfixiante, que no sabe que la entrada cuesta mil pesetas. Pienso en Miguel, que se enterará de todo demasiado tarde, cuando ya no haya más remedio que actuar, y que saldrá al escenario con todo el coraje, con la impotencia del que sabe que se está destrozando, a cubrir las estafas de los otros, a romperse otra vez esa garganta atiborrada de píldoras. Y me maravillo de su indefensión, de cómo el tinglado del espectáculo se cierra en torno a la estrella de *rock* como una trampa de sofisticado mecanismo.

La prueba de sonido sigue su curso, pero todos están nerviosos e irritados. Incluso Tato, el apacible y cariñoso Tato, pierde los estribos:

—No hemos podido hacer todavía un *sound-check* en condiciones, así no se puede seguir... Y además los monitores de escenario están demasiado altos, ayer me pasé media hora sin dormir del dolor de oídos.

Porque después de una actuación los oídos pitan infernalmente, pitan y duelen largo tiempo, por la descompresión del sonido. Recogemos a Miguel, y es ya tan tarde que una vez más no hay tiempo para comer. Miguel está de un humor terrible: ya sabe, ya le han contado lo que les espera, y la boca se le tuerce, y habla solo:

—Qué gilipollas soy... Y yo toda la tarde calentándome la voz... Pero qué gilipollas... Voy a llamar a Madrid, y Manolo me va a oír... Tíos, no vamos a tocar el *Al-Andalus*; vamos a procurar acercarnos lo más posible a los cuarenta y cinco minutos contratados... Pero qué gilipollas soy, qué gilipollas.

Masas de gente. Donde apenas cabían mil quinientas personas debe de haber tres mil. De nuevo el humo, el calor opresivo. Miguel canta, canta con su entusiasmo de siempre, pero cuando se vuelve hacia los músicos mueve la boca sin proferir sonido: parece que va mascando chicle, pero en realidad mastica maldiciones y su propia lengua, una lengua gorda de sequedad y asfixia. Llega el momento de hablar con el público, y la tentación está ahí, la tentación de decirlo todo, de desahogarse, de dar rienda suelta a la furia, aunque los tres mil adolescentes quemen el local. Pero no, claro que no, claro que no puede hacerlo. Miguel se acerca a ellos y habla con más moderación que nunca, tal es su derrota. Sigue cantando, y cuando da la espalda a los espectadores su rostro es tenso: no está disfrutando en absoluto.

Tocan *El blues del autobús* y se despiden. Pero el público pide más, ese público achicharrado, enfebrecido, que levanta aquí y allá, por encima de las apiñadas cabezas, el cuerpo de alguna muchacha, de algún quinceañero, como una ofrenda. Y tienen que salir otra vez.

Se regresa al hotel en un silencio enfurruñado. En el vestíbulo hay media docena de periodistas esperando. Son las dos y media de la madrugada, y Miguel, con una toalla empapada de sudor en torno al cuello, se sienta con ellos sin siquiera ducharse, a responder una vez más las preguntas de ayer, de anteayer, de siempre. Está tan harto que ni cena el tardío-sándwich-en-bar-inhóspito de siempre.

Sorpresa: por la mañana, antes de salir, Alien se despide de todos en su titubeante y muy cortés inglés: se marcha. Hoy hay una tirada larga, hasta Valencia, y subimos al autobús a las doce del mediodía. Un camión nos adelanta en una cuesta, y Pepe, el chófer, lo mira de reojillo:

—Es que va de vacío —comenta, picado.

Miguel lee a Hermann Hesse en los asientos delanteros y dice:

—Ayer tenía muy mala leche.

Como si no se hubiera notado.

Llegamos a Valencia; Miguel se queda en el hotel y el autocar continúa sin detenerse hasta Alcira: allí será la actuación. Tardamos lo infinito en llegar, por una carretera espesa en tráfico, y cuando entramos en el enorme campo han abierto ya las puertas y el público llena el recinto: no hay tiempo para realizar la prueba de sonido. Pero además hay otros problemas: se trata de un festival organizado por el Ayuntamiento, y actuarán otros tres grupos: Obús, Leño y Tequila. En el escenario, de veintiún metros, no hay espacio para todos, de modo que los músicos de Miguel han de prestar los instrumentos a los Leño, que salen en segundo lugar. Pero Mary Gorri, o sea, el arisco ingeniero de monitores, se niega: no quiere ajustar el sonido de los Leño porque dice que no le han contratado para eso. Mary Gorri está agotado y pide una comida caliente, cosa que no hay. Todos devoramos un bocadillo asesino de chorizo que parece relleno de trilita. Y el festival comienza con Obús. Hay veinte mil personas, y de cuando en cuando una lata de cerveza cruza aviesamente el escenario.

—Pueden terminar arrojándonos latas a nosotros también —dice Thijs, pensativo.

A las doce de la noche sale Leño; el sonido está fatal y Mary Gorri no se cuida mucho de arreglarlo.

A la una y media actúa Tequila: como muchos espectadores están ya borrachos, cae sobre ellos una verdadera lluvia de latas. Una de ellas le rompe la boca a un guitarra, que escupe furiosamente sangre sin dejar de tocar. Otra lata, llena, cae por equivocación a nuestro lado y aterriza en la cabeza de Thijs: por puro milagro el proyectil no le ha abierto una brecha. Al fin, a las tres, con una audiencia etílica y dormida, sale Miguel. Y echa el resto. Habla más que nunca, increpa a los espectadores, les dice que despierten. Salta, ruge, hace son. La muchedumbre va saliendo de su letargo, como un gran monstruo, y a la tercera canción se ha producido el milagro: están entregados, tan enfebrecidos como siempre.

En el autobús, de vuelta, reina la euforia, la fascinada emoción de un concierto logrado.

—El año que viene tendríamos que hacer una gira mundial —dice Carlos.

—Eso —contesta Miguel, siguiendo la broma—: Alcorcón, Australia... Una gira mundial por orden alfabético.

—¿Te imaginas la carita que tendríamos al llegar a Zúrich? —ríe Carlos guiñando sus ojos azules.

La carretera pasa veloz al otro lado de las ventanillas: campos negros, árboles fantasmales. Thijs toca el pequeño órgano, y Sergio, Carlos y Mario cantan unas hermosas, lentas, tristes baladas. Es un momento mágico, de una belleza perfilada por el cansancio. Es un hermoso instante que parece sacado de las leyendas rockeras de los años sesenta: la noche, la melancolía, la música, el autobús grupal. Pero por debajo de todo eso está la zafia avidez de los mafiosos del espectáculo, están los mil hoteles siempre iguales y siempre distintos, meticulosamente inhóspitos; están los insípidos emparedados de las cafeterías de carretera y los deprimentes neones nocturnos de los bares, y las ampollas de vitaminas y el perpetuo agotamiento; está la comprobación cotidiana de que la realidad se aleja mucho de los sueños: «Muñeco, chico, muñeco».

—El año que viene no voy a hacer una gira como ésta, desde luego —repite Miguel, adormilado.

Y por debajo de las ruedas el mundo se desliza oscuro y manso.

Viaje del papa a España
01-07/11/82

De este primer viaje de Juan Pablo II a España recuerdo especialmente tres cosas. La primera, el miedo que daba circular por los montes del País Vasco dentro de un autocar de la Guardia Civil, que era donde nos llevaban a los de la prensa (en aquellos años ETA asesinaba a mansalva, y en especial a las Fuerzas de Seguridad del Estado). La segunda, el ramo de rosas amarillas y rojas que los periodistas regalamos al final de los viajes a los militares que nos habían trasladado en los helicópteros del Ejército (fue una idea de otras compañeras y mía, y hubo colegas españoles a los que les pareció mal porque por entonces, apenas un año después del 23-F, el Ejército era contemplado con miedo, desconfianza y antipatía). Y, por último, y sobre todo, las condiciones penosas en las que trabajábamos. Aunque en este libro he utilizado a veces de manera indistinta los términos crónica y reportaje, en realidad una crónica es exactamente lo que sigue: la narración de un acontecimiento, un relato con «color y ambiente» en torno a una noticia, realizado sobre el terreno de manera apresurada. Quiero decir que puedes pasarte semanas o meses preparando un reportaje, pero la crónica tiene que salir al día siguiente. Pues bien, en aquellos tiempos pretecnológicos, las crónicas las tenías que ir escribiendo a mano y en papel, sobre la marcha, mientras las cosas sucedían. Y luego siempre estaba el problema de encontrar un teléfono desde el que dictar tu texto al periódico. Dependiendo del lugar en el que estuvieras, conseguir una línea para comunicarte podía ser algo dificilísimo. Como, por ejemplo, en el viaje del papa, con cientos de reporteros disputándose los escasos aparatos públicos. En este viaje, y en otros semejantes, yo seguí el consejo que me había dado un perro viejo de la prensa cuyo nombre ahora no recuerdo. Y así, en cuanto llegaba a una de las plazas pequeñas y difíciles, como, por ejemplo, Guadalupe, en donde apenas había media docena de teléfonos disponibles en los bares, me iba, lo primero de todo, a uno de esos aparatos públicos y llamaba a cobro revertido a El País. *Me lo cogía una de las maravillosas secretarias de redacción, que luego sería quien tomaría mi dictado, y entonces yo colgaba el auricular y me marchaba a cubrir la noticia, porque la línea ya se quedaba pillada. Cuando, al terminar el evento, regresaba al teléfono con mis notas, siempre había un corro de frenéticos y furibundos colegas que, cada vez que cogían el auricular, se encontraban con la secretaria de* El País. *Un truco un poco sucio, sí, he de reconocerlo, pero absolutamente necesario.*

ÁVILA
01/11/82

La infalibilidad del papa se demuestra en la afilada precisión horaria con que va cumpliendo su trepidante programa. A las ocho en punto de la mañana, en el jardín reseco y cuadrado del convento de la Encarnación de Ávila, hay cerca de tres mil monjas de clausura, tocas blancas, tocas azules, mantos rojos o marrones. «Fíjese cómo le están poniendo la alfombra al pobre papa», gime una monja, contemplando cómo el retal de moqueta anaranjada se llena de tierra ante el avanzar de Atila de la prensa. Otra monja, con impulso irrefrenable, ordena el tráfico de periodistas de modo espontáneo: quizá sea una priora, acostumbrada a disciplinar los refectorios.

Juntan las manos, palmotean, ríen mucho, enseñando destellantes dientes de oro. Muchas de ellas llevan toda su vida de clausura, algunas han pasado treinta años sin salir de su convento.

—Vienen las prioras de las congregaciones, y luego algunas monjas más. De nosotras hemos venido dos. Fue la suerte, se metieron papeles que decían sí o no. Y salimos.

—¿Cómo se llama usted?

—Oh, no, yo soy la payasa de la Virgen —responde con disciplinado reflejo de modestia la monja que habló antes.

—Carmen de Fátima, se llama Carmen de Fátima —añade gorjeante una monja vecina.

Y todas se ríen con carcajadas cortas y agudas, como toses. Liberadas por un día de sus votos de silencio, el patio es una fiesta, un jolgorio: dan gritos, agitan pañuelos blancos, se remueven.

Llevan toda la noche en el convento, de vigilia, ensayando las canciones que han de interpretar ante el papa. Ahora, con el alba, están despiertas como ardillas. Sobre los hábitos llevan el moderno detalle de unas chapas, y en bandolera una bolsa de tela de añejo aspecto hippy que el episcopado les ha distribuido a todas:

—Mire, mire todo lo que tiene, nos lo han dado.

Un cromo en colores de la santa y el santo padre sobreimpresos en el paisaje de Ávila, la biografía de santa Teresa, el libro de los cánticos que han ensayado todas. Otean, se empinan, se empujan, la emoción pone rosetones en su palidez clausural. Algunas de ellas, decididamente cibernéticas, manejan con soltura cámaras Instamatic o pequeñas grabadoras. Cantan sin poner su usual concentración en lo que hacen.

—¡Ya tocan las campanas!

Hay una oleada de vítores, se agitan manos y pañuelos hacia el sitial vacío. La inmensa mayoría no ve nada.

—¡Ahora, ahora!

Ahora no. Todavía no viene. Se arrían los pañuelos. Pero al instante los vuelven a levantar hacia un ruido de hélices. Ahora sí: por encima pasa el helicóptero blanco del papa. Las monjas exclaman: «Ahhhhhh», y saludan a los cielos. Ya entran los obispos: al fondo de la masa de tocas se ve una hilera de bonetes carmesí en movimiento. Una voz de hombre grita a través de un micrófono:

—¡Pañuelos!

Ante esta orden tan imperativa, todos los pañuelos se levantan de nuevo, agitados cándida y emocionadamente hacia el vacío. «¡Coros!», insiste la voz de mando, y las monjas vuelven a cantar, equivocando las palabras en su turbación. Entra, ya entra. Entró: un bonete de seda blanco en lontananza. Se sueltan los vivas y las tres mil monjas, todas a una, se lanzan sobre las sillas, en precario equilibrio. Alguna llora, pero casi todas se extasían viviendo sin duda la fiesta mayor de su existencia.

Juan Pablo II está sentado en su sillón de seda y oro, envuelto en deslumbrantes púrpuras. A su lado está Tarancón. Y el arzobispo de Cracovia, y Glemp, el primado de Polonia. El papa se levanta e inicia su intervención. Lee en un castellano perfecto. Sonríe de continuo, y de vez en cuando rompe su discurso para intercalar la broma propicia, subrayada por un índice advertidor, por un gesto bienhumorado. Está magníficamente divertido.

«No me deja el sol hacer fotos, no me deja el sol hacer fotos», masculla una hermana, cámara en ristre, pasando como una bala entre las sillas. Al fin, el papa se atranca en una palabra, y dice *ensimismiento*. Se detiene, se concentra, repite: ensimismamiento. Ahhhhhh, claman las ursulinas, las concepcionistas, las justinianas, las pasionistas, las adoratrices, las carmelitas. El papa se sonríe y remacha de nuevo: ensimismamiento.

«Hemos de concluir este encuentro», dice Juan Pablo II, y tres mil gargantas gritan «nooooooo». Enarca las cejas el papa, que aparenta estar disfrutando mucho, y añade: «Todavía queda una página». Ahhhhhh. Posee Juan Pablo II un magnetismo que electriza a sus audiencias, una listeza burbujeante y malandrina, dicho sea con todos los respetos. Es con su sonrisa de saber mucho con la que recorre los quinientos metros que separan la Encarnación de la explanada al pie de la muralla donde es la misa concelebrada.

Muchedumbres, pancartas, gritos, banderas, pegatinas. Un niño descalabrado adorna la venda de su cráneo con chapas papales. Se respira un ambiente de verbena. Por los altavoces, y antes de que Juan Pablo II alcance la explanada, atruenan las consignas: «Vamos a aclamarle todos según los gritos ensayados», ordena nuevamente una voz de hombre a los cientos de miles de personas. Los gritos ensayados son: «Tú eres Pedro» y «Todos tuyos». Un cuarto de la audiencia corea los gritos, otro cuarto se equivoca y dice «todos juntos» en vez de «todos tuyos», y el resto prefiere corear sus propios lemas, como, por ejemplo, «Juan Pablo II, te quiere todo el mundo».

Están los reyes, Suárez, Calvo Sotelo y, en plan privado, Ruiz-Mateos. Se celebra la misa, el papa da la comunión a ciento trece fieles elegidos. Y después, desde aquí, hacia Alba de Tormes en un vuelo.

Dicen que los de Alba están picados con los de Ávila, porque consideraban que la clausura teresiana debía haberse celebrado aquí, en donde al fin y al cabo murió la santa. Pero ese posible enfado no se nota: el pueblo, con sus cuatro mil habitantes, vive con pasmo el milagro técnico de ver aterrizar los helicópteros. Vive la espectacular visita del papa. Tras el acto masivo al aire libre, los cientos de miles de peregrinos se disuelven lentamente. Atrás quedan los lugareños del diminuto Alba, agitando las manos, saludando sin destino, hacia ese fragmento del horizonte por donde dicen que ha desaparecido el papa.

MADRID
03/11/82

La Nunciatura está enclavada en la muy apropiada calle de Pío XII de Madrid. Es allí, en sus amplios jardines, en donde ayer por la mañana se celebró el encuentro del papa con los periodistas que cubren su viaje. Hay centenares de informadores acreditados, pero esta cita es sólo para el *pool*, es decir, el pequeño grupo con pase prioritario que sigue al papa estrechamente: ciento y pico, entre titulares y suplentes. En las escalinatas del palacio, sin embargo, hay algunas personas más. Aquí, como en casi todas las tribunas reservadas a prensa de los actos públicos, hay gentes de procedencia ignota y función desconocida, cuya presencia desazona a los fotógrafos españoles (neófitos en las giras papales) porque con su entusiasmo por estar cerca de Juan Pablo II dificultan el trabajo profesional. Pero los reporteros gráficos extranjeros, veteranos en estas lides, puntualizan: «En ningún viaje del papa hemos trabajado tan bien como aquí».

La expectación aumenta. Pilar Urbano, la conocida reportera de *ABC*, consigue que el servicio de seguridad la deje pasar a la primera fila del corro. El cardenal Emery Kabongo, el secretario negro del papa, reparte unos estuchitos de plástico con un llavero de metal: en una cara, Juan Pablo II; en la otra, santa Teresa. Se abren las puertas, hay aplausos, se arremolinan los informadores: el papa sale al jardín, con su sonrisa leve y lista de siempre. Le colocan la capa púrpura sobre su vestimenta blanca, y en ese instante Pilar Urbano sale disparada y se postra de rodillas ante él, ofreciéndole su pluma estilográfica: «Bendígala, santo padre». En un primer momento, Juan Pablo II no entiende lo que quiere: coge la pluma, se la devuelve. «Bendígala, por favor, su santidad», repite Pilar. Y el papa la bendice.

Después, las brevísimas palabras, apenas tres minutos. El papa saluda a los periodistas, a aquellos que son ya «viejos conocidos» y a los nuevos. «Que no os canséis...», dice, y hace una afable pausa intencionada que los periodistas llenan con risas en sordina, para luego añadir malicioso y bromista: «... demasiado», y los informadores sonríen doblemente, en la complicidad del agotador viaje. «¿Está cansado el papa?», pregunta alguien a gritos. «No os canséis vosotros —contesta Juan Pablo II—, hay una interdependencia». Dicho lo cual, bendice y se retira. Se oyen unos gritos de diapasón agudo: «Muchas gracias, santo padre, le queremos mucho, le queremos mucho». Es Covadonga O'Shea (directora de *Telva*, una revista de orientación cristiana), que está entusiasmada.

En el arremolinamiento, Rosa María Menéndez, una mujer madura que pertenece a *Iglesia-Mundo*, captura el micrófono: «No se vaya, santo padre, no se vaya, una fotografía con todos, santo padre, por el amor de Dios, una fotografía con todos, por el amor de Dios», implora, contumaz, con el tono de quien pide una limosna. Al fin se escucha una voz de hombre: «¡Bajen todos a la explanada inmediatamente! ¡Retiren los micrófonos! ¡Pónganse mirando hacia allá! ¡El santo padre tiene interés en hacer la foto, pero disponemos de segundos!». La gente gira sobre sí misma, desorientada ante las órdenes. Pero los más hábiles o más enfervorizados se apretujan contra Juan Pablo II, literalmente incrustados en su capa, en una piña que fotografía Díaz Merchán, convertido por un instante en adecuado reportero.

Guadalupe, Toledo, Segovia
04/11/82

«Quisiera que elevarais conmigo una oración por la última víctima y por todas las víctimas del terrorismo en España. Para que la nación española, que se siente herida en sus profundas aspiraciones de paz y de concordia, obtenga del Señor verse libre del doloroso fenómeno del terrorismo y que todos comprendan que la violencia no es camino de solución a los problemas humanos, además de ser siempre anticristiana». Juan Pablo II se refirió ayer de esta forma, en Toledo, al asesinato del general Lago del que fue informado en Guadalupe.

Un funcionario de la Administración comentaba, días pasados, el minucioso cuidado que la Iglesia ha puesto en la organización del viaje papal: desde el cauteloso deseo de no dar cifras de expectativas de asistencia, por si luego no se cubrían, hasta la petición de vallas flexibles, capaces de agrandar o achicar el perímetro de los recintos en un santiamén, y nunca mejor dicho, en el caso de que la audiencia no fuera la prevista. El viaje ha sido meticulosamente organizado, sí, sin dejar nada en las providenciales manos del azar.

A veces, incluso, ha pecado de un excesivo brío dirigista: es el caso de la mayoría de los animadores, es decir, los sacerdotes que dirigen los actos, que en su entusiasmo disciplinario escopetean órdenes a través de los micrófonos, ponderando a los enfáticos, enfatizando a los tibios, amansando la fiebre de las gentes. Los animadores más belicosos se empeñan en reducir los gritos de bienvenida a los consabidos «Tú eres Pedro» y «*Totus tuus*», lemas que en general la gente desoye, quizá por demasiado serios y formales, para preferir el canturreo de alabanzas más marchosas, desde el «que viva el papa», con música de pasodoble, al «el papa y nadie más», o ese «Juan Pablo II, te quiere todo el mundo» que es un grito con ritmo más politizado y por el que parecen mostrar una especial predilección.

Es decir, que la gente se ha tomado el viaje con alegría, con regusto a romería, en un estruendoso agitar de banderitas. La gira, en definitiva, es una fiesta con la asistencia de colegios enteros y gorjeantes, liberados de sus clases, o con el perdón a la inasistencia al rutinario horario del trabajo.

Claro que algunos animadores se desenvuelven mejor. Como el de Guadalupe. No ordena, no impone sus cantos: es un animador que, con buen sentido, anima, y lo hace muy bien. Los primeros rayos de sol iluminan la bellísima plaza de piedra dorada de Guadalupe. En los balcones cuelgan las mantas de tira típicas de la zona; las autoridades se acodan en la torre medieval sobre terciopelo viejo tan espeso y rojo como el del baldaquín papal instalado en la plaza.

De todos los actos que he visto, es quizá el más bonito. En medio del discurso papal y por los vericuetos de las radios portátiles, llegan las noticias del asesinato del general Lago. En la tribuna de prensa el suceso corre como la pólvora.

«Pásense la noticia reservadamente los unos a los otros, por favor, porque si la gente se entera se nos escapa el acto», ruega un hombre del servicio de Protección Civil. Y una muchacha se acerca, lívida, sorteando el cordón de seguridad, preguntando si es cierto que andan a tiros por Madrid.

Es en las localidades pequeñas como Guadalupe (tres mil habitantes) y en los pueblos, es en Extremadura o en Castilla en donde mejor se advierte la atmósfera y el rito de la gira.

Largas filas de campesinos a ambos lados de la carretera que esperan durante horas bajo el sol. Mujeres que retienen malamente a sus niños, cansados de agitar las banderolas. Campos agostados y resecos, sin más verdor que el del uniforme de la Guardia Civil, que custodia los recorridos. De vez en cuando, una loma ennegrecida: es una comunidad de monjas apiñadas.

Los peregrinos vienen de pueblos diminutos, sin farmacias, sin cine, sin escuela y casi sin nombre, y viven el asombro y la emoción de esta gira espectacular. Llegan a los actos portando pancartas, como esa de «Los Legionarios de Cristo con el papa» que agitan frenéticamente un puñado de seminaristas ensotanados, o como la de «La fraternidad de los enfermos cristianos», ondeando por encima de dos filas de paralíticos postrados en carritos. Pancartas que se resisten a bajar cuando lo piden los animadores, porque todos quieren que el papa lea exactamente la suya, esa que han dibujado con tanto cuidado. Todos pretenden que Juan Pablo II sepa de su existencia: es su manera de individualizarse, de pasar a la historia.

Las muchas decenas de miles de personas que asisten a la misa concelebrada en el polígono industrial de Toledo se resguardan del sol bajo paraguas de colores; se sientan, cuando pueden, en sillas de tijera que ostentan el rótulo de «Festivales de España». Los helicópteros sobrevuelan a la muchedumbre: los Pumas blancos, los grandes alibelulados Chinook del Ejército, los de la Guardia Civil, con la tripa verdosa. Todos ellos petardean en las alturas asombrando a la audiencia con el milagro de su técnica, con su embeleco de levitación motora. En el centro de la primera fila, Carmen Polo. A su lado, su hija; más allá, el duque de Cádiz. Y entre el gentío, Martínez Esteruelas. Después comulgarán de la mano misma del papa; pero eso es después. Antes, Juan Pablo II condenó el atentado del que fue informado en Guadalupe.

Ya sólo queda Segovia; Segovia y de nuevo los miles de personas, de nuevo el entusiasmo, de nuevo el ambiente de verbena, con el acueducto al fondo y los coros infantiles cantándole al papa el «feliz, feliz en tu día». Así son los actos papales en estos campos castellanos. Con la Guardia Civil acharolada, con las filas de enfermos, las masas coreando gritos deportivos cariñosamente dedicados al papa, los rastrojos brillando en la sequedad de las eras, las monjas desmayándose con ritmo parejo y siendo evacuadas en camillas, los fajines de brillo carmesí de los cardenales, los sillones de lujo anguloso reservados para las autoridades de la zona, y el recortarse de las mitras obispales contra las piedras del medievo: toda una escenografía potente y ancestral. Un espectáculo desmesurado, sin duda inolvidable.

Loyola, Javier, Zaragoza
06/11/82

No hay pancartas en Loyola, que están prohibidas, ni apenas gritos: silencio y un sol tímido y friolento abriéndose paso entre las nubes. El papa habla de la violencia: «Quería decirles con afecto y firmeza —y mi voz es la de quien ha sufrido personalmente la violencia— que reflexionen en su camino, que no dejen instrumentalizar su eventual generosidad y su altruismo. La violencia no es un medio de construcción, ofende a Dios, a quien la sufre y a quien la practica». Y sigue: «Una vez más, repito que el cristianismo comprende y reconoce la noble y justa lucha por la justicia a todos los niveles, pero prohíbe buscar soluciones por caminos de odio y de muerte».

Qué jornada agotadora: el día empezó muy pronto para algunos. De madrugada, Laína salió escopeteado hacia Loyola: había problemas, problemas que retuvieron los helicópteros de los periodistas, e incluso el del papa, que llegó al acto con cuarenta y cinco minutos de retraso. Todo estaba organizado magníficamente: la policía autónoma, embutida en sus uniformes de rojo estrepitoso, bordeaba el recorrido hasta la puerta principal de la basílica, en donde Garaikoetxea haría las presentaciones oficiales, todo con música de *txistus*, antes de entrar en el recinto. Pero los problemas descoyuntaron el protocolo: a las ocho y pico de la mañana, por enigmáticas causas técnicas, la recepción oficial tuvo que trasladarse a toda prisa hacia la otra esquina del recinto. Aterrizamos los periodistas, y en el controlado descontrol —centenares de policías por todas partes— no saben muy bien qué hacer con nosotros: en la nueva pista de aterrizaje no hay tribuna para prensa. Caminamos sin saber hacia dónde y de pronto chocamos con Garaikoetxea y las fuerzas vivas. Y al instante, los Pumas rugen sobre nuestras cabezas, y aterriza el papa.

Los helicópteros levantan una polvareda infernal. Las fuerzas vivas, alineadas con sus trajes de gala —están Laína y Aramburu Topete—, desaparecen en el inesperado simún. Cuando el aire se aclara, las autoridades, lagrimeantes, se sacuden las unas a las otras las hombreras y solapas de sus trajes azul marino. Hay una confusión considerable. Pero el papa desciende, y Garaikoetxea, apoyándose levemente en su bastón de mando, le acompaña hasta el recinto. Allí, el Gobierno vasco tiene una zona reservada, netamente diferenciada de la tribuna de las autoridades del Gobierno central, en donde están Marcelino Oreja y Múgica. Y ante el lendakari y su esposa, dos reclinatorios almohadillados en rojo profundo, que destacan ampulosamente en el campestre recinto.

El presentador es el obispo de la diócesis de San Sebastián, Setién, que hace un discurso bilingüe y breve. Setién es un religioso particularmente activo que redactó en 1980 una interesante ponencia sobre la situación de la Iglesia en su diócesis.

«Se puede detectar claramente el alejamiento y la desvinculación casi masiva de las generaciones jóvenes, de veinte a cuarenta años», dice en uno de los puntos del documento. Y está en lo cierto: en la gira del papa hay infinidad de niños, multitud de ancianos, una barbaridad de padres y madres de familia, manadas de adolescentes. Pero se advierte el vacío de esa franja biográfica, la escasa asistencia de personas entre los veinte y los cuarenta.

Alguien del servicio de orden comenta la causa de los problemas técnicos, del retraso en el viaje, de la precipitada llegada de Laína: dice que los perros policía, adiestrados en descubrir Goma 2 por el olor, se han pegado a algunos de los postes del recinto, largas varas de las que cuelgan los altavoces.

De Loyola a Javier, en un vuelo sobre montañas calinosas, con vientos fortísimos. Los Chinook de los periodistas se zarandean en el aire locamente. La tripulación de los helicópteros asegura que es uno de los viajes peores que han hecho en su vida. Los cardenales, que nos siguen en otro Chinook, suelen aprovechar los trayectos para rezar: es de suponer que ahora estarán orando doblemente. «Yo lo siento por el papa», comenta un militar.

El papa, en su Puma, ha de moverse aún más, al ser el aparato más pequeño. Llegamos a Javier retorcidos y mareados. El lugar está abarrotado: miles de banderas y pañuelos rojos dibujan en el acto un festivo ambiente a lo

San Fermín. Muchas pancartas de UNIV, un patrocinio del Opus. Y el monumento, tan perfecto y recortado en el cielo como un decorado teatral, como el castillo de Herodes de los belenes. El animador de Javier tiene connotaciones líricas: «Dejemos sueltos los corazones, vamos a permanecer en silencio, porque éste es un momento altamente eclesial». Anuncia la cuenta atrás de la llegada de Juan Pablo II, y en una pasajera ofuscación hija del embeleso dice: «Vamos a prepararnos para recibir a san Francisco, digo, perdón, a su santidad el papa». Han colocado una tribuna simplísima: un pequeño estrado, un palio de seda blanca y oro, un sillón. Todo en el borde exterior de la muralla, allí donde azotan más los vientos. Y a estas alturas, el soplido es casi de huracán. Llega Juan Pablo II, se instala bajo el palio. Está enormemente cansado, pero primero ha de escuchar la presentación obispal y, después, recibir la medalla de oro de la Diputación.

«El excelentísimo señor presidente de la excelentísima Diputación Foral va a hablar», dice el animador. Y el doblemente excelentísimo habla. Hace un frío espantoso y el papa se arrebuja en su capa, que ondea con la ventolera. Después inicia su homilía, saltándose algunos párrafos: el ruido del palio, aleteando, se cuela por el micro.

Casi sin comer y, desde luego, sin descansar, se llega a Zaragoza: el primer acto es el encuentro con los enfermos. Una explanada cuadrangular y un animador exorbitante: no he visto hombre más retumbante y clamoroso. En primer lugar, y con la voz quebrada de emoción, anuncia la entrada en el recinto de «los periodistas internacionales que acaban de llegar. ¡Un aplauso para eelloooos!». En su briosa desmesura, lanza un viva por «nuestros enfermos llenos de salud». Es todo un espectáculo, un sutil muestrario de ardientes inflexiones. Dicen que lleva así horas. Es un personaje delicioso. Mientras los enfermos y ancianos esperan pacientemente envueltos en mantas, al lado, en el estadio de la Romareda han metido a cincuenta mil niños menores de catorce años: el papa da una vuelta al campo saludándolos y los chavales le cantan una cosa titulada *Quédate con nosotros*. Después, la homilía de los enfermos. Y luego irá en romería al Pilar, para cerrar con el rezo del rosario este día exageradamente largo.

Montserrat, Barcelona
07/11/82

«Hombre, no», protesta una mujer de mediana edad: «Es que siempre me pasa lo mismo, eh, me pasó igual en Roma con Juan XXIII, eh, yo es que no vuelvo a una cosa de éstas aunque traigan a un beato, eh, que llevo aquí horas; mojándome, porque yo he venido con el padre Ángel y el coro de monjas, hemos coincidido en el metro... Para eso tanta invitación y tanta mandanga». Y más allá, un hombre, desolado, repite para sí: «Es que al pobre papa le tienen bloqueado». El viento y la lluvia deslucieron y alteraron el programa del papa en Cataluña. Los gestos de decepción fueron numerosos.

El papa está cansado, sí. Treinta y tantas homilías, decenas de viajes, infinidad de actos. Unos actos además henchidos de un ritual repetitivo que contribuye a hacerlos más fatigosos. Las presentaciones de los obispos o cardenales con sus respectivos discursos, los homenajes de las autoridades locales, la entrega de regalos. Y luego, los vítores y cánticos alusivos, que cortan el programa, interrumpen las palabras papales y alargan indefinidamente la liturgia. Dicen que la euforia popular era tanta al principio de la gira que Juan Pablo II llegó a preocuparse, temiendo que primara la bulla por encima del fervor, que los actos se convirtieran en verbenas sin contenido religioso.

Quizá por ello ahora sus intervenciones son más serias. Se ciñe al texto sin permitirse las bromas que hacía antes. Y algunos ven también en esto una muestra de su cansancio. Sin embargo, pese a ese agotamiento, el papa se sigue escapando. De pronto se acerca al público, ante el pasmo de sus escoltas, unos señores perfectamente distinguibles, todos vestidos de traje azul y con sonotones. Coge a un niño en brazos, o recorre esa primera fila de enfermos y paralíticos que siempre colocan en sus actos. Posa la palma sobre sus cabezas, y detrás de él, un cardenal introduce entre las manos crispadas de los llorosos tullidos un estuchito de plástico con un llavero. Este papa es inagotable.

Se sale de Zaragoza a las seis en punto de la mañana. Hora a todas luces insensata y, sin embargo, habitual en esta gira aniquilante.

Es un día húmedo y sombrío. En el aeropuerto, un retraso de hora y media. Las condiciones climatológicas son pésimas, se teme no poder aterrizar en Montserrat. Al fin, despegan los helicópteros. Los tres Chinook y los Pumas marchan juntos, avanzando dificultosamente entre lluvias y neblinas. El macizo de Montserrat está todo cubierto: es imposible aterrizar y hay que seguir hacia Barcelona. Hace apenas un cuarto de hora que ha llegado el papa, y de inmediato salió por carretera hacia Montserrat. En su lucha contra los elementos, monseñor Tucci, organizador del viaje papal, ha decidido cortar el acto de Montserrat, saltándose la misa y reduciéndolo a la bendición y el ángelus. En total, quince o veinte minutos. El intentar alcanzar al papa con autobuses parece un empeño inútil, de modo que los periodistas permanecen en la ciudad.

Llueve poco pero intermitentemente y el tiempo parece haber diluido el ambiente de fiesta. En el bello interior de la Sagrada Familia, a la intemperie, han montado un sitial techado en terciopelo. A ambos lados, las autoridades civiles y eclesiásticas. En el embarrado patio, unos centenares de personas. La entrada es con invitación, y los asistentes, según explica uno de ellos, «somos personas que contribuimos de forma regular con donativos a la junta de reconstrucción de la Sagrada Familia».

Precariamente amparado por un baldaquín instalado en la calle, Juan Pablo II lee su homilía: está empapado. Desde dentro del templo, los invitados escuchan por los altavoces, esperando con ansiedad a que haga su entrada. Y sí, entra. Llega por una puerta lateral, envuelto en una nube de escoltas y sacerdotes, guarecido por dos paraguas blancos. Aparece por la derecha, cruza la tribuna de terciopelos a toda velocidad, saluda un instante a las autoridades y desaparece como una exhalación por la izquierda. Los vítores y aplausos que despertó su entrada se truncan en un «ahhhhh» decepcionado.

Después, en Montjuïc, los asistentes le vitorearán como siempre. Hay bastantes menos de los esperados. Ha dejado de llover, pero la tarde es insegura. Las fuentes ponen un fondo acuoso a la tribuna papal, los coros Clavé se emplean a fondo, y los presentes interrumpen al papa con aclamaciones. Ellos, como los invitados a la Sagrada Familia, no tienen en cuenta que Juan Pablo II arrastra un viaje agotador a las espaldas. Todos quieren obtener su propia y personal porción de papa.

El mundo subterráneo del grupo punki Las Vulpes
04/05/83

El absurdo escándalo de Las Vulpes es muy representativo de aquella época. Las Vulpes eran cuatro chicas vascas jovencísimas y de origen familiar obrero que montaron un grupo punk. Siendo muy novatas, salieron por la tarde en TVE, en el programa Caja de Ritmos, *cantando* Me gusta ser una zorra, *uno de los dos únicos temas que habían grabado. Eso fue el 16 de abril de 1983 y durante diez días no pasó nada, hasta que el* ABC *sacó un artículo indignado y se montó el follón. El partido de derechas PDP protestó (años después se integraría en el Partido Popular) y el fiscal general del Estado presentó una querella por escándalo público. El programa fue suspendido y su director, Carlos Tena, tuvo que dimitir. El acoso fue tal que Las Vulpes tampoco sobrevivieron como grupo mucho tiempo más.*

Se sientan en las banquetas del pequeño bar con la misma displicencia con que lo haría Lauren Bacall, con la sabia derrota de las heroínas de Chandler o Dashiell Hammett. El fracaso existe desde siempre, pero antes se lo trabajaba uno con los años, era una conquista personal. Ahora, en cambio, te lo dan hecho, naces hijo del fracaso de la historia.

—Estoy hasta las tetas de periodistas —protesta Mamen desde el último rincón de la barra.

Hay que buscar siempre los rincones, inventar un cachito de confortabilidad, un cobijo pasajero. Para los rockeros desasosegados, para los punkis itinerantes, el hogar es uno mismo, se lleva encima. El hogar es cualquier rincón donde uno pueda congregarse con los de su propia especie.

—Mira, tía, mi rollo ha estado siempre en la calle —dice Mamen—. Hace un año anduve con un tío, y antes con otra gente, y ahora estoy en Vulpes, y he estado entrando y saliendo de casa todo el tiempo. Ser punki es estar en la calle, es una sensación muy fuerte, es algo cañero, entiendes, hay que vivirlo a tope, sentirlo a tope. Y, sin embargo, sobrevivir.

¿Cómo se las arreglarán para tener tan mala cara siendo tan jóvenes? Con dieciocho, diecinueve, veintiún años, Vulpes pimpollos y sin embargo pálidas, ojicansadas, nocturnales. Debe de ser el peso de la supervivencia, pero también influye el maquillaje, los labios de carmín sangrante, la gomina que les deja crestas de pollo mojado, la ropa negra y toda la fanfarria sadoca claveteada que se abraza a sus cuellos, a sus tobillos, a las muñecas, que se trepa a las solapas o al cinturón. Y esa manera de apalancarse en el mostrador de formica roja, ese gesto de «hoy-ha-estado-mal-pero-mañana-seguro-que-es-peor».

—Para mí, el único punki de verdad ha sido Johnny Rotten —dice Lupe—. Ser punki de verdad es ser inconformista a tope, antisocial a tope, saber que esto es una mierda y estar comprometido.

—Es que esto es una revolución social —se enardece Mamen (casi diría se emociona, si no fuera porque en esta cultura urbana, en este nacer *de vuelta*, las ilusiones están proscritas y la regla es el descreimiento)—. Lo único que nos falta es pegar cuatro tiros a unos cuantos hijos de puta.

Les gustan las expresiones truculentas. Como Las Vulpes, como Mamen, como Loles, como Begoña y como Lupe, hay miles y miles de jóvenes cejialzados y furiosos, adolescentes crecidos del hormigón y el paro. Más que agresores son transgresores: fosfatinan la norma con su pesimismo, molestan con sus disfraces rotos y ejercen una violencia que es puramente verbal, una respuesta a la violencia del entorno.

Acaban de entrar unos colegas en el bar y una recién llegada, el pelo como un cepillo, saluda exuberantemente a Las Vulpes.

—Eh, y qué, ¿el rollo va, como dicen los periódicos? —pregunta.

—El rollo va de que no se van a comer una rosca con la querella —contesta Mamen.

—Y vosotras pasando de pagar multa, claro —compinchea la pelocepillo.

—Uf, si todavía tiene que salir el juicio... —corta Lupe—. Y si sale, ya verás, va a ir mogollón de gente, vamos a fletar un autobús y nos vamos a presentar allí todos con una camiseta que diga: «Me gusta ser una zorra...». Es que es un rollo demencial.

Así va la cosa, absurda, porque la actuación fue el día 16 de abril, y no pasó nada, no hubo una sola protesta ni una sola carta en un periódico. Hasta que el *ABC* sacó el editorial, diez días después. Y ahora todos dicen haber visto el programa y no lo ha visto nadie, total, si a esa hora sólo había un 3 % de audiencia.

—Si se hubiera visto, si la letra hubiera molestado de verdad, en esos diez días habría protestado alguien.

Pero qué va, hasta que no salió el *ABC* trompeteando nadie había abierto el pico. Y cuando lo abrieron se equivocaron, decían que el programa se había emitido el 23 de abril, y fue una semana antes, para que te fíes de ellos. O sea, que mucho escándalo, sí, pero el escándalo lo han montado los periódicos, que si hay que procesar a alguien es a Anson, que es quien ha montado la bronca, quien ha metido el estremecimiento en los espíritus biempensantes. «Pero si está clarísimo, está clarísimo que es una campaña política».

—Oye, tú, que nos bajamos esta noche a Madrid, que nos vamos a grabar un disco...

—¿Qué? ¿Que vais a grabar? —se mosquea la pelocepillo—. Esta tía es una *juláí*, pues no se va a grabar y no me dice nada...

—Que no lo he sabido hasta hoy, que me he enterado ahora mismo...

Ya pensaban antes bajar a grabar una maqueta del *Me gusta ser una zorra*, pero el follón ha metido más prisas a la cosa. Porque desde que estalló la bomba, el de la casa de discos (un sello independiente) no hace más que decir que hay que sacar el *single* a la calle. Desde que estalló la bomba ha sido el no parar, un par de casas discográficas han querido contratarlas y todo el día están dando la tabarra los periodistas.

—Estoy de la prensa hasta las tetas —insiste Mamen—. Yo otro mosqueo como el del viernes no lo paso. Nos hicieron tantas entrevistas que ya tenía ganas de llorar. Yo no he montado el escándalo, no tengo nada que decir, que me dejen tranquila, soy una persona muy tranquila y sólo quiero que me dejen en paz.

Se queja y se queja Mamen, trepada a su taburete, *espídica* total, sus rodillas hechas una pura trepidación autónoma. Y venga a trasegar cafés, uno tras otro. Los punkis, los rockeros, los hijos del cemento y de la calle quieren estar tranquilos, sí, sobre todo tranquilos, pero ése es un objetivo de difícil conquista. Begoña tuerce el gesto, agobiada y suspicaz. Lleva una cabellera galvanizada, toda tiesa, azabache en las raíces y amarillo maíz en las puntas. Su padre trabaja en un banco y ella vive con su novio.

—Yo monté Vulpes hace tres años —dice Loles—. Pero las tías entraban y salían, la composición del grupo cambiaba mucho. Ha sido ahora, hace siete meses, cuando hemos empezado en serio. Ensayamos todos los días, intentamos aprender bien los instrumentos. Hemos empezado a actuar hace dos meses, por ahora con equipo alquilado, pero queremos comprarnos un equipo propio pronto.

Loles tiene dieciocho años, y es, junto con su hermana Lupe, la compositora de la mayoría de las canciones del grupo, que, en realidad, son sólo trece. Un repertorio corto de grupo joven. Son canciones contra la Iglesia, contra los políticos, contra la Inquisición, contra todo. Loles compuso *Me gusta ser una zorra* cuando tenía quince años. Ya por entonces estaba harta de ir por la calle y que la gente se metiera con ella; es eso de caminar a tu aire y que los tíos se acerquen y te digan «zorra, puta» y demás bramidos susurrantes. Y todo porque eres tía y porque vas vestida de un modo distinto. Así es que escribieron la letra pensando en eso, o sea, si tú me dices que soy una zorra sólo porque soy distinta a ti, porque no quieres comprenderme, entonces yo gritaré que me gusta ser una zorra.

—Es una canción irónica total —remata Lupe.

¿Y el final? Bueno, el final ese del pico en la polla de Lou Reed pensaron en quitarlo, porque no pega con el resto. Fue una broma, una tontería. Por entonces había venido Reed a Madrid y Lupe tuvo que pintárselas de todos los colores para poder reunir dinero para verlo: se tuvo que desplazar haciendo dedo, en fin, una movida. Y luego el Lou Reed cogió y cantó sólo siete canciones, el muy guarro, y encima el tío había dicho en una ocasión que a Johnny Rotten había que meterle un pico en la polla, a Johnny Rotten, nada menos, a quien tanto admira Lupe. Así es que ella se calentó y terminaron la canción con esa estrofa, «quiero meter un pico en la polla a un cerdo carroza llamado Lou Reed», por chorizo. Una tontería, vamos.

Es la hora del almuerzo y en la casa de Loles y Lupe está la mitad de la familia, porque son nueve hermanos, los tres mayores casados, pero todos los demás viviendo con los padres. Es un barrio obrero, de modestos pisos sindicales, un cuarto piso sin ascensor, con escalera estrecha y el muro del descansillo erizado de cemento sucio. Loles y Lupe querrían independizarse, poseer su propio piso, pero no pueden hacerlo, por falta de dinero. Como Mamen. Mamen es también hija de un obrero y, a sus diecinueve ajetreados años, ha estado entrando y saliendo de la casa de sus padres, con los que, además, no se lleva nada bien. «Pero lo más que he vivido fuera de casa son seis meses, porque luego está la cosa de la pasta, y tienes que volver. Ahora vivo con ellos en Baracaldo, y no me dan ni una pela, claro, pero me dan el papeo, que ya es suficiente». Hace años, cuando Mamen se tiñó el pelo de color naranja furioso, su padre, que nunca le había pegado, la agarró por el cuello y le metió la cabeza debajo del grifo:

—Si no te quitas ese pelo te vas de casa —dijo.

Y Mamen agarró el petate y se largó a San Sebastián. «Me *ligaron*, claro, me detuvieron porque era menor, pero si no, lo mismo no vuelvo más».

Lupe y Loles, en cambio, lo tienen fácil con su familia. Su padre, Bernardo, es un tío legal, que se esfuerza en respetar y en entender. Es un sindicalista de los de siempre, antes de USO, ahora de UGT. Y la madre, Yelena, pertenece a la Asamblea de Mujeres de Vizcaya: «Toda la vida me la he pasado luchando». Los nueve hermanos han salido melómanos y la primera guitarra eléctrica que entró en la casa la compró el padre, allá por 1964, como regalo para el hijo mayor, que entonces formaba parte de un conjunto llamado Los Jóvenes Rebeldes. La familia de Loles y Lupe es una piña unida, estable, bien engrasada. «Hay que apoyar a los jóvenes, no hay que arrinconarlos», dice la madre, que es aún joven, marchosísima.

—Cuando la manifestación por la legalización del porro —cuenta Loles—, mi madre bajó y se fumó un porro delante de los guardias. Y luego, cuando subió a casa, decía que quitáramos la ropa tendida, que se iba a mojar, y no estaba lloviendo...

—Es que era la primera vez que fumaba en mi vida —explica Yelena—. Pero lo hice para protestar...

Para seguir comprendiendo a los hijos, para comprometerse también con su lucha. Lupe y Loles y los demás hermanos conocen los registros policiales a media noche, cuando los levantaban a todos de la cama y les miraban hasta las carteras escolares, cuando su padre estaba en la clandestinidad contra el franquismo, cuando le metieron en la cárcel por organizar huelgas. Y luego, los encierros. La madre llegaba a casa y decía: «Esta noche no vendré a dormir, porque nos vamos a encerrar en una iglesia».

—Más de una vez he dormido yo en un confesionario, de pequeña, acompañando a mi madre a un encierro —dice Loles.

De chicas, eran las hijas de un rojo, «te miraban como si fueras hija de un ladrón». Las madres de sus compañeras de la escuela prohibían a sus hijas que hablaran con ellas, y muchas chicas las insultaban, de modo que había que pegarse. Lupe, que es la batería del grupo y está cachas, ganaba siempre a todas «menos a una». Además, está el hecho de vivir en Bilbao, el hecho de vivir en el País Vasco, que es muy fuerte. Todo el día soportando cacheos de la policía, cacheos porque sí, por la simple pinta, sobre todo antes. «La última vez que me detuvieron —dice Lupe— fue porque nos pasamos un semáforo en rojo con el coche, y los policías nos vacilaron bien, nos pusieron la zancadilla y luego nos obligaron a pedirles disculpas por haberlos pisado...».

Loles saca las fotocopias de un expediente sobre el escándalo, y relee un artículo de Jaime Campmany sobre ellas: «Eso ¿le viene de familia? —dice el artículo—, ¿se trata de una vocación heredada, furcia la madre, furcia la hija, furcia la manta que las cobija?», y se indigna, y todos se duelen, porque, comentan, eso de insultar a la madre, eso de meterse con la familia, no está nada bien. Y es que la familia es intocable, es una institución entrañada para Loles y Lupe. «Yo —dice Bernardo, el padre, barbudo y afable— creo que podríamos querellarnos contra ese artículo, pero no tengo dinero para abogados, porque, ya ves, los hijos están en el paro y sólo vivimos de mi sueldo, y aunque no soy de los que dicen que los obreros cobran sueldos de miseria, porque eso es mentira, sería demagogia, pues de todas maneras somos siete personas, y eso no da para mucho». Bernardo apoya y comprende a sus hijas, «aunque a mi edad, claro, pues me choca lo que dicen, pero es que hay que entender por qué lo dicen».

—Además —añade—, tanto escándalo por eso, por una canción que refleja la realidad. Y, mientras tanto, ahí anda el caso Almirón, por ejemplo, el guardaespaldas de Fraga, y los jueces no dicen ni hacen nada.

Tiene Bernardo ese estricto y puritano sentido ético de los viejos sindicalistas: «Yo ya les he dicho que no nieguen jamás que han compuesto la letra, porque todos debemos hacernos responsables de nuestros actos. Pero si las llevan a la cárcel tendrán que llevarnos a todos, porque todos vamos a decir que hemos compuesto la canción, toda la familia».

Suena el teléfono. Descuelga Lupe: es una periodista de Barcelona. Loles, mientras tanto, se apuntala el pelo con gomina, antes de salir a la calle. «Todo está muy corrompido —comenta Loles—, todo está podrido, yo me veo aquí, metida en esta mierda, y veo que por mucho que yo haga no voy a poder cambiar el mundo, lo sé, así es que lo único que intento es vivir a mi manera, si me dejan, vivir lo mejor posible, divertirme. Ya no hay futuro para nadie, esto va de mal en peor. Acabaremos en una guerra, con una bomba. Y esto es lo que no entienden nuestros padres. Ellos han estado luchando toda la vida, han estado metidos toda la vida en la política, y ¿qué han conseguido? Yo creo que no han conseguido nada, no han solucionado nada».

(Lupe, al teléfono, respondiendo a la periodista: «Dejé de estudiar en primero de BUP... ¿Cómo? Joder, ya he estudiado bastante, o sea, no quiero ser ministro... Y mi hermana Loles ha hecho el bachillerato superior y ahora está estudiando Relaciones Públicas, y Mamen también ha terminado el bachillerato y ha hecho un año en Bellas Artes... O sea, que no somos unas incultas...»).

Loles y Lupe votaron en las últimas elecciones, por primera y quizá última vez. Votaron al PSOE, porque no querían que ganara la derecha. Mamen y Begoña no, no votaron; piensan que eso no conduce a nada. Pero se consideran de izquierdas, «ideológicamente de izquierdas, no políticamente, porque la política es una mierda». Aunque siempre sea menos malo un Felipe que un Fraga. A ella, a los punkis, además, les llueven palos desde las derechas y desde las izquierdas. Hace unos meses, unos abertzales les pegaron en un bar, a ellas y al resto de la basca, porque pensaron que eran fachas, sólo porque iban vestidos así, estrafalarios, con claveteados y cruces gamadas, «cuando los símbolos nazis los llevamos para matar el símbolo, precisamente, por provocación; no somos nazis sino todo lo contrario».

—A mí me gusta la gente que lucha por sus ideas, pero no soporto a la gente que tiene comido el coco, a los fanáticos de derechas o de izquierdas, ésos son iguales, la misma mierda —dice Mamen.

También hay gente que va de punki y que se lo monta fatal: «Muchos se creen que ser punki es ponerse cadenas e ir rompiendo botellas, y no es eso, la violencia del punki es contra sí mismo, pero el ir dando botellazos por ahí y *joliviando* a la gente es una macarrada y un mal rollo», dice Loles. «Hay unos cuantos que se lo montan muy mal, y luego lo que pasa es que la gente se cree que todos somos iguales, como el otro día, en Oñate, en un concierto que todos éramos grupos punkis». Y Loles se acaricia la clavícula, que la tiene descuajeringada porque le atinaron un botellazo en pleno hueso, «fue un rollo muy malo, y eso que nosotras fuimos las que salimos mejor libradas, porque un tío de otro grupo salió con un navajazo en la tripa, eso no es punk ni es ser nada, eso es ser un macarra, un rollo malísimo».

(Lupe, respondiendo a la entrevista por teléfono: «La vida es una mierda y quien diga lo contrario debe de ser hijo de un multimillonario. Los jóvenes sin trabajo, los padres en el paro... Hay mogollones así. Nuestras letras hablan de toda esta vida, no son letras de punki divertido, sino comprometidas, com-pro-me-ti-das...»).

Y así andan, intentando buscarse la vida, cosa difícil. Como mucho, trabajos eventuales: telefonista, vendedora en una tienda, repartidora de folletos en los parabrisas de los coches. Pero se sobrevive.

—Todo es un asco, y por eso yo me junto con mi gente y hago música, que es lo más divertido, y ni me caso, ni tengo hijos; a tomar por culo todo —dice Mamen.

—Yo sí. Yo quiero tener hijos —contesta Loles—. Para que sea como yo, porque mi hijo será auténtico, será un rockero.

—Pues yo no.

Insiste Mamen, la pierna hecha un zumbido trepidante, refugiada en su rincón del bar, con los suyos, con su grupo de náufragos del asfalto, desbordando lutos. Tranquilidad,

tranquilidad para vivir, es lo que quieren, es lo difícil. Tranquilidad para reunirse en la disco y recontarse, para reconocerse en el reflejo de las chapas y saber que no se está solo, para pasear, y oír música o hacerla, y escribir, y leer. Porque Lupe escribe todo el día, cartas personales o su diario. Porque Loles devora libros, de Pérez Galdós a Bukowski, Bukowski sobre todo. Porque Mamen se quedó colgada a los quince años de Lovecraft y ahora está entusiasmada con Apollinaire y sus once mil vergas: «Eso es lo que ahora me gusta, los libros con morbo».

—Mira, vivo como vivo porque es una forma de pensar, es una ideología antitodo, es comprometerse con las cosas, es darlo todo por todo —dice Mamen.

Se les nota la juventud en su manera de hablar de «el todo», como si la totalidad fuera posible. Se les nota la juventud en lo apasionadamente que se entregan a la derrota, en la colosal inocencia de su malignidad. En estos tiempos, la desolación es la única heroicidad posible. Y ellas (ellos, estos miles de punkis, esta marea de encaje negro) todavía creen que existen los antihéroes.

Los supervivientes del infierno
07/08/83

Estos terribles daños colaterales, estas heridas invisibles y profundas, toda esta tortura, en fin, forman parte de la abominación del terrorismo. Justo un mes después de la publicación de este reportaje falleció Geraldine Molenveld, de cuarenta y un años de edad, esposa de Javier Rupérez. El político siempre ha sospechado que el cáncer que se la llevó fue disparado por la angustia que sufrió durante su secuestro.

Parecería que las primeras horas de la mañana tienen algo fatídico: a Rupérez le secuestraron a las nueve, lo mismo que a Lipperheide y a Guibert, y a tantos otros hombres de vida apretada, que salen tempranamente de su casa, camino del despacho o de la fábrica, camino de una rutina a la que no llegarán nunca.

Así empieza el largo viaje. Te levantas un día cualquiera, apenas diferenciado de otros días por una cita para almorzar que hay en tu agenda, o por un dolor de muelas. Y entonces llegan los enmascarados, los fusiles, las pistolas. Llega el delirio y la realidad parece perder color, como si un vampiro chupara la vida de las cosas.

—A mi casa vinieron a las once y media —dice Francisco Limousin, veintiocho años, hijo del gerente de la Papelera Tolosana—. Yo estaba durmiendo. Y de golpe te despiertan y ves que a los pies de la cama hay un tío encapuchado apuntándote con una metralleta, que te dice: «Venga, arriba». Imagínate lo que es eso.

¿Qué importa ya esa jaqueca, ese resfriado con que amaneciste? De ahora en adelante sólo vivirás para sobrevivir.

Muchos no lo logran. Sí, se salvan, físicamente hablando. Regresan a sus casas. Pero hay algo que no regresa con ellos, algo que se ha perdido en el camino. Desde 1970, año en que ETA secuestró a Eugenio Beihl, cónsul alemán en el País Vasco, ha habido en España decenas de casos semejantes: los secuestros de matiz político ascienden a medio centenar, y a esto habría que añadir los llevados a cabo por delincuentes comunes. Los secuestros etarras arrojan un saldo de cuatro muertos, o quizá seis si incluimos dos policías nacionales cuyas muertes no fueron reivindicadas por ningún grupo. Pero conviene recordar que hay además otros secuestros políticos de los que se habla muy poco y que también han desembocado en torturas o asesinatos, como el del trabajador vizcaíno Zubikarai, presunto militante de ETA político militar, que fue secuestrado y asesinado; o como el caso de Yolanda Ríos, fuera ya del País Vasco.

Cadáveres aparte, varias víctimas fueron heridas con tiros en las piernas, en el muslo, en las rodillas. De las heridas en el ánimo no se puede hacer recuento: muchos secuestrados no se han recuperado todavía. Los hay que aún toman tranquilizantes, muchos años después. Los hay que jamás han hablado del tema, ni siquiera con sus familiares, a quienes han prohibido el mencionarlo. Algunos duermen con la luz encendida. Otros tienen taquicardias cada vez que un coche circula tras el suyo por más de dos minutos. Miedo a abrir la puerta, miedo a vivir, angustia y depresión. Tratamientos psiquiátricos y la huida del País Vasco. Y el deseo de olvidar, de ignorar que *eso* ha sucedido.

—A mí me dijeron que lo mejor, desde un punto de vista psicológico, era contarlo todo, no encerrarse, sino hablarlo. Y eso he hecho —dice Jesús Guibert.

Guibert tiene cincuenta y cinco años, cuatro hijos, una empresa siderúrgica en Guipúzcoa y el recuerdo aún muy fresco del secuestro. Fue en el mes de marzo pasado, el día 21. Llegaba con su Opel al garaje de la fábrica cuando le asaltaron dos personas:

—Ése fue el momento en que lo pasé peor. Estaban muy nerviosos. El coche es automático y no sabían conducirlo. Y además había muchísima gente alrededor, como cuarenta personas. Me senté dentro del coche, al lado de los secuestradores. Tenía..., no sé, una sensación como de extrañeza.

Guibert tiene un aspecto atlético y un talante relajado, risueño, amabilísimo. Su recuperación es asombrosa. Ha pasado muy poco tiempo, y sin embargo parece haberlo superado. Eso sí, de todos los entrevistados es el que más se recrea en los detalles, y aún se excita un poco al contar su historia, como recuperándola, como haciéndola suya todavía.

—¿Quieres ver la cueva en la que estuve? Mira, mira...

Y me enseña las fotos que han hecho unos familiares. Es un agujero, un hoyo entre las piedras, un hueco mínimo.

—Pues allí estuve diecisiete días. Otro momento malo fue cuando llegamos a la cueva. Pero ¿aquí? ¿Me vais a meter aquí? ¿En este agujero? Me quedé horrorizado, no quería. Yo pensaba que iría a un piso, a un zulo. Pero eso... Ellos me decían: «Sí, sí, aquí, tranquilo, estate tranquilo, vamos a estar los dos contigo todo el tiempo».

Los dos chicos de la cueva eran otros, distintos a los que le secuestraron. Estaban encapuchados y pertenecían a los Comandos Autónomos Anticapitalistas. «Yo guardo más rencor a los dos primeros, a los del garaje. A los otros dos no, porque estuvieron allí todo el tiempo, lo pasaron tan mal como yo. Y, dentro del desastre que era todo, procuraban darme lo mejor. El mejor saco de dormir, la comida que había, todo».

La gruta, en mitad del monte, tenía la forma de una lancha y unas dimensiones claustrofóbicas. En su mayor parte sólo alcanzaba los cincuenta centímetros de altura, y en la zona más alta apenas permitía estar sentado. Entraba el agua de la lluvia y tenían que proteger el suelo con plásticos.

—Si vieras, si vieras la impresión primera, al ver la entrada, al ver ese agujero en donde me querían meter...

Y ahí diecisiete días. Tapaban la puerta con piedras, para disimularla, de modo que la cueva estaba siempre a oscuras. Como no había manera de incorporarse, Guibert pasaba todo el tiempo tumbado boca arriba, con el techo a un palmo de sus narices. Apenas hablaban, porque los secuestradores temían que el ruido de las conversaciones los delatara. No comían nada hasta las dos de la tarde, momento en que se sentaban los tres en la zona más espaciosa y tomaban latas de anchoas, o de sardinas, y pan de molde. Comían fatal. A veces, incluso, no comían. Como los dos o tres primeros días, que estuvieron a chocolate y agua: «Yo la verdad es que no tenía ni ganas de comer». Un contacto los surtía de vez en cuando de provisiones.

—Al principio teníamos muy poca agua, dos botellas. Después, al tercer o cuarto día, trajeron una cantimplora grande, y entonces hicimos una sopa de esas de cubitos, y nos la bebimos en un vaso, de mala manera. Bueno, pues sabía a gloria. Menudo banquetazo —ríe Guibert, que en condiciones normales es un gastrónomo exigente.

¿Cómo soportó condiciones tan extremas, cómo sobrevivió psíquicamente?

—Cada día era más duro —dice Guibert—. La noche antes de liberarme, cosa que yo no sabía, claro, y tampoco lo sabían los que estaban conmigo; bueno, pues la noche antes de liberarme vinieron a traernos provisiones. Trajeron de todo, hasta pan de caserío. Comida para muchos días más. Cuando vi aquello a mí se me hundió el mundo. Me dije: todavía una semana más, una semana... Hay un límite en la resistencia. Yo no sé si hubiera aguantado mucho más. Aquel día, cuando nos trajeron las provisiones, no me sentí bien. Dije, no voy a cenar. Estaba al límite. Porque en primer lugar está el factor tiempo, la duración del secuestro. Y esto depende muchas veces de lo que tarde la familia en reunir el dinero del rescate.

«Cuando me dijeron lo que querían pedir por mí —dice Limousin— no pude por menos que echarme a reír. Era una cantidad tan disparatada que solté la carcajada».

En algunos casos, la falta de liquidez, la estrechez económica, el no poseer amigos lo suficientemente ricos o lo suficientemente generosos, o el posible error de los secuestradores al calibrar los recursos —los posibles— del rehén se traducen en una prolongación del encierro, en una progresiva dosis de deterioro, en una pequeña muerte cada día. Porque la resistencia humana tiene sus límites, y a partir de un período determinado de aislamiento y opresión, los cerebros empiezan a saltar. Es el punto de no retorno, traspasado el cual hasta a la voluntad más fuerte se le quiebra el espinazo. Y es que también en los secuestros, como en todas las desdichas, influye el poder económico de cada uno.

Este reportaje es sin duda parcial. En él sólo intervienen los supervivientes, los vencedores de sí mismos, los intactos. Intervienen aquellos que han superado el trauma, porque son los únicos que han querido someterse a la entrevista. Detrás de Guibert, Limousin, Rupérez y Lipperheide, que ofrecen aquí su testimonio, hay muchos días de contactos fallidos, de llamadas telefónicas inútiles, de conversaciones sin fruto. Más de una decena de víctimas (sí, precisamente las más conocidas, las más recordadas) han dicho que no a este reportaje. Las respuestas fueron desde el amabilísimo «disculpe usted, pero es que preferiría que todo eso se olvidara» al exasperado «déjenme en paz, déjenme vivir tranquilo». Y casi todos hicieron referencia a «la falta de libertad real» y al hecho de «seguir viviendo en el País Vasco, y, claro...». Es el miedo, es ese pavor que se les ha metido entre los huesos y que les habita, convertido en huésped permanente. Temor a represalias, temor a que los secuestradores *se enfaden* con ellos: en alguna medida, aún continúan privados de su libertad, aún siguen robados de sí mismos.

—Eso de tener miedo es una tontería —dice Francisco Limousin—. Si has sido secuestrado ya no te van a volver a tocar. Yo estoy ahora más tranquilo que antes, estoy más tranquilo que Lepe.

Y después de pensárselo un poco, añade con buen humor y sensatez: «Además, esto de haber sido secuestrado es como un salvoconducto, sobre todo aquí, en el País Vasco, que hay tantos controles. Ahora, cuando la policía me pide el carné y ve que soy Limousin me deja pasar enseguida». Porque Francisco, que a sus veintiocho años es un chico fortachón y barbado, tiene un aire entre montañés y contracultural, o sea, que es pieza idónea para un exhaustivo control policial.

Dicen que el miedo está directamente relacionado con la capacidad de fantasía: cuanto más imaginativo, más miedoso, porque amueblas tus angustias con las más disparatadas y vívidas truculencias. Quizá influya, en el aguante, el poseer un carácter pragmático y realista.

—¿Que qué pensaba durante tantas horas, ahí tumbado, a oscuras, con el techo de la cueva a dos dedos de mi cara? —dice Guibert—. Pues de todo. Pensaba en problemas de los negocios, o jugaba mentalmente a la pelota vasca. Cualquier cosa, para evadirse y no desesperarse.

Limousin estuvo treinta y cinco días secuestrado. Hace un año ahora, más o menos: le raptaron el 19 de julio del 82. Iban en busca de su padre, pero como éste no estaba en la casa intentaron llevarse a su hermana. Francisco se ofreció en su lugar: «No podía dejar que se llevaran a Beatriz, porque con una mujer en estas situaciones pueden surgir problemas de todo tipo, en fin... En esos momentos todo te pasa a una velocidad increíble por la cabeza. Dije que me cogieran a mí, sin plantearme si me podían matar». La mitad del tiempo estuvo en un piso. La otra mitad, en una tienda de campaña, en el monte: «Desde el primer momento me mentalicé para aguantarlo todo. Leía. Leí como dieciséis libros, y eso que yo normalmente no leo, prefiero lo mío, o sea, ir al monte, pescar, arreglar cosas manualmente... Pero allí leía y procuraba olvidarme de todo. ¿Qué iba a hacer, amargarme? Aquello era como estar metido en una caja, una angustia tremenda, una impotencia total. De vez en cuando te daban un recorte de prensa que hablaba del asunto, y entonces te derrumbabas, todo te venía de nuevo a la cabeza, bummmmm, caías en un bache... Así es que cogías de nuevo el libro y procurabas olvidarte».

Lo que es casi imposible de olvidar, de controlar, de resistir es el miedo a que te maten: «El miedo a la muerte fue lo más angustioso, eso está claro... Es que todos los elementos del entorno te dicen que estás amenazado de muerte», reflexiona Rupérez. Guibert no lo sintió. No llegó a pensar que podrían asesinarle. A fin de cuentas, él es vasco, del PNV, hablaba euskera con sus secuestradores, y éstos le trataban con deferencia y le dijeron desde el primer momento que no le pasaría nada. «Además siempre mostraron un cuidado enorme para que no les viera la cara, hasta dormían encapuchados, y eso me tranquilizaba mucho, si hubieran tenido la intención de matarme no les habría importado que los viera», comenta Guibert con perspicacia. Tampoco lo sintió Limousin... O al menos fue un temor intermitente. «Un día se lo pregunté a ellos —dice Limousin—, cuando estábamos en la tienda; le pregunté a uno que si sería capaz de pegarme un tiro. Y me dijo que no, pero... Contra mí no tenían nada. Pero a veces aparecen taxistas amarrados a un pino a los que han descerrajado un tiro, yo qué sé, nunca puedes estar seguro».

Lipperheide sí. Él sí bregó con la idea de la muerte. El industrial José Lipperheide tiene setenta y siete años, origen alemán y un erguido y saludable aspecto aleonado. Lo raptaron a modo de escarmiento, porque no pagaba el impuesto revolucionario, y estuvo treinta días en manos de la ETA. Habla de su secuestro con sencillez no exenta de fiereza, y con esa difícil sensatez que parece ayudar tanto en estos trances:

—Cuando vi que la cosa no tenía remedio, que estaban muy armados, que habían preparado hasta el más mínimo detalle, pues pensé que casi era mejor que me hubieran cogido a mí en vez de a un hijo o a un yerno. Porque yo ya tengo bastantes años, entonces estaba a punto de cumplir setenta y seis, y ya no me queda mucha vida por delante. A un hombre joven se le hunde el mundo, pero a mí no. Yo pensaba: bueno, muchos años más no voy a vivir, de modo que si me hacen el escarmiento, que era lo que estaba previsto, pues tampoco se pierde tanto... Porque, mire usted, yo tengo amigos gravemente enfermos, que tienen cáncer, que van a morir en tres semanas, y ellos lo saben. Ésa era la base de mi resignación, el decirme: pues algún día esto nos pasa a todos, algún día nos tenemos que morir.

Pero, de los cuatro, quizá fuera Javier Rupérez quien sufrió mayores presiones psicológicas. También es, al menos aparentemente, quien ha elaborado de modo más complejo la experiencia, extrayendo conclusiones generales. Es posible que lo que le salvara fuera precisamente eso, su carácter analítico y cerebral, su costumbre de controlarse. Entonces era el año 1979, él tenía treinta y siete años y era diputado de UCD: su secuestro duró treinta y un días.

—Los secuestradores aplican una técnica perfectamente estudiada —explica Rupérez—. La primera etapa está dirigida a la destrucción del secuestrado, a su disociación personal, por medio del aislamiento físico, temporal, espacial...

Rupérez permaneció todo el tiempo en una habitación pequeña sin ventanas, a la que no llegaba ningún ruido. Le quitaron el reloj, de modo que conservar la noción de la fecha, de las horas, de las noches y los días llegó a convertirse en una tarea titánica. De hecho, cuando le liberaron en el campo confundió la media luz del amanecer con la del crepúsculo.

—Estás allí, encerrado, aislado, y tienes una preocupación constante sobre qué estarán haciendo los otros para salvar tu vida... En estas situaciones, los mecanismos de defensa empiezan a funcionar a tope, y para sobrevivir haces cualquier cosa. Yo intenté varios trucos. Uno, distanciarme con los secuestradores. En primer lugar, los trataba siempre de usted. Parece una cosa baladí, pero yo quería mantener la distancia. Después, me acordaba de una película que vi hace años, se llamaba *Kapò* y trataba de los campos de concentración de mujeres en el nazismo. En la película salía una mujer que, en aquel contexto de degradación progresiva, procuraba lavarse, peinarse. Le preguntaban por qué hacía eso, y ella contestaba: «Porque lavándome y peinándome mantengo mi dignidad humana». En esos momentos te das cuenta de que puedes recurrir a pocas cosas, pero esas pequeñas cosas son las que te mantienen. Yo hice un esfuerzo tremendo por leer, aunque te puedes imaginar la capacidad de concentración que tienes... De todas maneras leí mucho. También cuidaba el aseo personal, la dieta alimenticia. Tomaba mucho Redoxon, por ejemplo...

Pequeñas piedras para vadear la soledad y la angustia, para apoyarse en medio de esa sensación de abandono. Ahora Rupérez está fumando. Es la única secuela que le queda de aquel mes. Cuando fue secuestrado llevaba largo tiempo retirado del tabaco. Durante los primeros días se mantuvo sin caer: «Hasta que llegó un día el estallido, cuando te dicen: "¡Te han abandonado, te han traicionado, te vamos a matar!"... Y en ese momento fue cuando pedí un cigarrillo».

Una verdadera tortura psicológica, un espanto: «Sí, un espanto —corrobora Rupérez—, indescriptible en cuanto a maldad y brutalidad».

Son instantes atroces en los que se te hunden las paredes del mundo. Limousin también vivió un momento así: «Fue cuando me cambiaron del piso a la tienda de campaña. Todavía me acuerdo. Estaba echado en la cama y me dijeron: levántate y ponte la camisa. Yo me dije: aquí pasa algo raro, algo anormal. Empecé a pensar un poco, a imaginar que podían hacerme algo, y... me puse muy nervioso. Fue un momento crítico, un momento de la leche. Me puse tan nervioso, tenía tanto miedo, que no podía dominar el cuerpo. Me temblaban las piernas y por mucho que lo intentaba no podía pararlas...».

Y Limousin se mira las rodillas, sólidas, de deportista, como no creyéndose todavía que el propio cuerpo pueda rebelarse de tal forma.

En los secuestros hay algo que queda desdibujado tras la brutalidad del riesgo físico. El sentimiento de muerte es tan protagonista que difumina un abuso subsidiario: el de la indignidad, la humillación a que el secuestrado es sometido. Es una indefensión total, una invasión de ti mismo, la pérdida de tu propia libertad, que es lo que te conforma como persona: «Mira, te sientes como un cordero atado a un árbol, ¿te imaginas lo que es eso? Pues así —dice Limousin—. Yo iba con el *puedo* por delante. ¿Puedo hacer esto? ¿Puedo hacer lo otro? Para que no se mosquearan. El *puedo* siempre, en todo». Y esa cotidianidad aniquilante: semanas y semanas sin lavarte, sin cambiarte de ropa, y, en ocasiones, haciendo tus necesidades precariamente, en cubos, tras improvisados biombos, en la misma habitación en la que estás condenado a vivir. «Yo me sentía muy sucio —dice Limousin—, imagínate treinta y cinco días sin cambiarte, no podía ni aguantar mi propio olor». Y Lipperheide: «La habitación tenía tres metros y medio por tres metros y medio, y allí estábamos cuatro personas. El lavabo estaba dentro de la habitación, separado por una cortina. Era muy desagradable. La comida era muy escasa. Adelgacé nueve kilos que por desgracia ya he recuperado. Ellos comían más que yo. A mí me daban menos para que no fuera al lavabo muy a menudo». Y la indignidad del miedo. De temblar, o de llorar, o de decir lo que sea y traicionarte a ti mismo cien veces, con tal de aminorar la angustia. Convertirte en un pelele, en un guiñapo. La tortura (y los secuestros son una forma de tortura) conduce a tal estado de miseria moral que quizá sea por eso, por no poder soportar el recuerdo del desecho que fueron, por lo que algunas víctimas se han roto y han sido incapaces de superar el trauma.

—La situación del secuestrado es humillante, ya lo creo —dice Limousin—. No se puede hacer eso con una persona... Vamos, yo no lo haría.

Hay que hablar también de las familias. De los padres, de los hijos, de las mujeres. Para la víctima, el secuestro es una pesadilla íntima, en soledad. Para las familias es un delirio poblado de gente. Los intermediarios, la policía, los amigos. «Es estarte todo el día rodeada de personas —dice la esposa de un secuestrado—: Te acuestas de madrugada sin haber parado: hablas con los que están llevando las negociaciones, o con la policía, y como a veces te ocultan la verdad, estás pendiente de sus caras, de su expresión, de sus gestos, para poder desentrañar y adivinar lo que está sucediendo realmente». Y otra: «Te pasas el día enajenada. Te voy a contar una anécdota que parece tonta, pero que es reveladora: tengo un par de zapatos que me rozan, que me hacen daño, que no puedo soportar ni media hora. Pues bueno, un día de aquéllos, cuando caí rota en la cama a las dos de la madrugada, me di cuenta de que me había puesto esos zapatos, que llevaba con ellos dieciséis o diecisiete horas, que ni siquiera me había enterado». La presión es brutal: los primeros contactos son para *ablandar*, para quebrantar la resistencia de los familiares:

—Le vamos a matar —dicen.

O bien:

—Vivo cuesta tanto. Muerto cuesta treinta y seis duros [que es el valor de la munición de la Parabellum]. Escoged lo que prefiráis.

Y ese caos, ese torbellino alrededor: personas bienintencionadas, o gente aprovechada, o tensiones políticas que cada cual maneja por su lado: «Nosotros no queríamos saber nada de política, ni hacer declaraciones, ni nada de nada. Sólo queríamos que nos lo devolviesen vivo». En medio de ese vértigo, los familiares alimentan la esperanza con lo que sea: se visita a brujas, se consulta a astrólogos, se echan las cartas para rastrear el paradero de la víctima entre los bastos y las copas. Esto sin contar con los espontáneos, con aquellos parapsicólogos o adivinos que llaman desde lugares lejanos (a veces incluso desde el extranjero) para dar la dirección del zulo, revelada en una visión, en un rapto, en un sueño: «Pero nunca acertó ninguno, ni siquiera por aproximación». Algunos familiares, en fin, no pueden resistir la tensión y también se agotan y se acaban. Como la aún joven esposa de un exsecuestrado, que desde que sucedió aquello está en tratamiento psiquiátrico. Porque hay que tener en cuenta, además, que en ocasiones el pago del rescate supone la bancarrota total de una familia, el entrampamiento económico, la ruina.

Lo extraordinario de la situación del secuestrado conforma a veces respuestas también extraordinarias, anormales. Es el famoso síndrome de Estocolmo, definido por los psiquiatras a raíz del asalto a un banco en Suecia, en 1973. Los atracadores retuvieron durante varios días a cuatro rehenes, y las víctimas mostraron un comportamiento extraño que, sin embargo, tiende a repetirse en casos semejantes, como un calco de la defensa ante la angustia. Los secuestrados, por ejemplo, se mostraban más asustados de la propia policía que de sus verdugos, con quienes se habían identificado. Y lo más desasosegante: no guardaban odio a los asaltantes, sino gratitud. Gratitud porque pudiendo haberlos matado no lo habían hecho, olvidando que lo aberrante es el hecho en sí de que algunos hombres se arroguen un poder ilimitado sobre la vida y la muerte de los otros. Esto es, dicen, lo que le pasó a Patricia Hearst. Esto es, en mayor o menor grado, lo que les ha sucedido a muchas de las víctimas españolas. En algunos casos, el síndrome inconsciente se mezcla con el temor consciente a nuevas represalias. Es el miedo, asumido o no, lo que sella los labios de las víctimas, lo que hace que muchos de ellos perdonen a sus secuestradores, que se nieguen a identificarlos, que no los denuncien.

—Yo de síndrome de Estocolmo nada —dice Limousin, muy seguro de sí—. Los que lo padecen es que están totalmente *zurraos*, vamos, o sea, que de tanto miedo como tienen no son personas, están enfermos. Mira, hay una especie de leyenda en torno a los de la ETA, que si son no sé cómo... Pues no, no hay que temerlos como a seres diferentes y tremendos. Son personas, personas como tú y como yo. Lo único que pasa es que llevan pipa, y claro, una pipa impone mucho. Porque además lo más fácil es apretar el gatillo. Te lo digo yo, que cazo a menudo. Apretar el gatillo es lo más fácil del mundo.

Está estudiado por los expertos del horror, por verdugos con prurito perfeccionista: a veces se consigue más con una palmada cariñosa que con días enteros de tortura. Claro que para ello es necesario haber destrozado antes la personalidad de la víctima, haberla sumido en tal estado de desesperación y soledad que un destello de afecto rompa sus corazas. Con todo, es más fácil defenderse del dolor que del cariño. Y es esta necesidad humana de ser queridos lo que debe llevar a los afectados por el síndrome a agradecer que tu verdugo no te mate, como si eso fuera un gesto humano, una señal de afecto por parte del secuestrador.

—Sí, eso es cierto, sientes esa necesidad irrefrenable de que te quieran —dice Rupérez—. Pero yo siempre fui consciente de que me estaban induciendo esa necesidad, y del juego que establecían, uno haciendo de bueno, otro haciendo de malo. En la última parte del secuestro la tensión bajó, ya no era tan tremenda como al principio, y las relaciones se hicieron no mejores, pero más fluidas. Y entonces yo era consciente de la necesidad que tenía de hablar. Quizá ellos también la sentían, porque a fin de cuentas eran dos personas encerradas, como yo, y quizá también, al fin y al cabo, eran seres humanos. Entonces yo cedí a esto, pero siempre de usted. Creo que siempre fui consciente de la trampa, creo que no caí en ella nunca, porque procuraba siempre objetivar.

La religión, la fe, parece ser una ayuda en algunos casos. Como en Rupérez («aunque no es que yo sea un modelo de religiosidad y uno podría decir eso de que te acuerdas de santa Bárbara cuando truena»); o más claramente en Guibert y Lipperheide, que encontraron en la idea de Dios un alivio, un asidero, el *fatum*, el enigmático sentido de ese sinsentido del secuestro. A fin de cuentas, el papel fundamental de las religiones es precisamente ése, el de amortiguar el miedo ante la vida, y no es de extrañar que sean útiles en casos de miedo supremo como éstos. Pero no es un soporte imprescindible. Limousin se mantuvo entero, aunque «a mí eso de la religión y la Iglesia no me dice nada, yo en lo que creo es en la naturaleza».

Fuera como fuese, los cuatro arribaron a puerto íntegros, supieron rescatarse. «Te vamos a liberar», le dijeron un día a Rupérez. Le taparon los ojos, lo sacaron al aire libre, le devolvieron las gafas... En esos instantes el corazón brinca dentro del pecho y uno no quiere ceder a la tentación de la esperanza: «Hice un esfuerzo consciente para no emocionarme con la situación hasta no estar seguro de estar libre». Hacía un frío tremendo y le dieron una manta y la consigna de no moverse durante una hora. «Te dejan allí, con los ojos tapados... Yo no sabía si eso podía ser un engaño, si me podían matar... No excluía la posibilidad de recibir de repente un tiro». Alrededor todo era silencio, y a los quince minutos Rupérez se atrevió a quitarse la venda: estaba solo, sí, solo en mitad del campo, y amanecía. La pesadilla se había acabado.

—Un día me dijeron que me iban a soltar, y sentí una emoción... —cuenta Limousin—. Me dejaron en el campo, esposado a un árbol, y con las llaves de las esposas colgando de una rama, cerca. Y ahí me quedé, quieto como un bendito, porque temía intentar alcanzar las llaves y que se cayesen, allí había maleza, y si se pierden, imagínate... Tres horas me pasé así hasta que llegó por allí un señor. Le llamé a gritos: «Oiga, por favor, ¿podría ayudarme?». Y el hombre llegó y me soltó. Qué momento, no sabes lo que es eso, ése fue el momento en que me sentí verdaderamente libre, ¿tú sabes lo que es no estar más atado, poder abrir los brazos, poder hablar con una persona normal que no lleva una pipa? Yo creo que el hombre estaba más nervioso que yo, imagínate lo que es ir paseando por el monte y encontrarte a un tipo esposado a un árbol... Y mira, después de estar treinta y cinco días quieto, parado, como yo había estado, me tuve que ir andando cuatro kilómetros campo a través hasta casa. Pero llegué como un toro, ¿eh? Y si hubiera tenido dinero, me habría quedado un ratillo por Zarautz, tomando potes...

Guibert tenía su propia llave. Cuando llegó a casa se miró en el espejo del ascensor: «Qué cara tenía, parecía un mendigo...». Lo primero que comió con su familia fue una cuajada, nada más llegar. Le sentó mal, pasó el primer día un poco enfermo. Y, a pesar de eso, qué maravilla tomar un baño, descansar, dormir en tu cama: «Aquel primer día dije: abridme todas las puertas, por favor, no quiero una sola puerta cerrada...». Venía angustiado, claustrofóbico después de diecisiete días en la minúscula cueva. Pero eso fue nada más llegar. La normalidad recomenzó enseguida, sin tranquilizantes, sin calmantes, sin pesadillas. A los dos días ya estaba al frente de sus negocios. Como Lipperheide. Limousin se concedió unas vacaciones de una semana, y luego volvió a su vida cotidiana: «Aquello lo tengo superado al cien por cien, porque no tienes más remedio que superarlo; alguna vez se me ha pasado algún recuerdo de todo esto por la memoria, pero inmediatamente me he dicho: fuera. Porque no puede ser. Nada más salir de allí me dije: tengo que hacer algo para que esto no me deje marcado...». Lo consiguió. También Rupérez, que se marchó un mes de descanso tras el secuestro: «Tenía que comprobar si las cosas funcionaban bien dentro de mí, tenía que comprobar cómo estaba. Y allí, en el viaje, me di cuenta de que estaba bien». A ninguno de los cuatro les han quedado secuelas. Tan sólo los cigarrillos que fuma Rupérez. Y una percepción de la vida y del mundo más compleja:

—Ahora veo las cosas mucho más centradas que antes —dice Limousin—. Después de una experiencia así, te das cuenta de que merece la pena vivir. De verdad.

—Ha cambiado todo tanto ahora... —reflexiona Guibert—. Mis hijos vienen antes a casa sólo para poder estar más rato conmigo. Tienes como otra tranquilidad ante la vida, aprecias más las cosas, las pequeñas cosas.

A los cuatro les sucede lo mismo. Tras el *no-vivir*, la vida cotidiana se revela como una maravilla, como el disfrute de un montón de menudencias. Pero para ello tienes que haber vencido, tienes que haber conseguido establecer un puente por encima del secuestro, un cable de unión con la persona que eras antes. Javier Rupérez fuma hoy sus cigarrillos recordatorios en el despacho del PDP (Partido Demócrata Popular), en el que ahora milita, dedicado al trabajo político, como antes. Limousin hace bromas, ríe estentóreo y plácido en el salón del domicilio de sus padres, tan natural, optimista y sano como debió de ser siempre. Lipperheide es, a sus años, un ejemplo de robustez y vitalidad. Guibert toma café a media tarde en su casa de San Sebastián, disfrutando intensamente de ese mar azul y gris que se asoma por los ventanales. Hay otros exsecuestrados que, como ellos, han podido recuperarse totalmente. Pero más allá, en la penumbra, quedan las siluetas de los demás, de los que no lo han superado. De esas víctimas que han perdido su propia sombra, de esos presos interiores que han de convivir con su fantasma.

El espejismo de la nostalgia
13/11/83

John Kennedy fue también un mito y un icono para los españoles, y su muerte, un shock. Debo de ser una de las poquísimas personas que hay en el mundo que se han leído en su totalidad los miles de páginas del informe Warren, que es el resultado de la investigación gubernamental sobre su muerte. Concluye, claro está, con la consabida autoría única de Oswald. Yo no soy nada partidaria de las paranoias conspiratorias en ningún contexto, pero, la verdad, en este caso me es bastante difícil creer en la versión oficial.

No se puede decir que Dallas tuviera buena fama: era una ciudad tejana y fronteriza, envuelta aún en las nostalgias del Oeste sin ley. Una comunidad próspera, pero con uno de los mayores índices de homicidios de todo Estados Unidos. La venta y posesión de armas de fuego era —y es— absolutamente libre: el talante del pistolero seguía siendo la norma ética imperante. Dallas dependía oficialmente del gobernador, del alcalde, de todo ese entramado de funcionarios y políticos que regulan y conforman el Estado moderno. Pero, en realidad, la ciudad estaba administrada por un consejo de treinta hombres, los más ricos de la localidad, los caciques de la zona.

«Yo estuve un año estudiando en Dallas, cuando niña», dice Inmaculada de Habsburgo, actual directora del Instituto de España en Nueva York. «Era en 1960, justo cuando Kennedy estaba haciendo su campaña para la presidencia. Y recuerdo que mis compañeras clavaban chinchetas en las fotos, le clavaban chinchetas a Kennedy en la cara. Yo apenas tenía doce años, pero aquello me parecía horrible».

Era un lugar turbulento, el feudo del reaccionarismo militante. Las tiendas judías eran pintarrajeadas con cruces gamadas y en las escuelas se leían panfletos de extrema derecha. Era el único lugar de todo Texas en donde el equipo Kennedy había perdido las elecciones por una abrumadora mayoría, y los pocos demócratas que sobrevivían a la presión ambiental estaban aterrados y procuraban pasar inadvertidos. La señora Johnson había sido escupida públicamente; un congresista demócrata había sido violentamente atacado por las masas. Dallas resultaba amedrentadora, feroz, ultramontana. La ciudad del odio, la llamaban en la prensa nordista.

De modo que el viaje presidencial se auguraba duro y peligroso. Kennedy llevaba mil días en el poder y acababa de comenzar el último año de mandato. Las próximas elecciones estaban ya a la vista y era necesario prepararse. Por eso aceptó viajar a Texas.

El gobernador de Texas, John Connally, pertenecía al Partido Demócrata. Era íntimo amigo y colaborador del vicepresidente Johnson, también texano, y un político conservador, partidario de la línea dura. Connally estaba enfrentado en guerra abierta con el senador Yarborough, también demócrata: ambos se peleaban por el liderazgo del partido en Texas. La batalla podía tener unas repercusiones electorales desastrosas. Kennedy había ganado en Texas por un escaso margen de votos, y si el partido se dividía perdería la próxima campaña. Era necesario ir allí, reconciliar a ambos hombres, pasear triunfalmente con ellos para aparentar que todo funcionaba. Era el mes de noviembre de 1963.

El viaje empezó el día 21, jueves. Primero, San Antonio; después, Houston; por la noche aterrizaron en Fort Worth. Todo iba saliendo de maravilla: muchedumbres entusiásticas, vítores, piropos. Kennedy viajaba con Jacqueline, cosa poco usual, y la presencia de Jackie galvanizaba a las masas. Era una propina, un adorno de lujo de la cabalgata presidencial. Por el mismo esfuerzo se podían ver dos famosos en vez de uno. Jack y Jackie, la familia perfecta, tan jóvenes, tan elegantes, tan modernos. Todo un éxito.

El triunfo del primer día animó a la comitiva. Claro que aún quedaba Dallas, que era el escollo, el punto negro. Algunos colaboradores habían aconsejado a Kennedy que se saltara la ciudad, que no la incluyera en el itinerario, que evitara ese riesgo innecesario. Pero él era un hombre retador. De modo que el viernes 22 la comitiva llegaba a Dallas.

El día anterior, la ciudad había sido inundada por una lluvia de panfletos titulados *Se busca por traidor*. El traidor era, naturalmente, el presidente. Y ese mismo viernes el *Dallas News*, un periódico muy derechista, sacaba un anuncio a toda página en el que se acusaba a Kennedy de haberse vendido a los comunistas y de perseguir a los buenos americanos. La página estaba recuadrada en negro, como una esquela. Como un preludio de desastre.

Pasaban unos minutos de las doce del mediodía y Mary Ferrell se disponía a dejar la oficina para almorzar en un local cercano. Mary tenía cuarenta y un años y tres hijos adolescentes. Trabajaba como secretaria de dirección y era una ferviente republicana. Por eso, aunque sabía que el presidente acababa de aterrizar en la ciudad y que la comitiva pasaría en breve muy cerca de ella, estaba decidida a no acudir y a castigar a Kennedy con su olímpico y anónimo desprecio. Así es que se fue al restaurante, como siempre.

En Washington, Theodore Sorensen, asesor especial del presidente e íntimo colaborador de Kennedy durante los últimos once años, comía con un periodista de Kansas, ante quien tuvo que desmentir por milésima vez el rumor de que Kennedy no iba a presentar a Johnson como vicepresidente en la próxima campaña. El hablar de la vicepresidencia le trajo a la memoria algo que Kennedy le había dicho festivamente hacía algún tiempo: «¿Te has dado cuenta de que los presidentes elegidos cada veinte años mueren en el transcurso de su presidencia? Lincoln, Garfield, McKinley, Harding y Roosevelt. Es una tradición que yo me propongo romper».

La comitiva presidencial estaba ya en el centro de Dallas. La verdad es que la cosa no iba mal. Había gente, y gente vitoreante, como siempre. El gobernador Connally y su esposa, Nellie, que viajaban en los asientos delanteros del coche del presidente, estaban encantados. A fin de cuentas, ellos eran los anfitriones de Kennedy; ésta era su tierra. Y hasta el momento todo marchaba bien. A sus espaldas,

Jack y Jackie saludaban a las masas. La caravana avanzaba lentamente.

William Newman era un electricista de veintidós años. Él y Gayle, su mujer, habían votado a Nixon, o sea, a los republicanos. Pero no querían perderse el desfile por pura curiosidad. Cogieron a sus dos hijos, de dos y cuatro años, y se dirigieron a Dealey Plaza, donde apenas había público, porque la comitiva aceleraría a partir de ahí. Se colocaron en un lugar privilegiado, justo al borde de la acera, de frente a un viejo edificio de ladrillos que era un almacén de libros y de espaldas a una pequeña colina de hierba. Ya se oía llegar la caravana, ya aparecía el coche, enorme, rutilante, descapotado. Gayle y William Newman veían ya las cabezas de Jack y Jackie. Pasarían apenas a un metro de ellos, podrían ver todos los detalles. El vestido rosa de Jacqueline, la sonrisa del presidente, su pelo despeinado por el aire. El coche marchaba lentamente para tomar la curva. Entonces sonó un estallido. Podía ser cualquier cosa. El reventón de una rueda, por ejemplo. Pero el gobernador Connally supo inmediatamente que era un rifle. Se sintió enfermo de angustia. No miró hacia atrás. Si lo hubiera hecho, habría visto a Kennedy erguido en el asiento, aparentemente intacto, aunque su cuello estaba atravesado por una herida no mortal. Pero Connally no miró hacia atrás. Dirigió su vista hacia la derecha, hacia donde creía que había salido el disparo. Es decir, hacia la colina de hierba, hacia los Newman. En ese momento estalló el eco de otro tiro. Connally sintió que su pecho se partía en dos. Se vio lleno de sangre. Se sintió morir.

«No, no; nos van a matar a todos», gritó.

Y se desplomó, agonizante, creyendo que ésos eran los últimos momentos de su vida. El coche estaba justo frente a los Newman. Otro tiro, y de repente Gayle Newman vio cómo parte de la cabeza de Kennedy salía volando por los aires: un borbotón de sangre, sólidas salpicaduras de materia gris, briznas de hueso. Y la evidencia de que alguien estaba disparando. Los Newman se arrojaron al suelo, protegiendo los cuerpos de los niños con los suyos. Estaban convencidos de que los disparos habían partido de la colina de hierba, a sus espaldas: se creían en mitad de la línea de fuego. Gayle se aplastó contra la tierra, temblorosa. «¡Dios mío, han matado a Jack!», oyó gritar a Jackie, como en un mal sueño. A su alrededor los policías corrían hacia la colina de hierba y los periodistas hacían fotos enfebrecidamente. Gayle pensó que estaban todos locos, que los iban a acribillar, que se deberían tirar al suelo. Eran las 12.30 horas. Todo había durado seis segundos.

Mary Ferrell, la secretaria republicana, acabó su comida y salió del restaurante. Inmediatamente notó algo distinto en el ambiente: un silencio especial, cristalizado. Un hombrón, un pistolero, se abalanzó sobre ella, tambaleándose como un borracho: «¿Es verdad que han matado a nuestro presidente?», gemía el tipo, las mejillas empapadas de lágrimas. Mary no le prestó atención: le esquivó, amedrentada por su descompostura y por su aspecto. La calle parecía un funeral: reducidos grupos de personas se reunían en torno a transistores. Todos callados, lívidos. Las mujeres lloraban abiertamente, los hombres daban sonoros sorbetones. Mary se unió a uno de los grupos.

«Han disparado al presidente, y lo más seguro es que haya muerto». Mary se quedó aterrada. Una cosa era ser republicana y otra sacar a un presidente de su puesto a tiro limpio. La radio transmitía la primera descripción policial del asesino: unos treinta años, camisa blanca, pantalones caqui, ciento sesenta y cinco libras de peso... La descripción era muy vaga, podría cuadrar a cientos de personas. Mary pensó, horrorizada, que jamás lo atraparían.

Pero se equivocó. Una hora más tarde, tan sólo una hora más tarde, se supo que Oswald había sido detenido.

Estaba en la otra punta de la ciudad, dentro de un cine de sesión continua.

«Nunca pensé que Dallas tuviera una policía tan maravillosa; es un éxito increíble», se admiró Mary.

Al cabo de una hora pudo ver a Oswald en la televisión. Y algo se le encogió en el ánimo. Oswald no tenía aproximadamente treinta años, sino que acababa de cumplir los veinticuatro. No pesaba unas ciento sesenta y cinco libras (ochenta kilos), sino ciento treinta (sesenta kilos). No era tan alto como le habían descrito, sino mucho más bajo. No llevaba unos pantalones caqui, sino marrón oscuro, de lana. No llevaba una camisa blanca, sino una estampada, casi negra. Parecía imposible que en tan sólo una hora la policía hubiera sido capaz de localizarle, en la otra punta de la ciudad, en la penumbra de un cine, teniendo en cuenta que no respondía en absoluto a la descripción que la propia policía había dado. Esto no casa, algo no funciona, se dijo Mary. Y esa inquietud cambió su vida.

Con un brío sorprendente, Mary organizó un servicio de recogida de periódicos. Distribuyó a sus tres hijos por los talleres del *News* y del *Times*, los dos diarios más importantes de Dallas, y los mantuvo allí permanentemente mediante turnos, desde el viernes, día del asesinato, hasta el lunes. Los chicos tenían la misión de recoger todas las ediciones de los periódicos y llevárselos a su madre. Así fue como Mary consiguió un ejemplar de una edición especial cuyo titular decía: «El FBI avisa de que Oswald puede ser asesinado». Edición que fue retirada nada más acabarse de imprimir y que no llegó a ser distribuida. Horas más tarde, a las 12.21 horas del domingo, Oswald era asesinado ante las cámaras de televisión por un matón llamado Ruby.

Han pasado veinte años desde entonces. Mary Ferrell ha cumplido ya los sesenta y un años; sus hijos se han casado. Mary es menuda, con el pelo muy blanco. Usa gafas de plástico con un adorno floral en la patilla. «En estos veinte años he reunido el mayor y más completo archivo documental del mundo sobre el caso Kennedy. Creo que tengo más documentos que los archivos nacionales», me dice con orgullo.

Posee una biblioteca con todos los libros publicados sobre el tema, que son unos quinientos. Tiene recortes y copias de todos los documentos aparecidos, de cada uno de los artículos publicados. Y un fichero de treinta y seis mil fichas, en las que Mary ha catalogado todo su material con picuda letra de internado de señoritas. Un trabajo ímprobo que ha convertido a Mary Ferrell en fuente de consulta obligada para todos los investigadores del asesinato.

«Mira, en este libro me incluyen en los reconocimientos, ¿ves?: "A Mary Ferrell, la bibliotecaria de la verdad". Y en este otro, y en éste...».

Me enseña con deleite los volúmenes que la citan como fuente principal, que son muchos. Su casa, una pequeña vivienda unifamiliar con patio y jardín, es un loco amasijo de papeles, un laberinto de folios y carpetas. Torres de documentos por los suelos, y sobre la mesa de la cocina y ocupando el asiento de todas las sillas disponibles. Al verla aquí, en medio de su cosecha de recortes, con su suave rostro de abuela transfigurado por la pasión de su trabajo, Mary me recuerda a Margaret Rutherford, aquella actriz que protagonizaba las películas de Agatha Christie, esa anciana espléndida que compaginaba la tenacidad con lo modoso. Mary Ferrell y el viejo pálpito de un crimen.

«El tiempo ha ido pasando y ahora ya soy bastante mayor y sé que, por desgracia, no me queda mucho tiempo. Ha sido ahora, recientemente, desde mis sesenta años, cuando he descubierto que no terminaré nunca mi trabajo, que no acabaré mi investigación», explica Mary. «Me imagino enferma, en cama, muriéndome y ordenando a alguien que recorte tal o cual cosa, que abra una ficha nueva, que archive no sé qué... Mira, yo no investigo para escribir un libro, no investigo para solucionar el caso, porque sé que no valgo para eso, no tengo los estudios suficientes, no sé escribir bien. Yo estoy reuniendo todo este material para ponerlo a disposición de todos aquellos investigadores que estén capacitados para resolver el caso. Por eso, aunque tengo medio millón de dólares invertido en libros y documentos, no quiero dejar mi archivo a mis hijos, porque sé que ellos no harán nada. Quiero que pase a manos de aquellos que estén dispuestos a continuar el caso».

Calla un momento Mary, los ojillos brillando tras sus gafas floridas. Una gata, su gata, brinca con veterana cautela por encima de los inestables montones de carpetas.

«No han sido fáciles estos últimos años. Menos mal que mi marido es encantador y me comprende. Mis hijos, que ya están casados y no viven aquí, vienen a veces de visita y me dicen: "Pero, mamá, ¿por qué no quitas estos papeles de las sillas para que podamos sentarnos?". Y mi marido les contesta: "Hijos, ésta es la casa de vuestra madre, y en ella puede hacer lo que quiera". Supongo que mis hijos hubieran preferido que yo fuera la típica abuela que hace tartas de frutas para sus nietos. Pero como ven que vienen a verme investigadores y periodistas, que me consultan cosas, me imagino que también están un poco orgullosos de mí».

A Mary no le gusta Kennedy («creo que no era ni un buen presidente ni un buen católico»), pero su muerte le cambió la vida. No todos los norteamericanos se vieron tan afectados como ella, pero casi todos dejaron una parte de sí mismos en aquel tibio día de noviembre: un punto de su memoria, un eje de referencia para fechar recuerdos: «Aquello debió de ser antes de que mataran a Kennedy», o «cuando mataron a Kennedy yo estaba terminando la carrera». Fue un acontecimiento que quebró el espinazo de la historia.

Porque el azar ha hecho que los últimos veinte años hayan sido un cúmulo de desencantos para el ciudadano americano. Murió Kennedy y todo pareció pudrirse: la confianza en el Gobierno, el poderío, el sueño americano, la expectativa de felicidad y de grandeza. Murió Kennedy, y Johnson, su sucesor, metió a Estados Unidos en la humillante guerra de Vietnam. Murió Kennedy y comenzó la derrota. Inflación, Watergate, conflictos sociales, crisis económica. Frente a la decepción y el desaliento, Kennedy se reafirma día a día como un mito.

«Cuando mataron a Kennedy yo estaba dando un curso de historia americana, y en aquel mes de noviembre estábamos estudiando a Lincoln precisamente. Los americanos recuerdan muy poco de su historia, como casi todo el mundo, pero en aquel entonces todavía podían ver a Lincoln de pie en el Valhalla o en el cielo, o donde fuera, con todos sus contemporáneos rodeándole, todos cubiertos de polvo menos él. Y, de pronto, cuando el asesinato de Kennedy, Lincoln apagó su luz, se sentó y fue cubierto de polvo también, como el resto de sus contemporáneos. Hasta entonces, Lincoln había sido el ideal americano, había encarnado la figura democrática por excelencia. Y, de repente, Kennedy reemplazó a Lincoln».

Lo dice Henry Graff, un historiador especializado en presidentes americanos, profesor de la Universidad de Columbia, en Nueva York. Estamos en su despacho del campus y es una tibia mañana de otoño, seguramente parecida a aquella en la que le volaron la cabeza a un presidente. «En primer lugar —explica Graff—, Kennedy era joven, el presidente electo más joven de la historia, y la mayoría de los americanos quieren ser jóvenes. Kennedy llevaba trajes de franela gris, como otros jóvenes ejecutivos. Ofrecía un aspecto fraternal, no paternal: era ese tipo de persona con quien te irías a pescar. Tenía, además, una mujer elegante, encantadora. Ambos podían ser comparados no con los antiguos retratos de los próceres de la patria, como Lincoln y su mujer, sino con los personajes de las películas de Hollywood. Kennedy era un atleta, hacía deporte, nadaba, tenía un buen físico. Era muy macho diciendo que no toleraríamos ninguna presión extranjera y todo eso. Y, sobre todo, era muy rico, que es algo que también quieren ser todos los americanos. De modo que se convirtió en nuestro ídolo».

No fue sólo el efecto multiplicador de su muerte, la consagración a través de un fin tan trágico. Ya entonces, aún en vida, fue un presidente peculiar, capaz de catalizar pasiones. Joven, elegante, seductor. Introdujo nuevas costumbres en la Casa Blanca: se rodeó de intelectuales y de artistas. Y sus modos políticos tenían un aire diferente:

«Nos hallamos en el borde de una nueva frontera, llena de oportunidades y de peligros desconocidos», dijo el mismo Kennedy en un celebérrimo discurso. «Una frontera repleta de amenazas y de insatisfechas esperanzas. [...] Pero la nueva frontera de que os hablo no es una amalgama de promesas. Es un haz de retos. Resume no lo que yo pienso ofrecer al pueblo norteamericano, sino lo que me propongo exigirle. Es una apelación a su valía, no a su bolsillo. Encierra la promesa de un mayor sacrificio en lugar de ofrecer una seguridad mayor».

Ésta es la famosa nueva frontera del kennedismo: un reto moral, un discurso ético. Bien mirado, Kennedy hizo pocos cambios tangibles durante su presidencia. Quizá no tuvo tiempo. O quizá su actuación fuera más carismática que efectiva. Pero galvanizó a las masas. Pedía colaboración, aun sin saberse muy bien para qué, y la obtuvo. Pedía fe, aun sin delimitar con exactitud en qué, y la conquistó. Pedía esperanza, aun sin definir qué se esperaba, y medio país, la Norteamérica joven y fogosa, se arrebató. La otra mitad, la Norteamérica ultramontana, le odiaba intensamente: para ellos era un traidor y, cosa inconcebible, llegaron a tacharlo de comunista.

«Kennedy dio esperanzas a la gente, impulsó los derechos civiles, escuchó las reivindicaciones de los jóvenes», dice Richard Stolley.

Stolley, director de la revista *Life*, voló a Dallas a la media hora del magnicidio y consiguió comprar la película del asesinato, esa famosa película que ha dado la vuelta al mundo y que fue rodada por Zapruder, un aficionado casualmente presente en el atentado. *Life* publicó los fotogramas en exclusiva y se apuntó un enorme tanto periodístico: «Hay un director de un periódico que aún hoy, veinte años después, sigue sin saludarme por aquello; no me perdona que consiguiera la exclusiva. Cuando me ve, vuelve la cabeza», recuerda Stolley.

«Hoy queda muy poco en Estados Unidos de la Administración Kennedy —explica Stolley—; queda un sentimiento simbólico de admiración hacia Kennedy, quien todavía representa un ideal en el Gobierno americano. Hay que tener en cuenta todo lo que le ha sucedido a este país después de la muerte de Kennedy; ha sido una época espantosa, han sido veinte años verdaderamente horribles para la sociedad americana, y muchos piensan emocionalmente, si no racionalmente, que muchos de los problemas que los americanos han tenido o tienen empezaron con la muerte de Kennedy, y sueñan con que si él hubiera vivido y hubiera podido gobernar durante dos mandatos, la vida americana habría sido distinta y el mundo sería hoy un lugar mejor».

También Sorensen se encuentra atrapado por ese sentimiento nostálgico de ausencia. En cierta medida es natural: Theodore Sorensen fue asesor especial del presidente Kennedy, su mano derecha durante once años, el coautor de sus discursos. Sorensen, que era diez años más joven que Kennedy, se encuentra ahora en la mitad de sus cincuenta. Enjuto, repeinado, muy modoso. Se sienta en una esquina del sofá con las rodillas juntas, y me habla de Kennedy con unción sacerdotal: «Su muerte fue tan dolorosa para mí que aún hoy no puedo hablar de ello. Puedo hablar, eso sí, de su vida, de sus hechos». Sorensen es abogado en ejercicio, «y en mi condición de tal sigo colaborando en muchos proyectos políticos; he asesorado, por ejemplo, a diversos Gobiernos extranjeros».

—En primer lugar, yo no creo que el presidente Kennedy hubiera mandado quinientos mil hombres a Vietnam —dice Sorensen.

—Pero fue él quien envió allá a los primeros asesores y, además, él creó el cuerpo de los Boinas Verdes —le argumento.

—Sí, pero siempre rechazó las recomendaciones que repetidamente se le hicieron de mandar tropas de combate a Vietnam del Sur, o de bombardear Vietnam del Norte. Nunca aceptó esas recomendaciones, aunque vinieran de sus asesores militares o del vicepresidente Johnson. El presidente Kennedy demostró en la crisis cubana de misiles que una solución negociada es mucho más sensata que una guerra. Pienso que él nunca hubiera llevado adelante la escalada de Vietnam, y eso nos hubiera evitado la terrible desilusión y la amargura que se abatió sobre este país tras Vietnam. Eso nos hubiera ahorrado también la inflación resultante de la guerra. Tanto la amargura como la inflación han tenido un importante efecto en nuestro espíritu, en nuestra economía, en nuestra seguridad en nosotros mismos, en nuestra habilidad para ofrecer un liderazgo al mundo... Además, en este país hemos sufrido terribles disturbios a finales de los años sesenta, revueltas de negros y de estudiantes. Todo esto sucedió en parte porque ambos estratos sentían que no eran escuchados por el Gobierno. El presidente Kennedy siempre escuchó, y los negros y los jóvenes confiaban en él; él fue capaz de darles alguna esperanza. Y luego está lo de la guerra fría. En 1963 habíamos hecho más por procurar una coexistencia pacífica con los rusos que en todos los años anteriores.

Sorensen se detiene, hace un leve gesto de desaliento. Siempre se refiere a Kennedy con el título previo de presidente.

—Luego el presidente Kennedy murió, y vino la guerra de Vietnam, el Watergate, los disturbios raciales... Todo se ha deteriorado. Hemos tenido una serie de presidentes que, si he de hablar con franqueza, probablemente no hubieran llegado nunca a presidentes en circunstancias normales. Johnson llegó porque el presidente Kennedy murió. Nixon llegó porque Johnson se había quemado en la guerra de Vietnam. Ford llegó porque Nixon tuvo que dejar la Casa Blanca ante el escándalo. Carter llegó gracias al Watergate. Reagan llegó gracias a la debilidad de Carter. Ninguno de ellos ha cubierto los ocho años habituales de los dos mandatos. Y ahora, muchos de los ideales del presidente Kennedy han sido postergados o destruidos.

Pero ¿qué es lo que en realidad hizo Kennedy, más allá del ensueño y la nostalgia? Ayudado por su hermano Bob, que era fiscal general del Estado, liberalizó el país ligeramente. Acabó con la intervención postal de la propaganda comunista. Intentó limpiar los sindicatos nacionales de los mafiosos y gánsters que los controlaban. Se enfrentó con los reyes del acero impidiéndoles una subida arbitraria de los precios. Creó la Alianza para el Progreso y los Cuerpos de Paz. Acabó con la discriminación racial en trenes y autobuses. Protegió con la Guardia Nacional a Meredith, el primer negro que estudió en la Universidad de Misisipi, aunque para conseguir su ingreso tuvo que librar una batalla campal que produjo un saldo de dos muertos. También protegió militarmente la marcha pacífica de Luther King en Alabama. Recibió a los representantes de la marcha sobre Washington por los derechos civiles. Y, sobre todo, habló incansablemente de la paz: «Nunca emplearemos nuestra fuerza en perseguir ambiciones de carácter agresivo. Siempre la emplearemos en beneficio de la paz».

«Un momento de pausa no es una promesa de paz [...]. El orden mundial sólo estará garantizado cuando el mundo entero haya rendido estas armas que aparentan ofrecernos seguridad momentánea, pero que, al mismo tiempo, amenazan la supervivencia de la raza humana en el futuro [...]. El objetivo fundamental de nuestras armas es la paz, no la guerra; asegurar que jamás tendrán que ser usadas; disuadir de todas las guerras, generales o limitadas, nucleares o convencionales, grandes o pequeñas [...]. Consolidar nuestro poder de negociación para acabar con la carrera de armamentos».

Paz y más paz como tema insistente en sus discursos. Para facilitar las relaciones Este-Oeste creó la famosa línea directa, el teléfono rojo. Inició un conato de normalización de relaciones conjuntas espaciales ruso-americanas. Y, por último, seguramente el logro mayor de su mandato, firmó en 1963 el Tratado de Moscú, que prohibía las pruebas nucleares.

Hasta aquí, todo perfecto. A la luz de este amor retrospectivo, de esta mitificación multitudinaria, una siente la fácil tentación de admirar a Kennedy, de convertirlo en confortable ídolo, e incluso su rostro cuadrangular y difícil empieza a parecerme hermoso, atractivos sus rasgos vagamente abotargados. Pero faltan datos, datos que rompen la tersa superficie. Los Cuerpos de Paz, que tanto éxito tuvieron entre los jóvenes americanos, han sido denunciados como vehículo de infiltración de agentes secretos. La actitud receptiva de Kennedy ante los negros y los jóvenes no era más que eso, un modo amable de escuchar y un amable modo de rechazar sus peticiones. Fue Kennedy quien envió los primeros hombres a Vietnam, y a su muerte había más de dieciséis mil «asesores» americanos en la zona. Trabajó mucho por la paz mundial, pero también la puso en grave riesgo en 1962, cuando un satélite espía descubrió que en Cuba se estaban instalando misiles nucleares. La Administración americana anterior, con Eisenhower, había instalado misiles americanos en Turquía e Italia, a las puertas de Rusia. Pero cuando Kennedy descubrió, a su vez, los misiles rusos en Cuba, a las puertas de Estados Unidos, decretó un bloqueo a la isla y dio a Kruschev un ultimátum sin posibilidades de negociación ni paliativos, que algunos historiadores consideran hoy demasiado rígido y arriesgado. Al cabo, los rusos desmantelaron los misiles en una claudicación sin condiciones, pero el mundo estuvo al borde de la guerra durante algunas horas.

Pero sobre todo está la delirante invasión de la bahía de Cochinos. A los pocos meses de llegar Kennedy al poder, un grupo de mil cuatrocientos cubanos anticastristas, entrenados por la CIA, fueron desembarcados por los americanos en las costas cubanas para reconquistar la isla. Los invasores fueron machacados por las fuerzas castristas y el desastre de Cochinos ensombreció los primeros días de la Administración Kennedy. Lo cierto es que el proyecto de invasión fue un compromiso heredado de la Administración Eisenhower. Pero la ejecución es un enigma: los partidarios de Kennedy dicen que él no estaba de acuerdo con la invasión y que por ello se limitó a aportar el entrenamiento militar y el transporte. Los oponentes aseguran que todo fue un error, que a Kennedy le habían dicho que toda la isla se levantaría contra Fidel, y que él se lo creyó y no consideró necesario enviar a los marines como apoyo. En cualquier caso, los anticastristas le guardaron desde entonces odio eterno, porque en Cochinos se sintieron abandonados a su suerte.

El fracaso de esta operación llevó a Kennedy a crear el Grupo de Estudios Cubanos, compuesto por su hermano, Robert Kennedy, fiscal general del Estado; por el general Taylor, jefe de la Junta de Jefes de Estado; por Dulles, director de la CIA, y por el almirante Burke, jefe de Operaciones Navales. En 1978 se hizo público un documento secreto, el informe Taylor, escrito por este grupo de estudios poco después del fracaso de Cochinos, en el que se analizaba la invasión. El informe decía que la operación Cochinos «debía haber sido militar, no una simple cobertura». Y añadía: «Somos de la opinión de que la preparación y ejecución de operaciones paramilitares similares a la operación Zapata (Cochinos) son un tipo de acciones de la guerra fría que Estados Unidos debe estar preparado para llevar a cabo. Y de hacerlo así, deben llevarse a cabo con el mayor éxito posible [...]. Respecto a la invasión de Estados Unidos a Cuba, consideramos que nos encontramos ante una lucha a muerte, que podríamos estar perdiendo y que perderemos, a no ser que cambiemos el método».

En 1976, la comisión Church descubrió la existencia de un complot CIA-Mafia para asesinar a Castro durante la Administración Kennedy. A la luz de estas revelaciones, esos *diferentes métodos de lucha* adquieren un matiz siniestro.

«Es altamente improbable que Kennedy tuviera noticia del complot de la CIA para acabar con Castro», barbota Arthur Schlesinger. «Estas actividades de la CIA empezaron con Eisenhower, siguieron con Kennedy y terminaron con Johnson, y la comisión Church demostró que ninguno de los tres tenía noticia de estas actividades. Los servicios secretos son así, creen que ellos saben más de seguridad nacional que los propios políticos elegidos por las urnas. Por otra parte, la comisión Church demostró que ni siquiera el nuevo director de la CIA estaba al tanto de los planes. Resulta ridículo pensar que lo supiera Kennedy y que no pudiera hablarlo con su director del servicio secreto».

Schlesinger, historiador y escritor, fue también asesor especial del presidente Kennedy. Ahora se dedica exclusivamente a la actividad docente. Es un hombre sesentón y furibundo, un profesor malhumorado, la antítesis de Sorensen.

«Puede que Kennedy no supiera nada sobre el complot para matar a Castro —dice Henry Graff, el historiador especializado en presidentes—, pero, desde luego, sabía del complot para acabar con Diêm».

Ese Diêm que fue asesinado por sus propios generales, el presidente vietnamita puesto en el poder por los americanos y que, por sus excesos, terminó convirtiéndose en un aliado incómodo. Los complots de la CIA, bahía de Cochinos, el informe Taylor: es un desasosegante trasfondo de sombras para un presidente como Kennedy, que quiso pasar a la historia como combatiente de la paz.

Es el enigma, el enigma que rodea a Kennedy. No sé qué misterio me apasiona más, si el de su vida o el de su muerte. Porque Kennedy es un mito ambiguo y un cadáver molesto.

La comisión Warren, formada a instancias del presidente Johnson para investigar el magnicidio, publicó sus conclusiones oficiales en septiembre de 1964: Kennedy había sido asesinado por Oswald, quien disparó desde el sexto piso de un almacén de libros de Dealey Plaza. Oswald era un pobre loco y actuó solo. Ruby mató a Oswald por su cuenta, sin que mediara conspiración alguna. Punto final. Pero el informe Warren era deslavazado, dejaba innumerables cabos sueltos; por no definir, ni tan siquiera definía el número de balas disparadas. Frente a la versión oficial surgieron inmediatamente otras versiones. Era la teoría de la conjura contra la del loco solitario, la del único asesino contra la de varios tiradores. La mayoría de los testigos presenciales creyeron que los disparos provenían de detrás de una colina de hierba que hay en Dealey Plaza. La comisión Warren habló después de la defectuosa acústica del lugar, de ecos distorsionantes. El almacén de libros, desde cuya sexta planta disparó aparentemente Oswald, quedaba a las espaldas del coche presidencial: las balas que hirieron a Kennedy tuvieron que alcanzarle por detrás. La colina de hierba, en cambio, quedaba al frente y hacia la derecha de la comitiva: si alguien hubiera disparado al presidente desde allí, los proyectiles le habrían herido por delante. Parece un problema fácil de resolver por medio de una autopsia, pero las horas inmediatas a la muerte de Kennedy fueron un caos.

Tras el atentado, el presidente fue trasladado enseguida al hospital Parkland, de Dallas, en donde se certificó su muerte. En sus primeras declaraciones, los médicos de Parkland hablaron del tiro en la garganta, del agujero en la cabeza, y creyeron que Kennedy había sido disparado por delante. La comisión Warren dictaminó después que la herida en la garganta era el orificio de salida, y que en la espalda, en la base del cuello, estaba el orificio de entrada. Pero ninguno de los médicos de Parkland vio esa herida posterior. Claro que la autopsia no se realizó en el hospital de Dallas, como hubiera sido lo legal, sino en el hospital naval de Bethesda, en Washington, adonde fue trasladado el cadáver horas más tarde. El inspector médico de Dallas se opuso a que el cuerpo saliera de Parkland sin practicar la autopsia allí, que hubiera sido lo debido, y el servicio secreto presidencial se vio obligado a sacar el cadáver por la fuerza, poco menos que a puñetazos con el inspector.

«Kennedy fue asesinado por un grupo de personas de dentro del Gobierno, un grupo de personas a quienes les interesaba que Johnson subiera al poder».

Lo dice David Lifton, uno de los numerosos investigadores del caso Kennedy. Lifton ha consumido diecisiete años estudiando el asesinato y recopilando pruebas para demostrar la existencia de una conspiración. La muerte de Kennedy le cambió la vida, o, por mejor decir, se la arrebató: «Cuando tuvo lugar el asesinato yo tenía veinticuatro años y acababa de graduarme. Me gustaba Kennedy, pero por aquel entonces yo no estaba nada interesado en la política. Creo que ni tan siquiera sabía qué estaba haciendo el presidente en Dallas».

Así es que al principio no prestó más atención al caso. Lifton, que es físico y está especializado en computadoras, empezó a trabajar por aquel entonces en el programa Apolo. Pasó un año, y a finales de 1964 asistió por casualidad a una conferencia. El ponente era Mark Lane, uno de los primeros críticos de la versión oficial del caso Kennedy.

«La conferencia me dejó muy inquieto», dice Lifton. «Yo siempre había creído que el asesinato había sido investigado ampliamente por el Gobierno. Nunca se me había pasado por la cabeza que el Gobierno pudiera mentir. Ésa fue mi primera experiencia de pérdida masiva de fe. Fue muy desasosegante, porque yo había sido educado en la creencia de que el Gobierno siempre dice la verdad».

Así, inadvertidamente, empezó su largo viaje. Se compró el informe Warren y los veintiséis volúmenes que recogían las pruebas y testimonios utilizados por la comisión.

Estudió la película de Zapruder sobre la muerte de Kennedy y, como físico que era, observó que la cabeza de Kennedy se desplazaba violentamente hacia atrás tras el impacto: un movimiento que sólo podía ser causado por una bala disparada frontalmente. Y, sobre todo, descubrió entre la marea de documentos una declaración que había pasado inadvertida: dos agentes del FBI atestiguaron que al llegar el cadáver a la sala de autopsias de Bethesda ya había sido practicada una intervención quirúrgica en la zona craneal. «En Dallas no le habían tocado la cabeza, y entonces pensé que había descubierto algo verdaderamente sensacional, que había encontrado la prueba de que el cuerpo había sido manipulado en algún lugar entre el hospital de Parkland y el de Bethesda. Que le habían extraído la bala del otro tirador, que habían manipulado las heridas para simular que todos los impactos habían sido por la espalda. Pensé que era un descubrimiento que debería saber el mundo entero, pero enseguida me di cuenta de que tendría que reunir más pruebas para que me creyeran».

Lifton dejó entonces su empleo y se absorbió totalmente en la investigación del caso. Al principio creyó que sería cosa de un año. Después, de dos. Luego, de tres. Los documentos se iban acumulando, sus archivos engordaban, el tiempo transcurría. Lifton era mantenido económicamente por sus padres, con quienes vivía. Lo que al principio parecía ser sólo un paréntesis empezó a convertirse en pesadilla. «La cosa se complicaba sin cesar; yo navegaba en aguas cada vez más profundas, y todo empezó a adquirir ribetes de tragedia. Porque iba cumpliendo años, rebasé los treinta, y el libro no estaba todavía, y yo seguía viviendo de mi familia, sin dinero, sin casarme... Me empezó a espantar la inversión de tiempo y me encontraba muy deprimido. Pero para entonces, terminar el libro se había convertido ya en algo fundamental para mí, no por el hecho de finalizar la investigación, sino para rescatar mi tiempo, para darles un sentido a todos esos años, para recuperar mi vida.

Tenía cinco grandes archivadores llenos de material; tenía una historia que contar. Así es que seguí adelante, pero fue muy duro. Fue como cruzar a nado hasta la otra orilla del río, porque ya es demasiado tarde para regresar».

Publicó, al fin, el libro en 1981, con el título de *La mejor prueba*. Acababa de cumplir cuarenta y un años. El libro fue un éxito, un *best seller*. Pero fue también decepcionante: «Yo creía que después de la publicación de mi libro se reabriría el caso, porque doy tantas pruebas de que el cuerpo fue manipulado que... Pero nadie ha dicho nada. Es increíble».

Lifton está sentado frente a mí y devora una hamburguesa con avidez de náufrago. Todo él rezuma ansiedad, en sus gestos, en su manera de hablar atropellada, en la lumbre de sus ojos azules y saltones.

«Ahora miro a mi alrededor y veo que todos mis amigos llevan quince años casados. Pero tienen unos matrimonios horribles, desgraciados. Yo, en cambio, he empleado estos años en escribir un buen libro. Me compensa».

El asunto mujeres parece preocuparle especialmente: «Yo ahora quisiera casarme, no me gustaría seguir soltero toda mi vida. Pero tengo un problema, y es que las mujeres no leen mi libro. No sé por qué, pero no encuentro mujeres que lo hayan leído. Y yo no puedo establecer una relación profunda con alguien que no conozca mi libro, porque ese libro soy yo, es parte de mi vida».

«Entiéndame —concluye Lifton—, para meterse en una aventura de tantos años como la que yo me metí hace falta ser ingenuo. Yo era muy ingenuo a los veinticuatro años, creía en la bondad de los gobiernos y todo eso. Por eso inicié la investigación. Y llegar hasta el fondo de este asunto ha supuesto para mí una educación sobre cómo es el mundo. Ha sido un proceso de maduración».

Lifton aprendió escepticismo tras las huellas de Kennedy, al filo de su obsesión por el caso. Muchos otros norteamericanos han sufrido un proceso similar: los últimos veinte años han sido una larga y desalentadora travesía. Ni siquiera la imagen de Kennedy se libró de las salpicaduras del desencanto. Una legión de exjardineros, exelectricistas o exsirvientes de la Casa Blanca se han dedicado a airear la intimidad del presidente muerto a través de libros y artículos de tono escandaloso. Se ha dicho que Rose, la madre del clan, es una vieja egoísta e insoportable. Que Joseph, el patriarca, era un tirano rijoso. Y, sobre todo, se ha explicado hasta la saciedad la galopante lujuria del presidente Kennedy, sus innumerables asuntos amorosos, sus orgías con medio gabinete en cueros vivos; la Casa Blanca, convertida en una despendolada Arcadia por la que correteaban gorjeantes secretarias en pelotas.

«A mí me gustaba mucho Kennedy y me sigue gustando, pero hay algo que me asombra de él, y es esa necesidad que tenía de acostarse con tantas mujeres. Uno entiende que tenga una historia de cuando en cuando, pero eso de acostarse con tres o cuatro al día no es normal, es increíble», comenta Lifton con estupor de célibe.

Lo cierto es que Kennedy fue enormemente mujeriego. «Cuando estoy mucho tiempo sin una mujer me entra dolor de cabeza», le dijo en una ocasión al primer ministro británico Macmillan; una frase célebre de Kennedy que no puede calificarse de brillante. Las relaciones del presidente con conocidas actrices son del dominio público: Jayne Mansfield, Angie Dickinson, Kim Novak, Janet Leigh, Rhonda Fleming... Y, por supuesto, Marilyn Monroe, sobre cuya muerte, aparentemente por suicidio, se ha rumoreado alguna vez que había sido causada directa o indirectamente por los Kennedy.

Pero nada de esto parece haber dañado gravemente la imagen mítica del presidente muerto: «La gente prefiere ignorar todo esto —dice el historiador Henry Graff—, o lo considera incluso como un gracioso adorno». Todo menos apear al ídolo, todo menos romper el sueño: Kennedy honesto y luminoso, Kennedy mártir, asesinado por quién sabe qué oscuras fuerzas del mal.

Porque, según las encuestas, más del 70 % de los americanos desconfían del informe Warren y creen en la existencia de una conspiración. Es una sospecha que ha ido creciendo día a día, a medida que se evidenciaban las inconsistencias de la versión oficial. Al principio, el informe Warren fue acogido con relativa credulidad. Pero después empezaron a aparecer los primeros libros de los investigadores, las primeras versiones disidentes. Jack Ruby, el asesino de Oswald, que estaba en prisión, murió de un oportuno y fulminante cáncer en enero de 1967, y esto aumentó la desazón. Un fiscal de Nueva Orleans, James Garrison, convencido de la existencia de una conjura, inició por su cuenta una investigación del caso que levantó ampollas. Pero lo que sacudió verdaderamente la conciencia americana fue el informe Church de 1976 sobre las actividades de los servicios secretos. El informe probó que la CIA había, por lo menos, *considerado* la posibilidad de asesinar a Lumumba, de acabar con el general Schneider, de echar a Diêm de Vietnam. Que, además, había asistido al grupo que mató a Trujillo en la República Dominicana. Y, sobre todo, que la CIA había intentado asesinar a Castro seis veces, con ayuda de la Mafia y durante el mandato de Kennedy. La comisión Church terminaba aconsejando la reapertura del caso Kennedy.

Aquello fue una bomba. Intelectuales y políticos pidieron públicamente que se volviera a investigar el magnicidio. Uno de los más activos protagonistas de esta campaña de reapertura fue el senador republicano Richard Schweiker: «Yo era uno de los millones de personas que creían en el informe Warren hasta el día en que vi cómo un agente de la CIA testimoniaba que tenía un acuerdo con la Mafia para matar a Castro», dijo entonces Schweiker, reflejando en sus palabras un estado de ánimo colectivo.

Y en 1976 se reabrió el caso. Se creó el Comité Selecto de la Cámara sobre Asesinatos del Congreso, con el encargo de estudiar la muerte de Kennedy y la de Martin Luther King. Durante dos años y medio la comisión peleó con un presupuesto insuficiente. Se televisaron en directo veintidós horas de testimonios, de pruebas y debates, incluyendo la ejecución de una cabra viva, cosa que levantó un maremoto de protestas. Se descubrió una prueba nueva: una grabación sonora de los disparos que un policía había hecho inadvertidamente el día del asesinato; la grabación fue sometida al análisis de los técnicos, y se llegó a la conclusión de que había un 95 % de probabilidades de que hubiera habido cuatro disparos, y no tres, confirmándose así la existencia de un segundo tirador. En junio de 1979, la comisión agotó su presupuesto y cerró el caso. En su informe final afirmaba que había indicios suficientes como para creer en la existencia de una conspiración. Pero de los doce componentes de la comisión cuatro se retractaron y los restantes admitían un margen de error. No se había llegado a nada definitivo, el enigma continuaba.

En cualquier caso, el cúmulo de contradicciones y de extrañas coincidencias en torno al asesinato de Kennedy es inmenso. El asesino de Oswald, Jack Ruby, era un pequeño hampón propietario de clubes de *striptease*. Al parecer, mantenía relaciones con el FBI y colaboró con la CIA en los años 1959, 1960 y 1961 en los círculos de agitación anticastrista. Visitó, poco antes de la muerte de Kennedy, al mafioso Santo Trafficante, que estaba preso en Cuba, y mantuvo contactos con Sam Giancana, matón de Trafficante. Trafficante, Giancana y el también gánster Roselli eran, casualmente, los mafiosos reclutados por la CIA para matar a Castro. Giancana murió acribillado a tiros en 1977, justo el día antes al que debía declarar ante el Comité Selecto de la Cámara sobre Asesinatos del Congreso acerca del asunto Kennedy, y el cadáver de Roselli apareció en el mar, flotando dentro de un bidón. William Harvey, el oficial de la CIA encargado de conectar con Roselli en el complot contra Castro, falleció repentinamente de un sospechoso ataque al corazón.

Y qué decir de Oswald, de ese Oswald que, en su juventud, se enroló como marine para después desertar y pasarse aparatosamente al campo ruso. Tan aparatosamente que en 1959 entró en la Embajada de Estados Unidos en Moscú y organizó un escándalo público innecesario proclamando su odio a Estados Unidos, su repudio de la nacionalidad americana y su integración en el bloque ruso. Dos años más tarde, sin embargo, Oswald cambió radicalmente de actitud: comunicó a la Embajada que la venda había caído de sus ojos y regresó a Estados Unidos con Marina, su esposa rusa, en junio de 1962. Todos estos datos los recoge el informe Warren. Lo que no se cuestiona es cómo un exmarine que había desertado a la URSS fue autorizado a volver a Estados Unidos tan rápida y fácilmente, hasta el punto de que fue el propio Departamento de Estado norteamericano quien pagó los pasajes de Oswald y Marina. Existen fotos de Oswald con un grupo paramilitar anticastrista entrenado por la CIA, conocido como Grupo Clave Sin Nombre. La comisión Warren estudió a puerta cerrada unos informes sobre la pertenencia de Oswald al FBI como informador, con un sueldo mensual de doscientos dólares; pero la investigación se abandonó cuando Hoover, director del FBI, declaró bajo juramento que Oswald no trabajaba en la organización: la comisión se contentó con su palabra. George de Mohrenschildt, amigo de Oswald y oscuro personaje relacionado con el mundo del petróleo y con la CIA, fue convocado en 1977 por el Comité sobre Asesinatos como testigo clave en el caso Kennedy. Pero Mohrenschildt no pudo llegar a declarar: días antes apareció en su casa con un disparo de rifle en la boca. Su muerte fue considerada como suicidio.

Y aún hay más, mucho más, un vértigo de cabos sueltos y de indicios. Está el informe del periodista Andersen, que dice que Ruby y Oswald se entrevistaron en el club de aquél dos semanas antes de la muerte de Kennedy. Están las declaraciones de la exespía Marita Lorenz, que dijo que había volado a Dallas poco antes del atentado en compañía del agente de la CIA Frank Sturgis, el mismo Sturgis que después sería detenido como uno de los *fontaneros* del Watergate. Están las investigaciones de dos periodistas, que afirman que Sturgis y el también agente de la CIA Howard Hunt estuvieron en Dallas el día del asesinato disfrazados de mendigos. Está una enigmática carta de Oswald fechada pocos días antes del asesinato y dirigida a un tal Hunt, en la que pide consejo sobre un oscuro plan en marcha.

Y están, en fin, las muchas muertes, esa especie de maldición faraónica que parece rodear el caso Kennedy, esa enojosa marea de cadáveres. Como el de Mary Meyer, esposa de un alto dirigente de la CIA y amante de Kennedy, que fue brutalmente asesinada en 1964 sin que se descubriera jamás el autor del crimen. O Warren Reynolds, testigo de la huida de Oswald, que fue asesinado en enero de 1964; el criminal había sido visto, pero jamás se le capturó. En el transcurso de las investigaciones se detuvo a un individuo, pero fue puesto en libertad gracias al testimonio de una mujer que poco después apareció, a su vez, ahorcada. También murió misteriosamente el técnico que había realizado el análisis balístico, y un sinfín de personas, relacionadas más o menos directamente con el caso Kennedy, fallecieron repentinamente a causa de accidentes, suicidios o fulminantes enfermedades, a pesar de que muchos eran jóvenes y sanos. Algunos investigadores aseguran que, desde 1963, más de cien personas relacionadas con el caso han muerto de un modo abrupto y poco claro.

Y, sin embargo, pese a este recuento letal y extraordinario, pese a este trasfondo de colosal novela negra, el mundo oficial americano sigue declarando estar de acuerdo con el informe Warren. Eso es lo que dice Edward Kennedy como representante de la familia. Eso es lo que mantiene Theodore Sorensen: «Hasta ahora nadie ha demostrado la existencia de una conspiración».

Y cuando toca este tema, el cuerpo de Sorensen se pone rígido.

El amable Richard Stolley, el director de *Life*, también se muestra de acuerdo con el informe Warren: «Lo que sucede es que ustedes los europeos tienen una gran tendencia a ver conspiraciones por todas partes, quizá porque su propia historia está llena de ellas. Pero aquí, en Estados Unidos, todo es más simple. Los magnicidios han sido siempre cometidos por locos aislados. Mire, en el número de *Life* que estamos preparando para el aniversario de la muerte de Kennedy, entrevistamos a un policía que era amigo de Ruby. Nos contó que había ido a ver a Ruby y que le había dicho: "Hombre, ¿por qué lo has hecho?", y Ruby le contestó que se había equivocado, que creía que con la muerte de Oswald iba a convertirse en un héroe y que el juez le iba a decir: "Has hecho muy mal matando a Oswald, pero esta vez te perdonamos". Y que él entonces se iría a su cabaret y se pondría en la puerta y llegaría gente de todas partes para felicitarle. Y yo lo creo, creo en esta explicación, porque refleja muy bien el carácter americano».

Son tan sensatos los partidarios del informe Warren y tan insensatos los investigadores disidentes, tan obsesivos en la persecución de la conjura, que una siente la tentación de creer en la versión oficial, más acogedora y confortable. Pero la sensatez no es prueba de veracidad. A fin de cuentas, es mucho más sensato y más rentable aceptar el veredicto oficial, aunque sea falso. A fin de cuentas, hace falta estar un poco loco para embarcarse en la investigación de una verdad tan incómoda.

«Yo estoy de acuerdo con el informe Warren, desde luego. Pero disiento en un punto: ellos dicen que la bala que me hirió a mí fue la misma que había herido a Kennedy en el cuello. Yo, en cambio, creo que hubo tres disparos. El primero hirió a Kennedy en el cuello. El segundo me alcanzó a mí. El tercero mató al presidente».

Lo dice John Connally, el exgobernador de Texas. Y añade: «Pero estoy completamente convencido de que no hubo conspiración ninguna. En 1971 yo fui el secretario del Tesoro. El servicio secreto depende de este cargo, y entonces yo le pregunté al jefe del servicio secreto si había habido alguna información referente al caso Kennedy que hubiera sido ocultada. Y me contestaron que no».

John Connally está acompañado por Nellie, su mujer, que también iba en el coche presidencial cuando Kennedy fue asesinado. Tanto Nelly como su marido deben de haber rebasado con mucho los sesenta, pero se mantienen esbeltos, elegantes, atractivos. Connally, que era amigo íntimo de Johnson, abandonó el Partido Demócrata y se pasó al Republicano cuando Johnson dejó la presidencia. Fue secretario del Tesoro con Nixon, y el Watergate arruinó su carrera política. Ahora se dedica a los negocios, y se dice que es propietario de media ciudad de Austin.

—Yo tenía dos heridas —cuenta Connally—; la bala me entró por la espalda y me atravesó el pecho, cortándome un pulmón como si fuera un cuchillo, y después me hirió en la muñeca. Los médicos me operaron del pulmón y perdí dos costillas, pero la herida del pecho curó bien. La de la muñeca tardó mucho. La bala me había roto todos los huesos y estuve más de dos meses con el brazo inmovilizado. Durante todo ese tiempo sufrí pesadillas. Todas las noches soñaba que alguien me disparaba. A veces yo era un soldado y me disparaban. Otras veces había un ladrón que intentaba robarme y me disparaba. Yo intentaba escaparme, pero siempre me disparaban. Aquello duró un par de meses y luego se acabó.

La pulcra y linda Nellie interviene:

—Ahora podemos hablar del tema con cierta tranquilidad, pero durante mucho tiempo no pudimos ni mencionarlo porque sentíamos una fuerte respuesta emocional.

—Sí, yo todavía experimento una reacción física claramente visible cuando escucho un tiro o una explosión inesperada —añade Connally.

Y Nellie de nuevo:

—La primera vez que John salió oficialmente tras el atentado debió ser cuarenta o cincuenta días después, todavía llevaba el brazo en cabestrillo; fue para ir a visitar al presidente Johnson. Como John era todavía el gobernador de Texas, le hicieron un recibimiento oficial. Y en el transcurso de la ceremonia dispararon una salva de honor, veintiún disparos. Con el primer tiro tuvimos una reacción espantosa: yo empecé a llorar, me caían las lágrimas mejillas abajo, me sentía tan mal, tan mal... Y pensé: John debe de estar en plena agonía. Y lo estaba.

Y un detalle final: cuando Connally me cuenta sus recuerdos del momento del atentado, me explica que al ser herido gritó: «¡No, no; nos van a matar a todos!». Sin embargo, según los primeros testimonios recogidos por el periodista William Manchester, sus palabras fueron: «¡No, no; nos van a matar a *los dos*!». Es una frase extraña y una curiosa diferencia.

—Pero, Marina, tú viviste con Oswald, tú tienes que saber la verdad.

Estamos en Dallas, en la casa abarrotada de papeles de Mary Ferrell, la abuela investigadora. Es de noche y Mary ha sacado un poco de queso y una botella de rosado para agasajar a dos amigas suyas: a Ingrid, una alemana rubicunda, y a Marina. Marina se llama actualmente Marina Porter, pero antes se llamó Marina Oswald. Es la viuda del asesino de Kennedy.

—Pero, Marina, tú viviste con Oswald, tú tienes que saber la verdad —insiste Mary Ferrell.

—No, no; no sé nada, te lo juro, Mary, no sé nada —dice Marina—. Sé menos que tú... Cuando llegué a este país yo era muy niña, no sabía nada de nada. Y ni siquiera entendía inglés. Oswald fue siempre dulce y bueno conmigo, pero cuando llegó aquí cambió, parecía otra persona... Yo no sé nada, Mary, no sé nada...

Hemos estado hablando durante horas de insensateces. De astrología, de espiritismo y, sobre todo, de Julio Iglesias, de quien tanto Marina como su amiga Ingrid son fervientes admiradoras. Al fin, al filo de la medianoche y tras haber pasado revista a Isabel Preysler, al marqués de Griñón y a toda la familia juliana (las dos están enteradísimas de la vida de su ídolo), Marina consiente en hablar del caso Kennedy, en concederme una entrevista.

«Llevo mucho tiempo huyendo de los periodistas, sí», dice en un susurro. «La gente piensa que yo sé lo que ha pasado, pero tampoco yo tengo respuestas. Lo que verdaderamente quiero es olvidar. Hace dos años tomé la decisión de cortar con ese pasado, de dejar de angustiarme, de rehacer mi vida... Pero es muy difícil, porque todo el mundo viene a preguntarme cosas, a recordarme todo».

Sigue siendo muy bella a pesar de sus cuarenta y dos años, de su pelo descuidado, de sus ropas de modesta ama de casa. El rostro anguloso, la frente amplia. Y sobre todo, sus ojos, dorados, luminosos, de felino.

«Me gustaría que el mes de noviembre no existiera... Cada año por estas fechas me deprimo, porque sé que van a empezar a llamarme, que me recordarán de nuevo todo. Siempre duele hablar de ello, sabes, siempre duele. No eres de piedra, eres un ser humano, y... Al principio, cuando sucedió todo, me sentía culpable. Uno no puede evitarlo, sabes... Piensas que has vivido con él, que quizá podías haber hecho algo para evitar el asesinato... Luego dejas ya de sentir la culpabilidad. Pero, de todos modos, duele».

Marina tiene tres hijos, de veintiuno, veinte y diecisiete años; los dos primeros, de Oswald. Llegó a Estados Unidos en junio de 1962, sin saber una palabra del idioma, deslumbrada: «Yo llegué aquí con tanto amor, con tanto cariño por esta tierra... Para mí era el país de la libertad, el lugar de los sueños. Y entonces, a los pocos meses, pasó aquello tan horrible, y todo se fue al infierno. Siempre recordaré el primer día; aquél fue el peor, el más horrible. Oswald había sido detenido y de repente mi casa se llenó de periodistas, todos estaban allí, rodeándome, y se habían buscado a uno que hablaba ruso y que me gritaba las preguntas... Yo me sentía morir, quería hundirme en la tierra, estaba tan enormemente avergonzada...».

Y luego, la declaración ante la comisión Warren: «Me sentía tan aterrorizada cuando fui a declarar; era como estar desnuda frente al mundo. Recuerdo que la sala estaba llena de cables por el suelo y yo caminaba sola hacia el fiscal... Necesité seis semanas para recuperarme después del interrogatorio, caminaba por la casa como en un sueño».

Su situación tenía que ser angustiosa: muy joven, con dos niños pequeños, sin conocer el idioma, sola en un país cuyo presidente había sido asesinado por su marido. Además, Marina era rusa, y eso siempre debió de parecer muy sospechoso: «Hace unos cinco años recibí una carta amenazante. Me decían que me marchara a mi país y todo eso. Era un anónimo. Me asusté, porque sabían mi dirección». Marina, que adora a Kennedy («no sé por qué, pero le adoro, me gusta mucho»), creyó durante muchos años en el informe Warren: «Yo no leí los libros de los investigadores, no me enteré de nada... Me dijeron que Oswald le había matado y yo les creí. Después...».

Después fue convocada por el fiscal Garrison, partidario de la teoría de la conspiración. Y conoció a Mary Ferrell. Y se enteró de que las cosas no estaban tan claras: «Ahora quiero creer que no fue Oswald quien le mató, pero a veces pienso que me estoy engañando, a veces pienso que estoy loca».

Han transcurrido veinte años desde el asesinato de Kennedy y el misterio es hoy más denso, más opaco. ¿Quién lo mató? Pudieron ser los anticastristas, que lo consideraban un traidor. O los reyes del acero, a quienes combatió. O los gánsters del sindicalismo, acosados por la campaña de limpieza de Bob Kennedy. O la parte más conservadora del Gobierno, que sentía que perdía poder. O incluso el propio

Fidel Castro, en respuesta a los planes de asesinato de la CIA. Aunque esta última posibilidad, que se barajó en su tiempo, fue totalmente excluida por la propia CIA y el FBI, que son poco sospechosos de castrismo.

El misterio continúa y, mientras tanto, la imagen de Kennedy se hincha y engrandece con los años. Kennedy es hoy la encarnación de la felicidad perdida, del poderío, de la inocencia. Kennedy prometió a los americanos que en la década de los sesenta se llegaría a la Luna, y su promesa se cumplió: ¿qué mejor ídolo que éste? ¿Qué héroe puede imaginarse más completo que un Kennedy capaz de conquistar los cielos? Con él todo parecía posible. Tras él llegó la oscuridad, el desaliento. Yo no sé quién fue en verdad aquel John F. Kennedy que murió en Dallas, pero sé que ahora es un espejismo de la nostalgia. Un precipitado del deseo.

«Ha envejecido tanto la sociedad americana en los últimos veinte años —dice el historiador E. Malefakis— que ahora somos casi tan viejos como los europeos».

El sábado 23 de noviembre de 1963, al día siguiente del asesinato, unos cuantos periodistas y políticos del equipo de Kennedy cenaban en el apartamento de Mary McGrory, articulista del *Star*, de Washington. Era una noche de duelo, próxima al llanto. Mary McGrory se deshizo repentinamente en lágrimas y exclamó: «¡No volveremos a reír nunca más!». Entonces se acercó a ella Pat Moynihan, vicesecretario de Trabajo, y le dijo: «Sí, Mary, sí volveremos a reírnos, pero nunca más seremos jóvenes».

Fue una premonición clarividente.

El asesinato de María Teresa Mestre
22/04/84

Este caso fue tristemente célebre durante semanas. La víctima, María Teresa Mestre, estaba casada con Enrique Salomó, uno de los implicados en el sumario de la colza, un gravísimo envenenamiento colectivo causado por la avaricia de unos cuantos empresarios (en 1989, Salomó fue condenado por ello a cuatro años y dos meses de prisión), y esa relación conyugal hizo que el caso pareciera aún más complejo y oscuro. La resolución supuso un éxito para las Fuerzas y Cuerpos de Seguridad del Estado, que empezaban a construirse una imagen más profesional.

Se lo dijo hace año y medio, cuando fue a sacarse el permiso de motos:

—He dejado los estudios. Pero sólo temporalmente.

Eso comentó Ángel Mayayo. Carlos, el profesor de la autoescuela CRX, de Reus, no le preguntó más: sabía que el chico era muy reservado para sus asuntos personales. Carlos conocía a Ángel desde hacía tiempo. Un par de años antes le estuvo dando clases para la obtención del carné de conducir. El muchacho apenas necesitó una docena de horas de aprendizaje. Era hábil, se le daban bien los coches. Y además le gustaban muchísimo. Hablaba mucho de motores, de cilindradas, de rallies. Estaba empolladísimo en la materia. Una afición habitual en un chico de su edad. La verdad es que era un muchacho encantador. Un poco introvertido, eso sí. Nunca hablaba de sí mismo. Carlos se enteró de que era hijo de juez y huérfano de padre por los comentarios de otros amigos, porque él jamás hizo la menor referencia. Era muy reservado, sí. Pero tan buen muchacho. Muy educado, muy respetuoso. Ni una palabrota, ni una crispación. No era de esos chicos que conducen agresivamente y que se desesperan y cabrean ante las torpezas propias del aprendizaje.

Angelito era la tranquilidad personificada. Tan buenazo que ni tan siquiera se irritó cuando le robaron, hace ocho o nueve meses. Como Ángel tiene el seguro del coche en la autoescuela, llamó inmediatamente a Carlos: «Oye, que me han robado los faros antiniebla, y el parachoques, y el equipo de música...». Y estaba tan sereno, cuando lo normal es que en un caso así te estés acordando de los antepasados de los ladrones, de esos mangantes que te han hecho perder un buen pellizco de dinero. Claro que Angelito no tenía angustias económicas. Cuando necesitaba algo, pagar el seguro del coche, las clases de conducir, lo que fuera, se lo pedía a su madre y ésta le daba un talón sin más problemas. Se llevaban bien Ángel y su madre. O eso parecía.

—He dejado los estudios. Pero sólo temporalmente.

Eso dijo Ángel Mayayo cuando acabó COU, a los veinte años. Pero ese paréntesis parecía alargarse y alargarse. Los meses se sucedían perezosamente, se iban acumulando en una rutina de inactividad. Ángel llevaba ya dos años sin hacer nada. Bueno, salía mucho. Con la rubia Ana, menuda y guapa, su novia de siempre. O con amigos. Conocía a todo el mundo. No era lo que se dice el líder del grupo, el espíritu festivo. Pero era un chico agradable. Repartía su vida entre la casa de invierno, en el casco viejo de Reus, en el segundo piso de un edificio que en algún tiempo pretérito debió de ser noble y que hoy es simplemente vetusto y carcomido, y la casa de verano, un apartamento antiguo y modesto en Villafortuny, bueno, justo al lado de Cambrils. Iba bastante a discotecas. Sobre todo, a Parchís, en Salou, que se encuentra cerca de la heladería de los padres de su novia. Y también se dejaba caer a menudo por Drums, un local relajado y amable de Reus, muy próximo a la casa de Ana y a la suya propia. Aunque en Reus casi todo está cerca.

—Una pizza de champiñones y un *bitter* para mí, y para Ana, una limonada —decía inevitablemente Mayayo al llegar a Drums.

Siempre pedía lo mismo: era un chico bastante metódico. Engullía su pizza, echaba alguna ojeada al vídeo del local, charlaba con los amigos. Muchachos educados, con aspecto de niños bien. Como el propio Ángel, por otra parte: siempre tan cuidadoso y correcto en el vestir, siempre con buenas ropas. De corte juvenil, pero más bien clásicas. Allí se conversaba mucho. De fútbol, por ejemplo. A Ángel le encantaba. Era forofo del Madrid y jugaba al fútbol sala: un deporte tranquilo. Desde luego, dada la envergadura física de Mayayo no era fácil imaginarle en una actividad más ruda. Sus gruesas gafas, su delgadez, su aire frágil y reposado. Fútbol sala, y ya era bastante.

Así es que Ángel hacía mucha vida social. Pero lo malo era la longitud interminable de los días. Lo malo era que todo el mundo tenía algo que hacer, menos él. Oh, sí: por las noches podía salir con los amigos, o pasear con Ana, o ir a una discoteca. Y a mediodía se podía tomar un aperitivo con alguno de los numerosos conocidos. Pero después... Cada uno iba a lo suyo, todos tenían sus rutinas, incluso su novia, que proseguía con sus estudios y durante los días de la semana hacía Derecho en Barcelona. Él era el único que gozaba de un tiempo ilimitado. Tiempo, tiempo, tiempo. Era eso de levantarse por las mañanas sin saber para qué. Interminables horas para llenar. Una sucesión de días todos iguales a los que había que encontrar un sentido, un contenido. A veces Angelito cogía su R-5 Copa azul o su Vespa y se iba a dar vueltas por ahí. Por Cambrils, por Salou. Solo, sin destino fijo. Para matar el tiempo.

Pilar, la madre de Ángel, se iba algunas veces al pueblo, a Pina, en Zaragoza. Entonces Ángel se quedaba solo. Bueno, solo del todo no. A fin de cuentas, ahí estaban los Salomó. Tenían un apartamento en Reus Mediterrani, la misma urbanización del piso de verano de Mayayo. La verdad es que los Salomó eran como una segunda familia para Ángel. Vivían encima, en el tercer y último piso del bloque. El apartamento de los Mayayo era el primero. Un bajo, en realidad. Se subían tres escalones y ahí estaba la puerta. La madre de Ángel y María Teresa Mestre, mujer de Salomó, eran amigas desde la infancia. Íntimas. Angelito había crecido con Enrique y Maite, los hijos de la Mestre. Sobre todo, era amigo de Enrique, aunque éste era tres años menor. Pero habían ido juntos al mismo colegio, al Turó, un establecimiento caro, del Opus. Se llevaban muy bien, y la cercanía de los Salomó siempre era un cobijo. Claro que últimamente la familia lo estaba pasando muy mal, con el padre en la cárcel por el asunto de la colza. Además, tanto Enrique como Maite estaban estudiando: COU y primero de Historia, respectivamente. Así es que, entre el procesamiento del padre, las tribulaciones de la familia y los quehaceres de los hijos, también la segunda familia de Mayayo había sufrido cambios, no estaba al completo, no era el sólido cobijo de antes. A veces uno podía tener la desasosegante sensación de que el mundo se iba deshaciendo. De que todo se deterioraba poco a poco, inexorablemente. Primero, la muerte de su padre, hace cinco o seis años. Cómo le echaba en falta Ángel. Algo se había roto entonces, algo irreparable. Y el tiempo transcurrido no atenuaba el agujero. Todo empezó a ir mal desde aquel momento. Y dejar los estudios no arregló la cosa. Era un deslizarse poco a poco hacia el vacío.

María Teresa Mestre, en cambio, tenía una fuerza increíble. Siempre tan animosa, con esas ganas de vivir. Superó un cáncer, la amputación de un seno. Bregó vigorosamente contra las vicisitudes del proceso de su marido. Era una persona deliciosa: amabilísima, siempre sonriente, nunca exigente.

—Ojalá tuviéramos muchos clientes así —solía decir Jordi Claret Andreu, el abogado defensor de Salomó, admirado del talante de María Teresa, tan distinto al de la mayoría de los clientes, que suelen desesperarse y gruñir al abogado si la causa no se soluciona de inmediato. Y el proceso de Salomó era largo y difícil.

No debía de saber María Teresa que el cáncer se había reproducido, que quizá le quedaran pocos meses de vida. Ella seguía en la brecha, activa, alegre. Era una mujer simple, transparente. La verdad es que era querida por todo el mundo.

Así, día a día, en una absoluta normalidad, llegó diciembre de 1983. Fue un mal mes, sin duda: Ángel y Ana discutieron, se enfadaron, rompieron, al menos momentáneamente. Durante un par de fines de semana se los vio llegar a la discoteca Parchís cada uno por su lado. Una crisis fuerte en un noviazgo largo. Son cosas que suceden muchas veces. Así es que enero empezó con malos auspicios y con mucho frío. La madre de Ángel se marchó al pueblo, a Pina, para pasar las fiestas. Mayayo se quedó solo. Las Navidades pueden ser unas fiestas melancólicas.

El lunes 9 de enero, Ángel estaba en los apartamentos de Villafortuny. No era la época más idónea para vivir allí, en la casa de verano, pero tenía la ventaja de que arriba estaban los Salomó: el calor humano, la familia. En realidad, el apartamento de los Salomó era por entonces el único habitado del lugar. La urbanización Reus Mediterrani está en una zona turística, y en invierno aquello es el desierto. Ángel se sentó en los escalones de la entrada a la casa. Eran las siete de la tarde. Bueno, de la noche, porque en enero oscurece pronto. Frente a él, la carretera de Cambrils. A su espalda, entre la urbanización y la playa, un hermoso pinar mediterráneo, de árboles crecidos y muy oscuros, tenebrosos en la noche. Alrededor, bloques y bloques de apartamentos cerrados, abandonados, solitarios: pocas cosas hay tan desoladas como una zona veraniega en pleno invierno. Soplaba el viento y arrastraba las frías arenas de la playa; el polvo danzaba y se arremolinaba en el pálido resplandor de la farola. Ni un ruido; sólo el mar, sólo el aire. En el desconsuelo de esa jungla de hormigón abandonado no había más que un vestigio humano, una luz: la del tercer piso, el apartamento de los Salomó, en donde estaba la madre de María Teresa Mestre, una mujer mayor y enferma. Sentado en los escalones, Ángel miraba pasar los coches por la carretera: uno cada diez minutos. Zummmmm, y de nuevo esa inmensa soledad, ese silencio.

Hasta que llegó un coche que no pasó de largo. Era el Volkswagen de María Teresa, que venía de dejar a su hija en la estación. Había hecho unos cuantos recados, comprado una botella de Baileys, unos pasteles. Aparcó, salió del coche con sus paquetes.

—Hola, Angelito...

María Teresa se sentó unos momentos con él, en los escalones de la entrada. Conversaron sobre tonterías. Por el placer de hablar con alguien querido. Entonces Ángel dijo que había recibido una carta en la que se le comunicaba la instalación del teléfono en el apartamento. Le pidió a María Teresa que entrara en casa a verla. Bueno, podía ser una simple excusa. Para prolongar la charla, para poder seguir disfrutando de su compañía y no estar solo. Entraron en la casa. El largo pasillo, la sala comedor. Una estantería a la izquierda. Un sofá. Una decoración confortable, de casa que se usa. María Teresa se sentó en una de las sillas de rejilla. Hablaron un poco de cosas triviales. Al fin la mujer se levantó: «Mira, me voy a casa porque tengo a la yaya sola».

Pero Ángel no deseaba que se fuese. Era esa hora incierta del día, a medio camino de la tarde y de la noche, en la que el tiempo parece detenerse y la soledad se siente más que nunca. El muchacho empujó a María Teresa y la volvió a sentar. En el suelo, junto a ellos, había una llave de cruceta plegable de las que se usan para desmontar ruedas, y el gatito de Ángel jugueteaba con ella. María Teresa, extrañada ante el comportamiento del chico, intentó levantarse de nuevo. Ángel volvió a sentarla bruscamente. La mujer tuvo miedo. Miedo súbito ante esa actitud incomprensible. Un miedo palpable, físico, que la impregnó toda, que Ángel pudo percibir como lo que era: como un fuerte sentimiento de rechazo. María Teresa se irguió por tercera vez. Quizá algo se apagó dentro de la cabeza de Mayayo. Cogió la cruceta y golpeó a la mujer en la nuca. Fue suficiente.

—Me desperté como de un sueño; no sé por qué lo hice, no lo sé —diría después Ángel, mucho después, en los interrogatorios.

Pudo ser así. Y en ese caso, qué despertar horrible. Última imagen en la memoria: María Teresa asustada y levantándose. Después, la oscuridad, un tiempo perdido, borrado en el recuerdo. Y luego, al salir del sopor, la trágica sorpresa de lo hecho: el cuerpo sin vida de María Teresa a sus pies, la cabeza rota, la llave ensangrentada. ¿Un ataque? Y como precedente, esos accesos de violencia, esos momentos de extrañamiento de sí mismo que ya había tenido otras veces, en los que parece que llegó a pegar a su madre. Pero ahora era un asesino, ahora había una muerte.

Debían de ser las ocho de la tarde. El Ángel frío y calmo de siempre reapareció, reasumió el control. Había que deshacerse del cadáver, había que hacer algo. Intentó cortar el cuerpo con una pequeña sierra y no pudo. Cogió el coche y se dirigió a la casa de Reus, de donde trajo un serrucho mayor. Llevó a María Teresa a la bañera y la troceó con esa sierra manual. La desangró. La metió en bolsas de plástico. Debió de acabar su triste manejo a eso de las dos de la madrugada. A esa hora subió a casa de los Salomó. Quizá fuera por curiosidad morbosa, o para saber si la abuela sospechaba algo, o... De hecho, pidió unas cuerdas: las necesitaba para atar las bolsas. La yaya se las dio. Estaba sola y extrañada porque su hija no había vuelto. Ángel se ofreció a quedarse con ella, para hacerle compañía. La anciana declinó la oferta.

Así es que el muchacho trasladó el cuerpo a la casa de Reus y dejó las bolsas en una terraza-tendedero que el piso posee en la parte de atrás, en un patio interior. Cortó el traje de María Teresa en pequeños pedazos y los tiró en Reus en los cubos de basura callejeros. Lavó el apartamento de Villafortuny cuidadosamente, hasta hacer desaparecer toda la sangre. Recogió las pertenencias que aún quedaban de la muerta: el abrigo, la botella de Baileys, los pasteles, y lo bajó todo al coche de María Teresa. Abandonó el Volkswagen de la víctima en Cambrils, junto a la carretera, apenas a kilómetro y medio del lugar del crimen. Pareció pensar en todo, pero en realidad no hacía sino complicar las cosas: en vez de llevar el cadáver de María Teresa a Reus podía haberse deshecho de él esa misma noche. En un acantilado, en cualquier sitio. La zona, tan desierta, estaba llena de lugares en los que se podía hacer desaparecer un cuerpo para siempre.

A la mañana siguiente, los hijos de María Teresa fueron al cuartelillo de la Guardia Civil a denunciar la desaparición. Los acompañaba Ángel Mayayo. Estaban los tres muy nerviosos. Mayayo mantenía la cabeza baja, se encontraba muy alterado. Una actitud que desde luego era normal, que compartía con los hijos, que era comprensible por el desasosiego de la ausencia de María Teresa. Ese mismo día, Mayayo se fue a Pina a buscar a su madre, y aprovechó el viaje para arrojar la sierra al Ebro. Desde entonces Pilar y él vivieron en el apartamento de Villafortuny. Pilar podría haber ido al piso de Reus a buscar algo. Pero no lo hizo.

Y empezó el caso. Las investigaciones. El enorme esfuerzo de la Guardia Civil. Se peinó la zona. Se trajeron perros que siguieron el rastro de María Teresa. Cuando apareció el coche, el vehículo fue desmontado íntegramente. Se encontró un medallón que tenía el dibujo de una paloma de la paz en azul y blanco, un medallón que Maite, la hija de la desaparecida, no había visto jamás. Se investigaron todas las tiendas de joyas y bisutería, sin resultado. Mientras tanto, Mayayo confortaba y se condolía con los Salomó. No volvió a vérsele por Parchís o por Drums.

El asunto era tan raro que se empezó a hablar de un montaje de los Salomó para forzar la salida de la cárcel del marido. En ésas llegó la carta que pedía rescate, exactamente el día 16.

—Lo mismo habéis escrito la carta vosotros para ver qué cara ponemos los de la familia; como se habla de que esto es un montaje... —dijo suspicazmente Jordi Claret, el abogado de los Salomó, a las autoridades.

—Te juramos que no es así... Aunque es una buena idea que se podía incluir como enseñanza en los cursos de investigación —le contestaron en la Guardia Civil.

Desde luego se lo tomaron muy en serio. Investigaron exhaustivamente el tipo de máquina, el papel, el sobre...

En el cuartelillo de Salou hay todavía una antigua Hispano-Olivetti que tiene el mismo tipo de letra del anónimo: un recuerdo del caso. Por no descartar nada, incluso se inspeccionaron las zonas que *predijeron* los videntes. Sin ningún resultado. Uno de ellos, un hombre discreto que no vive profesionalmente de la adivinación, hizo un vaticinio dramático: «Yo sólo veo la cuarta parte del asunto. María Teresa lleva muerta muchos días, hay un solo culpable, y el cuerpo está por Cambrils. No os puedo decir más que eso». Mientras tanto, los Salomó daban una conferencia de prensa, aconsejados por las autoridades. Para forzar a los secuestradores a dar más pistas, mintieron y dijeron que habían recibido otras cartas, y que no sabían si había alguna auténtica o si todo era una broma macabra.

—Por favor, si alguno de los mensajes es real, que nos manden una prueba de que nuestra madre está viva...

En la conferencia de prensa, celebrada en el apartamento de Mayayo, Ángel pidió el carné de periodista a los que entraban. «Eso no me parece bien; aquí no van a venir más que informadores, y además, todos se conocen entre sí; si hay algún extraño, ellos mismos lo notarían», comentó Claret a Salomó. Y él estuvo de acuerdo.

A unos cuatro kilómetros del apartamento hay un vertedero de basuras, alquilado en exclusividad por el Ayuntamiento de Cambrils. Es una sima enorme en la que descargan unos quince camiones cada noche. Al amanecer, una pala excavadora cubre la basura con tierra. En la madrugada del 22 al 23 de enero, uno de los camiones de Cambrils tropezó en el vertedero con un camión de Hospitalet: al parecer, el dueño del terreno lo había subcontratado ilegalmente. Los dos vehículos se estorbaban mutuamente y tuvieron que hacer maniobras para pasar. Los faros barrieron el suelo.

—Eh, mira, ¿qué es eso? Parece un maniquí...

En mitad del paso de camiones. Sobre la tierra. Allí estaba el cuerpo de María Teresa. Estaba reconstruido, cuidadosamente colocado, aunque invertido. En la parte de arriba estaba el abdomen. En medio, el tronco con la cabeza y los brazos. Abajo, las piernas, cortadas por las ingles. En total, cuatro trozos. En un estado de conservación maravilloso. La carne parecía plástico. Se pensó que sólo llevaba cuarenta y ocho horas muerta. Ni rastro de las bolsas. El cadáver conservaba un cordón de oro al cuello, y los pendientes. El móvil no podía haber sido el robo, por tanto.

Así es que el asunto ya no era un secuestro, sino un homicidio.

Las fuerzas especiales antiterroristas de la Guardia Civil fueron retiradas, y al equipo de investigación del cuartelillo se sumó la policía, el grupo de homicidios de la Jefatura Superior de Barcelona. Seis hombres bajo la supervisión de Víctor Cuñado. Un grupo compacto, y la colaboración de la comisaría de Reus.

Víctor Cuñado tiene treinta y seis años, nombre de detective de novela negra española y aspecto de detective de novela negra americana. Es un Philip Marlowe muy alto y enjuto, el pelo lacio, las mejillas perfectamente rasuradas, eterno traje oscuro, corbata y camisa blanca, la ropa de quien no se preocupa por la ropa. Empezaron, Víctor y los demás, investigando ortodoxamente el caso. Es decir, buscando el móvil. Tanto la policía como la Guardia Civil abrieron mil hipótesis distintas, las machacaron, las deshicieron, las tuvieron que dar por cerradas. Desde crimen pasional a extorsión, pasando por las más rocambolescas posibilidades. Se siguió la enigmática pista de las siete monedas que guardaba María Teresa en el guante de su mano. Se combinaron las monedas para construir números de teléfono, se investigaron los múltiplos de la cantidad total, ochenta y ocho pesetas.

—Señor Salomó, ¿le dice a usted algo el número ochenta y ocho?

Y el pobre Salomó, pensando, pensando, llegó a la conclusión de que sólo le recordaban los números finales de la matrícula de un antiguo coche suyo, un vehículo que ya había vendido: «Pero no vayan ustedes a meter en un lío al pobre hombre que me lo compró, ¿eh?». Fue tal el esfuerzo, que uno de los integrantes del equipo de información de la Guardia Civil se trasladó a Carabanchel para investigar a los posibles compañeros de cárcel de Salomó. Seis días permaneció el hombre encerrado en los archivos, repasando ficha a ficha. Y mientras ambos cuerpos de investigadores desmenuzaban cualquier mínimo cabo, Mayayo convivía con la familia Salomó, iba a comer con ellos los domingos. Alguien le oyó decir, refiriéndose al caso: «No entiendo cómo puede haber gente que haga una cosa así». Y los hay que creen recordar palabras suyas más tajantes: «Si a mi madre le hicieran algo así, yo mataría a los autores».

En la carta había una huella. Muy mala, muy borrosa. «Podría ser la huella de un hombre frágil o de una mujer», dijeron los expertos de la Guardia Civil. Al principio se pensó en una mujer. Por el hecho mismo de trocear el cadáver, además. Porque eso podría indicar que no tenía la posibilidad de trasladarlo entero. Pero luego estaba la incógnita de la perfección de los cortes. Se creyó que estaban hechos con una sierra industrial. ¿Con una sierra manual? Casi impensable. En la Guardia Civil se hicieron pruebas, se intentaron cortar huesos de jamón con una sierra manual, con resultados desastrosos. Es muy difícil cortar un cuerpo.

Y pasaban los días. Los investigadores no comían, no dormían, no veían a las familias. Lo normal, vamos. No es que se esforzaran más en este caso: es que la rutina en homicidios es así de atosigante. «¿Sabéis lo que acabo de leer en una revista?», comentó un día uno de los inspectores del equipo de Cuñado a sus compañeros. «Pues venía una encuesta sobre las profesiones que más índices de divorcios y separaciones tienen, y la primera es la de inspector de policía, y la segunda, médico...».

Y pasaban los días. Un par de semanas después de haber entrado en el caso, Cuñado pidió una fotocopia del anónimo recibido. Era una intuición. Empezó a llevar el pequeño rectángulo de papel en el bolsillo. De vez en cuando lo sacaba. Durante semanas lo transportó de acá para allá, siempre con él. Siempre estudiándolo.

Las hipótesis seguían cayendo y demostrando su invalidez, una tras otra. Un día, Cuñado llegó a la conclusión de que había que cambiar de método.

Abandonar la investigación ortodoxa de buscar los móviles y dedicarse a buscar simplemente al asesino: a alguien que pudiera haberlo hecho materialmente, al margen del porqué. Había que resolver el caso por extenuación, agotando todas las posibilidades. Era cuestión de tiempo. En esos días, los investigadores de la Guardia Civil que aún quedaban con el caso fueron retirados. En el pequeño despacho de la Jefatura Superior de Barcelona, el grupo de homicidios seguía la batalla. Mesas metálicas, un par de armarios, un perchero en el que, junto a las chaquetas, cuelga la mascota del grupo, un elefante de trapo de cuerpo a cuadros. Zócalos de plástico, un triste neón en el techo y, en un anaquel, una pequeña calavera de escayola con un ojo en una de sus cuencas.

Así, poco a poco, se llegó a una lista de veintisiete jóvenes amigos de los hijos. Empezaron a ser discretamente investigados, se fueron tachando aquellos que tenían una coartada perfecta. Quedaron tres. Entre ellos, Mayayo. Por entonces, Ángel se marchó a esquiar a Andorra. La policía le vigilaba ya, pero sólo como posible sospechoso. Cuñado tenía una intuición, presentía que Mayayo podía reunir las condiciones necesarias. Pero era una esperanza moderada por la experiencia: a fin de cuentas, muchas otras hipótesis investigadas por él o por los compañeros se habían venido abajo. Y sin embargo...

El 24 de marzo, Cuñado se reunió una vez más con Agustín Linares, el jefe superior de Policía de Barcelona, que había estado desde el principio muy implicado en la investigación. Se había descubierto una nueva pista, algo evidentemente anómalo que no concernía en absoluto a Mayayo. La nueva pista, como otras que antes había rastreado el grupo de homicidios, podía ser desechada, considerando que era una mera casualidad que no tenía que ver con el crimen, o bien podía ser tenida en cuenta y en ese caso las investigaciones se hubieran alejado de Ángel. Y la nueva pista era en verdad extraña, parecía sólida. Aunque la vida ofrece raras coincidencias, y a veces lo que parece indudablemente sospechoso no es más que un producto del azar.

—Yo creo que esto que acabamos de descubrir puede ser importante, que habría que investigar por ahí —dijo Agustín Linares.

—Sí, pero...

Sí, pero. Cuñado tenía la corazonada de Mayayo. Por eso, y antes de empezar a husmear por otro lado, quiso agotar todas las posibilidades. El lunes 26 de marzo se acercó a la casa de Reus, donde ahora vivían los Mayayo. Abrió la madre: el chico no estaba. Cuando Víctor se iba a ir apareció él. «Mira, éste es el inspector Cuñado», dijo Pilar a su hijo. No se conocían personalmente. «Quisiera hablar contigo un momento. ¿Tomamos algo?», explicó Víctor. «Bueno».

Eran las ocho de la tarde. Caminaron cincuenta metros, hasta la cafetería del hotel Gaudí, junto a la casa de Ángel. Se sentaron, pidieron un par de cervezas.

—Y dime, Ángel, ¿qué opinas tú del caso?

Así empezó Víctor, relajado, informalmente. Hablaron durante un rato. Sin violencias, como en una conversación entre amigos. Mayayo estaba muy tranquilo. Hablaron y hablaron, y Ángel cayó en una contradicción. Y luego en otra, y otra... Víctor aguantó la emoción: lo que había empezado como un intento más, como la investigación de una hipótesis cualquiera, se estaba convirtiendo en algo sólido. Pidió a Ángel que le acompañara a comisaría. Le comunicó que estaba detenido, le informó de sus derechos. El chico ni siquiera pestañeó.

En comisaría el muchacho se encontró con su madre. La policía la había llamado y le había pedido que trajera la máquina de escribir, cosa que la mujer hizo. Cuñado llamó al jefe superior de Policía.

—Creo que lo tenemos, la máquina coincide.

—Pero eso sólo puede probar la autoría del anónimo, no de la muerte —contestó Linares.

—Sí, puede ser difícil que confiese.

Pero Linares conoce bien a Cuñado, que es un inspector de gran prestigio profesional. Por eso, cuando colgó, se quedó a la espera del resultado. Ni siquiera se acostó.

Estaba en lo cierto. Cuando le hicieron escribir a máquina el texto del anónimo, Mayayo se derrumbó y lo contó todo. Parecía ansioso por explicarlo. Ansioso por demostrar su culpabilidad. Ansioso por colaborar.

—Quiero contarlo todo —dijo Ángel al abogado de oficio, que había sido llamado. Y éste le aconsejó que así lo hiciera.

Así es que empezó la narración. Llena de minucias, cosas que normalmente un detenido no cuenta en su primera confesión, porque el estado emocional le impide recordarlas. Mayayo, sin embargo, tenía los detalles memorizados. Como si esos detalles hubieran sido una obsesión para él. El chico quiso ir al apartamento de Villafortuny, y allí se trasladaron.

—Aquí aparté la bombona para poner las bolsas, así es que deben de quedar restos de sangre... Llevaba sangre en los zapatos y pisé ahí la alfombra, así es que también debe de haber huellas...

Y sacó el carné de identidad de María Teresa Mestre de un armario y se lo entregó al abogado de oficio. Ansioso por demostrar su culpa, sí. Quizá por ello guardó el carné de identidad. Quizá por ello depositó el cuerpo en el camino de los camiones y no unos metros más allá, en la sima del vertedero, donde nunca hubiera sido encontrado. Ansioso por demostrar su culpa y abundando en detalles, pero sin poder explicar el crimen, en un relato lleno de lagunas.

—Fue como si despertara de un sueño. No sé por qué lo he hecho...

A las tres de la madrugada, Cuñado telefoneó a Linares y le comunicó que se había resuelto el caso. Ángel Mayayo, veintidós años, tranquilo y miope, cara de buen chico. Ha descrito cómo la serró, qué hizo con el cadáver. Se han comprobado sus palabras, se han encontrado restos de sangre en donde él dijo. Y, aun así, qué caso tan enigmático y extraño. La insólita perfección de los cortes. El estado de conservación del cuerpo. Son puntos negros que oscurecen la historia.

—No me puedo creer que lo haya hecho... Yo lo siento muchísimo, no sólo porque era el novio de mi hija, sino porque ya le había tomado cariño —comenta ahora Antonia, la madre de Ana.

Y Ana llora y llora, y Pilar, la madre de Ángel, cree en su inocencia: a pesar de su confesión, y hasta que se celebre el juicio, siempre cabe alimentar la frágil esperanza de que todo sea una pesadilla, de que no fuera su hijo quien lo hiciera.

—Es increíble... Sobre todo, lo que hizo después con el cadáver; porque todavía puedo entender que le diera un mal golpe, un mal momento... Pero que Angelito la cortara y todo eso... No puedo imaginarle haciendo eso...

Lo dice Carlos, el profesor de la autoescuela. Lo dicen los dueños del bar de la calle de la Misericordia, adonde Ángel solía ir, y los amigos, y los vecinos. Lo dice todo Reus, un Reus estremecido que ahora se empeña en encontrar alguna razón, alguna explicación para el espanto. Los susurros recorren la ciudad, se especula sobre la violencia de Mayayo, se llega incluso a la desmesura de intentar adivinar alguna relación entre Ángel y el trágico accidente en el que murió su única hermana, una niña de tres años que falleció a finales de los sesenta al caer desde la ventana de su casa. Son sólo disparatados rumores, habladurías para paliar el desasosiego, la angustia de saber que Angelito era un chico «absolutamente normal», como tu hijo, como tu hermano, como tu vecino, como uno mismo. Es el miedo a nuestra parte oscura, es el horror en casa.

—Fue como despertar de un sueño. No sé por qué lo he hecho...

Ángel Mayayo, veintidós años, sin futuro. Allí está, en la soledad de la cárcel de Figueras. Acompañado quizá por un terrible desconocido, por ese pavoroso extraño que se agazapa en su memoria y que no es más que un reflejo de sí mismo.

Los herederos de la gloria
12/01/86

Este curioso y revelador reportaje nos habla de la memoria social y de las dificultades de mantener un legado cultural y artístico durante el franquismo. Por cierto: pasaron ya los primeros treinta años, y otros treinta más, y Benavente todavía no ha sido rescatado por la posteridad.

Hace ya alrededor de treinta años, dos estudiantes de un colegio mayor madrileño fueron a recoger a Buero Vallejo para acompañarle a un acto cultural que se celebraba en el colegio. Cuando bajaban la escalera de la casa del dramaturgo, éste preguntó a los chicos cómo se llamaban.

—Miguel de Unamuno —contestó uno.

—Y usted sin duda debe de ser Ortega y Gasset —respondió Buero dirigiéndose al otro chico.

Pero no, naturalmente, no lo era. Sólo Miguel de Unamuno se llamaba de verdad así. Como él mismo dice, con el nombre de otro.

Son los hijos, los nietos, los sobrinos de los personajes excepcionales de nuestro pasado más reciente. Son los descendientes de hombres y mujeres de genio, de aquellos que protagonizaron la historia de las artes y las ciencias en este país. Acarrean apellidos ilustres con orgullo, pero a veces también con resignación por la presión social que ello supone.

—En algunos aspectos, el llamarse uno así es bastante pesado; podría incluso decir que para mí ha sido una carga —explica Miguel de Unamuno, nieto del pensador, con todo el peso de la tradición incrustado en las quince letras de su nombre—. Percibes algo así como una atención especial sobre ti, quizá una exigencia distinta. Es siempre más fácil el tener tu propio nombre que llevar el nombre de otro.

Todos ellos nacen de algún modo marcados por ese antecesor que lo fue todo. Ellos son sus herederos; pero son, sobre todo, ricos en memoria. Un fabricante de embutidos de éxito, pongo por caso, puede dejar a sus descendientes la solidez de un imperio económico. El legado de los genios, en cambio, suele andar mucho más magro de dineros. Se heredan los derechos de autor, que por ahora caducan a los ochenta años, período que se verá reducido con la nueva ley de propiedad intelectual. Se hereda una aureola familiar, un prestigio muchas veces polémico y, a menudo, un sentido de responsabilidad hacia la obra del muerto, como si la consanguinidad los obligara a ser los cuidadores de la imagen, los más fieles exegetas de esa abuela o ese padre tan tremendos.

Por lo demás, el genio no parece transmitirse. En la antigua y no resuelta polémica entre herencia y ambiente, yo me inclino más por la influencia de este último en la formación de las personas; por ello no me sorprende que entre los sucesores de los grandes personajes sean una excepción aquellos que se han dedicado a la misma actividad que el pariente consagrado. Claro que hace falta un valor casi suicida para competir en su mismo campo con la gloria de un familiar muerto: sin duda el peso del apellido ha asfixiado más de una vocación. Ya lo dice Benito Verde Pérez Galdós: escribir da mucho miedo cuando se tiene un abuelo como el suyo.

No, no debe de ser fácil el contar con una parentela consagrada. Hay sucesores que cultivan al antepasado ilustre como quien cultiva una maceta: manipulan y acaparan su memoria como si el abuelo o tío en cuestión fueran un producto de su buen hacer de descendientes, y no una persona de carne y hueso que perteneció a su tiempo y su pasado:

—Sí; por desgracia, hay cierta tendencia a adjudicarse la descendencia como quien tiene patentado el apellido —suspira la deliciosa y sensata Rosa Rivera de Echegaray, bisnieta del premio Nobel.

Se llegan a cometer así todo tipo de tontas tropelías: broncas y resentimientos familiares por ver quién es más sobrino o más nieto; puntillosas querellas a los medios de comunicación respecto a la interpretación de un personaje; furibundos enfrentamientos sobre quién ha de asistir como representante familiar a un homenaje. En muchos casos lo que se dirime es sólo el protagonismo o el prestigio: son riñas quizá un tanto pueriles. En otros, en cambio, entra en danza el dinero, sobre todo en aquellos autores que rinden buenos beneficios, y el asunto adquiere así ribetes más mezquinos.

Naturalmente estos excesos sólo son protagonizados por una minoría entre los muchos descendientes de personajes consagrados. Pero proporcionan un mar de fondo que debe de influir en la vasta mayoría de sucesores serenos y sensatos. Eso, y el miedo a que la imagen que transmitan los medios de comunicación sobre el antepasado no coincida con la que ellos tienen de él, explica quizá que haya encontrado tantas dificultades en la confección de un reportaje en apariencia tan neutro e inocuo como éste. Que Isabel García Lorca, hermana de Federico, deshiciera una cita que tenía conmigo; que estuviera después una semana pensándose si intervenía o no en el asunto, y que al cabo se disculpara amablemente. Que no pudiera ni tan siquiera hablar con Libertad Blasco-Ibáñez porque al llamar a su casa alguien me explicó muy cortésmente que Libertad estaba muy desengañada y que no quería saber nada de la prensa. Que los herederos de Ramón y Cajal me rechazaran por pertenecer a *El País*, periódico con el que mantienen un contencioso, «de modo que si usted se cambia de periódico, señorita, hablaremos con usted con mucho gusto». O que Emilio Canda, que fue agente literario de Emilia Pardo Bazán y que frecuentó a la hija de la escritora hasta su muerte, anulara también una cita y me enviara una carta encantadora y educadísima en la que se disculpaba y me remitía a los actuales herederos de la condesa, que es la Real Academia Gallega, «pues no quiero de ningún modo que mi intervención en tu trabajo resucite nuestra vieja querella de derechos».

La historia de los herederos de los genios es también una historia de pérdidas. Pérdida de los manuscritos, de los cuadros, de los objetos, del mundo que habitó y recreó ese antepasado, un mundo que ahora se deshace en el recuerdo. Ese chalé de la Malvarrosa de Blasco Ibáñez, hoy convertido en una pura ruina que sólo espera la piqueta. O San Quintín, la casa santanderina de Pérez Galdós, que desapareció hace ya tiempo. Esa casa-museo primorosa que Benito Verde enseñaba a los turistas siendo un niño, durante los veranos. La familia estuvo intentando vender la casa durante veinte años o, mejor dicho, intentaron traspasarla a alguna institución, como museo, por la módica cantidad de ciento veinticinco mil pesetas, ofreciendo además todos los tesoros que el hotel poseía, los muebles, los cuadros de Sorolla, los manuscritos del escritor.

—Pero como no conseguimos que la comprara nadie, ni la monarquía ni nadie, pues al final la casa se vendió en 1940 a un particular. Pagó ciento veinticinco mil pesetas, que es lo que el edificio había costado. Nosotros nos llevamos los muebles, los cuadros y los manuscritos. El particular tiró la casa y construyó allí dos chalés. Ahora en Santander se tiran de los pelos por haber perdido eso. Es una pena.

Benito Verde Pérez Galdós tiene sesenta y seis años. Cuando el escritor falleció él apenas si tenía unos meses. Es hijo de la única hija de Galdós, y el único nieto que queda, porque su hermano mayor ya ha fallecido. Es un hombre menudo y redondeado en los medios, de modo que su traje impecablemente negro parece fajarle. Los ojos muy vivos, expresión de ardilla regordeta y una cara de buena persona inconfundible. Benito Verde posee una librería en el mismo centro de Madrid. Es un negocio a la antigua, pequeño y abarrotado, en el que se mezclan los cuadernos escolares, los juegos reunidos Geyper y la literatura, mayormente los libros de su abuelo: «Abrí esto en 1942, y no lo cierro por los clientes y por el encargado, porque si no, no seguiría ni un día más. Se pierde mucho dinero, te darás cuenta de que todas las librerías tradicionales han cerrado, casi todos los que empezaron en mi época ya no existen. En fin, es una pena». La fachada de la librería, que se llama, cómo no, Pérez Galdós, exhibe el mordisco de los años, una negrura petrificada, un hollín de decadencia.

Como librero, Benito Verde ha conocido muy de cerca las restricciones del franquismo: «En las obras completas nos dejaban sacar todo, pero en rústica no permitieron publicar muchas de las obras de mi abuelo. Por ejemplo, no se podía editar *Doña Perfecta*, ni *Electra, Gloria, Nazarín, La familia de León Roch, Tristana,* los *Torquemadas, Ángel Guerra...* Y en el centenario de Galdós, en 1943, nos prohibieron celebrarlo. Hubo un editorial del *Ya* que decía que era un centenario peligroso, decían que era un escritor que aprendió a hablar inglés antes que español».

No fueron éstos los únicos problemas. Por ejemplo, con el caos de la guerra, los mexicanos empezaron a editar a Pérez Galdós sin pagar un solo duro de derechos. O el asunto de la publicación de las cartas íntimas de Galdós con la Pardo Bazán:

—Mi madre vendió los manuscritos de Galdós al Cabildo de Las Palmas, para la casa-museo de mi abuelo. Los vendió muy baratos, por sesenta mil pesetas, y además donó una serie de cosas, entre ellas toda la correspondencia con la Pardo Bazán, con la condición de que no se publicara. Yo ni siquiera había leído esas cartas, porque mi madre no me había dejado. De todas formas, sólo donó aquellas que estaban firmadas con el seudónimo de Porfiria, porque las firmadas con el verdadero nombre las tengo yo. Y claro, cuando las cartas fueron publicadas, la familia de la condesa estaba disgustada, y se metieron con nosotros. Pero nosotros no tenemos la culpa; mi madre las donó porque no llevaban la firma de la condesa y no para que se hicieran públicas. Pero luego se metió la Carmen Villasante y... La que más nos atacó fue Natalia Figueroa. Yo comprendo que se molestasen, aunque me apena. Porque a mí no me importa que digan que mi abuelo tuvo veinte novias, porque es verdad; ni que reconociera a mi madre y no quisiera casarse con mi abuela, bueno, mi abuela tampoco se quería casar, era una mujer estupenda. Pero yo comprendo que en un hombre esto se ve de otra manera, y que, en el caso de la Pardo Bazán, por ser mujer, todo esto puede hacerle daño.

Entre otras pérdidas, Benito Verde se enfrenta ahora a una fundamental, la pérdida del apellido: «Me han aconsejado que me cambiara el orden de los apellidos para conservar el Pérez Galdós, incluso mi padre me lo decía, pero no he querido. Ya el hecho de que me llamaran Benito no me ha gustado nunca nada; así es que me he negado a quitarme el Verde. Es que, ¿sabes?, sientes casi miedo de llamarte igual...».

Es la dificultad de llevar el nombre de otro, como dice Miguel de Unamuno. Miguel tiene cincuenta años recién cumplidos, aunque aparenta muchos menos. Es un arquitecto que no construye casas: se dedica a dar clases de Matemáticas en la escuela de Arquitectura. Es tímido, afable y delicado; quizá en eso se parezca más de lo que él mismo piensa a su famoso abuelo: «Unamuno era un hombre muy respetuoso con los demás, muy sensible, nada autoritario; esa imagen de persona apocalíptica que cultiva el estereotipo no tiene nada que ver con la realidad». Miguel dice «entender muy bien» a su abuelo: «Le quiero más que le admiro».

Miguel es hijo del hijo mayor de Unamuno, y también él vivió los desplantes del franquismo: «Cuando era niño, recuerdo que en el bachillerato estudiábamos una cosa que se llamaba apologética, que era una disciplina que *demostraba* que el catolicismo era la única religión verdadera y esas cosas. Y recuerdo que había una lista de heterodoxos españoles, y que allí estaban Ortega y Unamuno. A mí ver a mi abuelo metido en esa lista negra me resultó muy chocante...». Más tarde, siendo ya joven, empezó a asumir las críticas oficiales del régimen a su abuelo de un modo mucho más regocijante: «Después, cuando se metían con él, me parecía estupendo, me enorgullecía». Porque Miguel de Unamuno fue educado en el amor a la idea de la República, y la vida en su Palencia natal franquista le parecía «como haber caído del paraíso, de esa República que yo idealizaba, a la dictadura del ferrolano».

Nunca sintió Miguel la responsabilidad de ser el nieto de quien era. O, mejor dicho, en su juventud se negó a sentirla: «Desde luego, de joven no creía tener ningún deber para con mi abuelo. Ahora que voy envejeciendo empiezo a creer que quizá haya cierto papel, cierta obligación que cumplir, dicho todo ello sin trascendencia. Porque creo que la obra de mi abuelo está ahí y que debe vivir por sí sola. Pero, en fin, antes yo rehuía totalmente el papel de nieto de Unamuno, y ahora empiezo a aceptarlo. Por ejemplo, estoy haciendo esta entrevista. Y hace unos meses asistí a unos números unamunianos que se organizaron en Bilbao, e incluso hablé en público. Y luego están algunas cosas inéditas de mi abuelo que yo guardo. Son cosas de los últimos meses de su vida, en las que habla de la guerra, de la situación política; unas reflexiones que él tituló *Del resentimiento trágico de la vida*. Y llevo tiempo pensando que debo meterme con ello y publicarlo. Da pereza, porque mi abuelo escribía en papeles muy pequeños y en una letra diminuta; ordenar todo eso lleva su tiempo. Pero sí, supongo que ésa es una responsabilidad que tengo, que algún día tendré que hacerlo...».

Ana Torroja y Diego Hurtado, herederos del ingeniero Eduardo Torroja y de Benavente, respectivamente, también viven su legado con un cierto distanciamiento.

La primera, Ana, es aún muy joven. Cantante del grupo Mecano, famosa por sí misma, Ana acude a la cita para la entrevista con una enternecedora chuleta sobre su abuelo que ha confeccionado con los datos que le ha proporcionado su padre: «La verdad es que no sé mucho de mi abuelo. Él murió en 1961, cuando yo tenía un año; así es que no recuerdo nada de él. Me enteré de que era un hombre muy importante a los doce años o así, cuando comencé a estudiar cosas un poco más serias. Y cuando los amigos de mis padres y mis profesores me empezaron a decir: "¿Sabes que tu abuelo era muy famoso?"». Durante años, Ana sólo supo que su abuelo tenía que ver «con lo del hormigón». Después empezó a intentar enterarse de más cosas sobre él, «y ahora me gustaría muchísimo saber cómo era. Por ejemplo, sé que le gustaba mucho la música, como a mi padre. Y que le gustaba mucho leer, sobre todo poesía. A pesar de ser un hombre dedicado a un quehacer técnico, tenía una gran sensibilidad artística. Y bueno, de hecho, sus obras lo demuestran: la construcción del Hipódromo de la Zarzuela, por ejemplo, que a mí me parece muy bonita. Sé que Frank Lloyd Wright, que era muy amigo suyo, le consideraba el mejor arquitecto de su tiempo. Una cosa que me sorprende y que me gustaría saber es por qué se hizo ingeniero y no arquitecto. Se lo he preguntado a mi padre, pero no sabe la respuesta».

Cuando Ana empezó a ser famosa, las revistas se dedicaron a publicar su parentesco con Torroja: «Pero lo sacaron muy mal, lo sacaban sobre todo por lo del título de marqués de Torroja, diciendo que yo venía de la aristocracia y cosas de ésas. Y no, no tiene nada que ver. A mi abuelo le concedieron el título por sus méritos, de lo cual me siento muy orgullosa. Y mi padre mantiene el título porque para eso es su hijo. Pero todo esto no tiene ninguna relación con la aristocracia, y además el título se va a perder con mi padre, porque no pensamos mantenerlo».

Por su parte, Diego Hurtado, marido de la actriz Mary Carrillo y padre de las famosas Hurtado, también considera que la obra de Benavente ha de ser juzgada por el tiempo, y que sus herederos no pueden hacer nada al respecto.

Hurtado es un joven hombre de teatro de setenta años de edad. Su relación con Jacinto Benavente no es consanguínea, pues, como es sabido, el premio Nobel murió sin descendencia. Diego es el hijo mayor de Luis Hurtado, el secretario y heredero del escritor. La historia de Benavente y los Hurtado es la historia de un cariño familiar construido con el tiempo: «Yo conocí a Benavente en 1921 o 1922. Y en medio de tanta gente como uno conoce y olvida a lo largo de la vida, de él me acuerdo perfectamente, porque tenía unos ojos muy penetrantes». Fue en 1922, precisamente, cuando Benavente ganó el Premio Nobel: «Entonces su popularidad era tremenda, ibas por la calle con él y todo el mundo le saludaba o se daba codazos señalándole». Después la estrella de Benavente ha decaído y muchas veces sus sucesores le han tratado muy despectivamente:

—Benavente fue el dramaturgo más importante de su época; pero tuvo la suerte o la desgracia de agotar su talento en su época. Al morir su época murió él. A Valle-Inclán, por ejemplo, le sucedió al contrario: en su época fue un incomprendido y pertenece más a nuestros tiempos. También es verdad que todo escritor, todo artista muy célebre en su tiempo, atraviesa un período de misterio tras su muerte, un período que dura unos treinta años. Luego alguien le redescubre, hace una criba y lo saca de nuevo a la superficie, reconvertido ya en un mito.

En cualquier caso, suceda o no ese «redescubrimiento» de Benavente, Hurtado cree que él no tiene ningún papel que jugar en todo ello: «Benavente no me pertenece. Él tiene que abrirse camino en la oscuridad del porvenir, y nadie podrá ayudarle nunca en eso». Lo que le interesa a Diego Hurtado, lo que él valora, es su memoria. El recuerdo de tantos años, desde 1922 hasta 1954, fecha en que murió el escritor, en los que se desarrolló una estrecha convivencia. Todas esas comidas familiares, por ejemplo: «Teníamos que comer siempre con él, a la una y media en punto, porque si faltabas algún día lo tomaba a mal. Al principio íbamos nosotros solos, los hermanos y mis padres. Después, cuando crecimos, íbamos con nuestras mujeres; y después llevábamos a nuestros hijos». Eran comidas que duraban lo que dura un suspiro, apenas quince minutos, «porque no se hablaba prácticamente nada en la mesa, y entonces, sin hablar, se emplea muy poco tiempo en comer». Benavente estaba sordo y eso le hacía muy difícil la comunicación. Además, siempre fue un hombre solitario, «aunque le gustaba que hubiera gente en casa, le gustaba que llegáramos y entráramos a decirle: "Hola, padre, ¿qué tal está?". Todo el mundo le llamaba *padre*, en el teatro también».

José Echegaray es otro premio Nobel en el olvido. La decadencia de su antaño enorme prestigio es una prueba difícil de aguantar para las deliciosas hermanas Rivera de Echegaray, Rosa y Elisa, bisnietas del escritor:
—A Echegaray se le juzga hoy como autor teatral empleando los valores de esta época, y eso es injusto. Si juzgaran del mismo modo a Lope de Vega, sin duda les parecería ridículo. Y, además, hoy no se tiene en cuenta que Echegaray fue mucho más que un dramaturgo: a los veinte años era ya ingeniero; a los veintidós, catedrático; fue cinco veces ministro, en dos ocasiones de Hacienda, en tres de Fomento. Es injusto que hoy no se le valore como ingeniero, ni como hacendista, ni como fundador del Banco de España. Y todo esto sin sacar ni un duro de provecho, que así eran de íntegros algunos personajes de aquella época...
Lo dice Rosa, la mayor: setenta y siete años y aún hecha un pimpollo, guapa, elegante, muy activa. Rosa es soltera. Elisa, en cambio, es viuda: tiene setenta y tres años y unos cándidos ojos azules llenos de buen humor. Viven en un piso antiguo del barrio de Salamanca, allí donde el barrio empieza a perder su sello señorial y se cruza ya con el madrileñismo popular. Espejos, cornucopias, diminutas tazas de café de porcelana y una atmósfera de tiempo

detenido. Rosa es cajera de una tienda de regalos: sigue trabajando «porque a los viejos nos conviene trabajar, tenemos menos recursos que los jóvenes, es mejor llenar las horas». Elisa, ahora retirada, fue durante quince años la encargada de un taller de bordados. Ellas dos, junto con la hermana mayor, Ana, ya fallecida, han tenido que librar todas las batallas que conlleva el apellido. Han luchado contra editores desaprensivos que publicaron a Echegaray sin prestar la menor atención a los derechos. O han intentado reivindicar la memoria de su bisabuelo: «Por ejemplo, eso que dicen de que Echegaray era masón: ¡qué tontería! Hay una anécdota que él mismo cuenta en sus memorias que prueba lo contrario. Cuenta que un día, siendo él ministro, llegó un hombre a pedirle trabajo. Este tipo empezó a decirle a mi bisabuelo que debería hacerse masón, que era muy conveniente, que su posición mejoraría mucho, que los masones se ayudaban entre ellos, que era una influencia muy poderosa. Entonces mi bisabuelo le preguntó: "¿Pero es usted masón?". "Sí", contestó el otro. "Y entonces, ¿cómo es que viene usted a mí a pedirme un puesto?"».

Con Rosa y con Elisa he intuido, más que con ningún otro, el aroma de la nostalgia, la melancolía de un tiempo fulgurante que se fue. Aquí están las dos, mujeres modernas que viven en su tiempo, pero que se encuentran rodeadas por los objetos del pasado. Y por los recuerdos: «Yo tenía siete años cuando murió mi bisabuelo, y aún me acuerdo muy bien de él —explica Rosa—. Yo no me di cuenta de lo importante que era hasta que se murió. Recuerdo que era un hombre chiquito, menudo, de ojos muy vivos, muy azules, que siempre llevaba en los bolsillos caramelos de La Pajarita para darnos...».

La historia de los descendientes de los grandes personajes es también una historia de detalles mínimos, de domésticos recuerdos que morirán al morir los herederos. Es esa memoria de la cotidianidad, de la intimidad de las figuras públicas. Es ese puñado de caramelos de La Pajarita que dejarán al fin de salir del bolsillo de Echegaray cuando sus bisnietas ya no existan. O es el relato del empecinamiento del pintor Joaquín Sorolla, un hombre tan obsesionado por su arte que, cuando su hija María dio a luz a su primer nieto, se empeñó en que el chico se llamara Diego, «como Velázquez». Al final ganó el criterio de María, y el recién nacido fue bautizado Francisco: «Bueno —se resignó Sorolla—. No está mal; al fin y al cabo, es Francisco, como Goya».

Ese Francisco «como Goya» tiene hoy sesenta y ocho años y es el conocido arquitecto restaurador Pons Sorolla. Su padre era el pintor Pons, discípulo de Sorolla. Su madre, la hija del artista, también pintaba: «Por eso yo consideré que ya había suficientes pintores en la familia y me dediqué a la arquitectura». Pons Sorolla está en la actualidad retirado, tras una vida de trabajo intensa: «En mi servicio de restauración de ciudades histórico-artísticas hay invertidos diecisiete mil millones de pesetas en una valoración hecha con la peseta de hoy. Esto es algo que no tiene parangón, al margen de que haya a quien guste o a quien no guste el criterio de las restauraciones». Pons Sorolla vive en el bellísimo ático de un hermoso edificio moderno construido por él mismo y por Moneo. Una terraza que parece un jardín colgante babilónico, un perro pequeño y trotón, muchos cuadros de su abuelo; entre ellos, el muy conocido de los niños jugando a la orilla del mar.

—Mi abuelo murió jovencísimo, a los sesenta años. En realidad, se mató trabajando. Yo apenas tenía dos años cuando él murió. Y a pesar de eso debo de tener como unos siete retratos míos hechos por Sorolla, y uno de ellos conmigo vestido de Velázquez, claro está...

«Sorolla era un hombre muy exótico —prosigue Francisco Pons con fino humor—: Era una persona que hoy podríamos considerar absurda, porque dio su vida a la pintura, por una pasión digamos que insensata. Cuando mi madre se casó, por ejemplo, mi abuelo le dijo: "Muy bien, pero te tendrás que venir a casar a Jaca, porque ahora estoy trabajando allí, y si no vienes a Jaca no voy a poder asistir a tu boda". Y allí se casó, naturalmente». Pons Sorolla conoce bien a su abuelo, pero sobre todo lo conoce a través de su padre, de su discípulo: «Mi padre me hablaba del pintor; mi madre, del hombre». Ese conocimiento íntimo es el que le ha servido para ejercer con tino y autoridad su labor de experto en los cuadros de Sorolla: «Cuando yo perito sus obras, hay algo absolutamente clave: me siento intérprete de Sorolla, veo el cuadro y pienso: "Esto es algo que se le podría ocurrir o esto es algo que no se le ocurriría pintar nunca..."». Después, claro, viene el resto de las pruebas. Y a veces, incluso, ese fino instinto ha resultado equivocado: «Un par de veces me ha sucedido que unos cuadros que yo creía que no podían ser de él se han comprobado como suyos. Y eso es una satisfacción, es una felicidad, encontrar cuadros nuevos...».

Porque Sorolla pintó mucho, muchísimo. Quedan muchas obras perdidas por el mundo, obras cuyo paradero se desconoce por completo. Cada cierto tiempo aparece un cuadro nuevo que se atribuye a Sorolla. Entonces Francisco Pons ha de enjuiciarlo, definirlo, comprobarlo: «Claro, muchas veces tienes que vértelas con falsificaciones. Hay dos tipos de falsificaciones: aquellas que consisten en pintar un cuadro a la manera de un autor, y aquellos otros casos en los que algún listo ha cogido un cuadro de la misma época y lo ha firmado con el nombre de Sorolla. Estas últimas son las que más me indignan, sobre todo cuando el cuadro es bueno; porque entonces se está agrediendo a los dos pintores, al que lo hizo y a mi abuelo». Francisco Pons sabe que tiene un deber que cumplir para con su abuelo, «es una responsabilidad por la obra que se adquiere instintivamente, es como el destino». Y dentro de ese deber está la confección del catálogo del pintor, una obra ingente «que terminaré yo o mis sucesores». Hay que tener en cuenta que Pons Sorolla ha abierto más de cuatro mil fichas «para acuarela y óleo, es decir, para las obras de color». Eso y el Museo Sorolla, que él dirige («aunque el museo es en realidad obra de Clotilde, mi abuela, que era una mujer excepcional, el verdadero soporte de Sorolla»), conforman su destino de sucesor, de nieto.

Habla Pons Sorolla de la importancia de Clotilde en la vida de su abuelo. Tras el destello de estos hombres ilustres aparece a menudo el rastro de mujeres de brío. Mujeres excepcionales que, por el hecho de ser hembras, se quedaron en la trastienda de la historia, puras sombras. Como Zenobia Camprubí, la mujer de Juan Ramón Jiménez. Francisco Hernández-Pinzón, sobrino del poeta, la revive hoy con admiración al hablar de su tío. La recuerda en momentos felices, en Moguer, cuando él aún era un niño y acompañaba a Zenobia y a Juan Ramón en excursiones familiares a lomos de un flamante coche. Corría el año 1929, y era Zenobia la que iba al volante: automóvil y conductora, dos novedades para la época. La recuerda, en fin, en los trágicos momentos finales. Francisco Hernández-Pinzón se trasladó a Puerto Rico en dos ocasiones: acompañó la muerte de Zenobia, en 1956, y la de Juan Ramón, en 1958.

—Esa fama que tiene Juan Ramón de ser intratable no es cierta. Yo he convivido con él en la época más difícil de su vida, y puedo decir que no era así. Y eso que entonces estaba en plena enfermedad mental y pasaba por temporadas muy críticas. Él ya había tenido problemas antes, desde los diecinueve años, cuando murió su padre. Pero fue después, en 1954, cuando empezó lo peor. Enfermó de hecho antes que ella. Zenobia tenía cáncer. Había sido operada en Boston en 1951, y después, cuando Juan Ramón enfermó, ella se descuidó por cuidarle a él.

Juan Ramón estaba enfermo, sí. Profundas depresiones, manías. Creía que iba a morir cada noche y se negaba a afeitarse, a comer, a cambiarse de ropa. Cuando el cáncer se reprodujo, Zenobia no se marchó a Boston a consultar a su médico, sino que, para no abandonar a Juan Ramón, se dio radiaciones en Puerto Rico: «Y la achicharraron, la achicharraron totalmente. Cuando por fin fue en 1956 a Boston a ver al médico, éste comprobó que no tenía solución, que estaba abrasada. Y le dijo que regresara a Puerto Rico a recuperarse de las quemaduras». A morir, en realidad. Zenobia llamó entonces a Francisco Hernández, que pidió un permiso de tres meses y se fue a Puerto Rico. Desde el hospital, en la agonía, ella impartía las órdenes necesarias: convocaba ante la cama hospitalaria a su sobrino para decirle que debía cambiar a Juan Ramón de traje, o citaba al rector de la universidad para saber en qué situación iba a quedarse su marido, o sacaba adelante, en fin, la tercera antología poética. Fue en 1956 cuando el poeta recibió el Premio Nobel. Y fue ese mismo año, el 28 de octubre, cuando murió ella.

Francisco Hernández-Pinzón tiene sesenta y siete años y ha sido militar: «Dejé el Ejército en 1962; me acogí a la Ley de Destinos Civiles y estuve trabajando en el Ministerio del Interior». Es un hombrón grande de suave acento andaluz, abundante en carnes y de fina sensibilidad. Es un enamorado de la poesía de su tío —«al margen de que sea mi tío, me parece magnífica»—, y ha dedicado su vida a la propagación de la obra de Juan Ramón. A lo largo de los años ha ido editando opúsculos, comentarios, pequeñas selecciones de poemas, felicitaciones navideñas con versos inéditos de Juan Ramón y dibujos de Benjamín Palencia. Una copiosa colección de obritas delicadas y bien hechas que ha ido regalando y repartiendo con tesón y mucho amor.

—Cuando me hice cargo de todo esto, porque somos siete herederos, pero yo soy el representante, cuando me hice cargo, digo, fui perfectamente consciente de la responsabilidad que esto suponía. Sobre todo, con el problema que hay en España sobre Juan Ramón, porque es público y notorio que algunos de sus antiguos discípulos del 27, desde Aleixandre hasta Dámaso Alonso, pasando por Bergamín, han renegado de él. En España se ha intentado minimizar a Juan Ramón por todos los medios. Sé de un erudito, no voy a decir quién es, que ha dicho: «A Juan Ramón hay que dejarlo subido en el burrito». Mi labor, en fin, ha sido intentar dar a conocer al verdadero Juan Ramón, y fundamentalmente todo lo que tenía inédito, que era un material enorme.

Es una lucha callada y trabajosa, es un andar labrando Historia en el vacío. Francisco Hernández-Pinzón tiene una nieta de siete años llamada María. Hace unas semanas, un día mojado y gris, su maestra puso una redacción en clase sobre la lluvia para entretener el tedio de la tarde. La pequeña María sorprendió a todos con un poema: «La lluvia es paz, / la lluvia es amor, / la lluvia es alegría / [...]; / la lluvia es una sirena blanca, silenciosa y húmeda, / la lluvia es una estrella resplandeciente que envía amor, paz y alegría. / Me siento feliz cuando cae la lluvia. / Fin de la poesía». Quizá la pequeña María sea una prueba para aquellos que creen en el aún no comprobado peso de la sangre. Quizá la pequeña María sea el reinicio del ciclo, el rescate de los herederos de la gloria.

Riaño en vísperas de destrucción
23/11/86

Aún recuerdo las imágenes en blanco y negro del noticiario franquista que ponían en los cines antes de las películas, el No-Do de mi niñez, plagado de imágenes de Franco inaugurando pantanos (la dictadura construyó seiscientos quince embalses). Es cierto que esa colosal planificación hídrica combatió las sequías, consiguió fuerza eléctrica y reguló la agricultura, pero hoy la mayoría de los expertos consideran que los grandes pantanos tienen unos costes sociales y ecológicos inasumibles. Sea como fuere, esta tristísima historia del hermoso valle de Riaño es resultado de aquellos planes hidrológicos franquistas, con los abusos en las expropiaciones y los desmanes de caciquismo rural. Cuánto me he acordado de las personas a las que entrevisté para este texto. Aquel año llegó el frío y el invierno salvó a los vecinos; pero ocho meses después, en julio de 1987, el pueblo fue finalmente desalojado, demolido e inundado. Hoy, en el ventoso nuevo Riaño habitan cuatrocientas setenta y cinco personas, poco más de la mitad de las que había entonces.

En Riaño ya no hay médico titular, y es por eso por lo que llegó al pueblo hará unos cuatro años el doctor sirio con el que hoy cuentan; su antecesor español prefirió trasladarse a una plaza en la que su trabajo puntuase. El sirio vino pertrechado de entusiasmo, buenos propósitos y un castellano un tanto deficiente. Es un médico moderno y convencido de la eficacia de la medicina preventiva. Por eso y porque sabía que era difícil que los ancianos de su demarcación se desplazasen a Riaño para verle fue por lo que decidió pasar consulta una vez a la semana en los pueblos del valle. Así es que se presentó a los alcaldes de la zona pidiéndoles un lugar para llevar a cabo su trabajo, lo cual ya empezaba siendo problemático porque los únicos locales municipales, los ayuntamientos, permanecen habitualmente cerrados durante casi todo el año; se abren, como mucho, para tallar a los quintos, y el ayuntamiento real es la casa del secretario, adonde todo el mundo acude a buscar las partidas de nacimiento y demás papeles oficiales.

Así es que el alcalde de Pedrosa del Rey, un pueblecito a cuatro kilómetros de Riaño, le dijo al sirio que pasase consulta en el bar. Y eso hizo el médico. Iba al bar todos los jueves a las cuatro y media de la tarde y se encontraba allí a los viejos, esperándole. Hombres de más de ochenta años que acababan de almorzarse un contundente cocido montañés bien guarnecido de matanza, y que ahora aguardaban su visita tomando café y coñac y fumando un farias. Como el anciano Félix, que era un roble. Entonces el sirio les tomaba la tensión y obtenía unas cifras horripilantemente altas. «¡No beber alcohol, no fumar! —les chapurreaba, espantado—. ¡No tomar grasas, no comer cerdo!», insistía. «Y entonces, ¿qué vamos a hacer con el *gocho*?», le contestaban Félix y los demás, todos perplejos. El doctor aguantó la pelea durante algunos meses, y después no tuvo más remedio que rendirse y abandonar sus visitas preventivas, vencido por la nicotina y la panceta. El anciano Félix murió el año pasado, pero su hermano, que tiene noventa y dos años, vive aún y sigue subiéndose a los chopos para podarlos.

Así son los montañeses: gente sana, rotunda y cabezota. Un mundo aparte. En Riaño ya no hay médico titular, y tampoco veterinario oficial. Antes sí, antes había de todo, porque el pueblo era partido judicial, cabeza de comarca. Pero la aprobación de la presa, hace veintitrés años, condenó a muerte a la montaña. Desde entonces para acá, la vida ha sido un lento desangrarse. Cerraron el parador nacional, que había recibido las visitas de los reyes de Bélgica y de Suecia y de un Franco cazador, y que hoy apenas es un puñado de muros rotos. Quitaron la notaría de Riaño, y el juzgado, y el registro de la propiedad. Incluso se llevaron el instituto de enseñanza media, hará ya unos catorce años.

Hoy Riaño es un perezoso agonizante. Un moribundo, eso sí, conmovedoramente bello.

Primero está la estrecha garganta, herida por el descomunal muro de la presa; después se entra en el valle propiamente dicho, que se divide en dos ramales regados por los ríos Esla y Yuso. Huele a fuego de leña, y en los prados aún verdes pastan vacas de orejas peludas y manadas de caballos semisalvajes. Un circo de espectaculares picachos delimita el horizonte, con las laderas encendidas por el violento color cobre de las hayas. Riaño es una explosión de otoño, con una luz cegadora y esas sombras espesas, tan azules, que sólo se dan en la montaña.

—Esto es lo más bello del mundo. A mí lo que más me gusta del mundo es Riaño y la isla de La Palma —dice José Ricardo.

José Ricardo tiene treinta años y cuarenta vacas, «y pienso llegar hasta doscientas». El 80 % de los habitantes de la zona vive de la ganadería; antes el sector servicios era muy fuerte, pero con la decadencia ha desaparecido casi por completo.

—Yo no recuerdo que, de chico, mis padres me dijeran que Riaño iba a desaparecer bajo las aguas. Sabías lo de la presa, pero vivías sin tener eso en cuenta —explica José Ricardo.

No podían creérselo. No se lo creen ni tan siquiera hoy, estando tan amenazados como están. Tan sólo uno de los habitantes de las veintitrés primeras casas condenadas a inminente derribo ha trasladado sus vacas y sus enseres a otra parte. Los demás siguen ahí, ahogados de zozobra, pero aferrándose a las rutinas, y si llega la piqueta encontrará las camas recién hechas y el desayuno humeando en la mesa, como siempre. No pueden creérselo porque este tipo de catástrofes son difíciles de comprender racionalmente. ¿Cómo admitir que mañana no existirá tu casa, ni tus calles, ni los campos en los que jugaste cuando niño, los árboles que plantó tu padre, el paisaje que siempre conociste, esas tierras, esos caminos, esas rocas que parecen inmutables? ¿Cómo asumir que tu mundo va a desaparecer y tú vas a seguir viviendo? Son cataclismos que no caben en la imaginación.

—Si inundan esto yo ya no seré ni leonés, ni español, ni nada.

Lo dice José Ricardo, pero lo repiten muchos otros jóvenes.

—Romperé mi carné de identidad —juran sombríamente, y luego añaden—: Pero no puede ser, no pueden inundarlo.

En el municipio de Riaño hay censadas ochocientas personas, pero, a juicio del alcalde, vivirán permanentemente unas quinientas. A éstas hay que añadir la población de los otros ocho pueblos que caerán bajo las aguas. En total serán unos mil afectados. Y muchos de ellos son jóvenes, hombres y mujeres menores de treinta años que no vivieron la negociación de las expropiaciones, que no recibieron indemnización alguna. Ellos son los más activos en esta lucha contra la presa. Ellos fueron quienes montaron la Comisión de Afectados de la Comarca de Riaño (Cacor) hará tres años. Tienen muy claro que no quieren irse, y están dispuestos a dar la batalla hasta el final.

Y no sólo porque no fueron indemnizados, sino fundamentalmente porque son más cultos y están más preparados. Muchos de ellos son universitarios, han vivido en León o en Madrid, han estudiado una carrera. Riaño era un pueblo rico: en 1966, cuando empezaron las obras, poseía una renta per cápita apreciablemente superior a la media nacional. Es decir, que no necesitaban las indemnizaciones. Y además luego llegó el goteo de los pagos, que en muchos casos fueron insuficientes y demasiado fraccionados como para establecer una nueva vida en otra parte, pero que sin duda ayudaron a costear unos buenos estudios a los chicos. Ironías del destino: así se gestó una nueva generación, la aparición de estos jóvenes que hoy, veintitrés años después, son lo suficientemente sabios como para comprender que pueden luchar por sus derechos.

Las indemnizaciones, sí, ése es el problema. Que las han cobrado. Que las casas en las que viven, sus hogares, no son suyos. Y tampoco los campos, ni los prados comunales. Que todo Riaño, a excepción de las aceras, es legalmente propiedad de la Confederación Hidrográfica del Duero. Y cuando los afectados protestan siempre hay alguien que les echa en cara el haber percibido unas indemnizaciones que, entre los nueve pueblos, ascienden a los tres mil seiscientos millones de pesetas. Pero esto, el asunto de los cobros y de los pagos, lo explican muy bien Luis Rodríguez, portavoz de Cacor, y el veterinario Porfirio.

Luis y Porfirio tienen veintiocho y veintinueve años y son naturales de Pedrosa del Rey y de Vegacerneja, respectivamente, dos de las localidades condenadas a las aguas.

—Es que entonces, en 1966, en época de Franco, nadie se atrevía a oponerse —explican—. Te caía una expropiación encima y ¿qué ibas a hacer? Además, todos tenían muy presente lo que había sucedido en el pantano de Porma, que sacaron a la gente de las casas a punta de cañón y muchos de ellos ni tan siquiera cobraron un duro.

No cabía negarse: si te resistías a la expropiación, simplemente te tasaban tus propiedades y te ingresaban el dinero en la caja de depósitos. De modo que perdías tus bienes aunque no quisieras. Y, puestas así las cosas, casi todos quisieron. Para negociar las indemnizaciones, los notables de Riaño formaron una comisión a la que se adhirió el 90% de los afectados. Una comisión que «cometió muchas irregularidades», según dice hoy el alcalde de Riaño, Guillermo Hernández, de AP y con treinta y seis años. Una comisión gobernada por los caciques, según explica todo el mundo. Hubo gente que cobró mucho y otros que recibieron cantidades irrisorias.

Los guardias civiles destacados en Riaño, el médico, el cura, el procurador: todos ellos percibieron indemnizaciones, aunque su estancia en el valle era un simple destino y fueron trasladados después a otro trabajo en otra parte. Pero hubo gente como M., un ganadero de cincuenta y cinco años que prefiere silenciar su nombre, que recibió la irrisoria cantidad de ocho mil doscientas pesetas.

—Se pagaba sólo al cabeza de familia —cuentan Luis y Porfirio—, y eso es especialmente grave en familias rurales como éstas, que tienen muchos hijos y en las que todos trabajan en el cuidado de la tierra y de los animales. Además, los cobros se percibieron de forma fragmentada y con un retraso de años, en una época en la que la inflación ascendía vertiginosamente. Aun así, muchos se fueron; en la comarca apenas si queda hoy la tercera parte de sus habitantes. Pero otros, aun queriendo irse, no tuvieron nunca suficientes recursos económicos para hacerlo.

Son los que hoy quedan en el valle de Riaño. Ésos y los que siempre se resistieron a marcharse. Ésos y los jóvenes que han vuelto, como Luis Rodríguez, el portavoz de Cacor.

—Yo supe desde siempre que mi pueblo no tenía futuro. Mi padre era ganadero, y a mí lo que me gustaba de pequeño era eso, la ganadería. Pero mi padre quería que yo estudiase una carrera, y, por otra parte, no me atrevía a plantearme la vida aquí por el miedo a que todo esto desapareciera. Así es que estudié Filosofía y Letras. Pero hace tres años, cuando terminé la mili, decidí que me venía a casa, que lo que yo quería era trabajar con los animales. Y ahora estoy aquí y tengo quince vacas. Las compré con un crédito personal porque los bancos ya no conceden ningún crédito agrícola ni oficial a la gente de Riaño. Económicamente me va mal, estoy pasando muchos apuros, pero esto me encanta. Mi padre se ha trasladado recientemente a Madrid y tiene allí una tienda; yo podría irme a trabajar con él, pero no quiero. No quiero vivir en Madrid; no me gusta esa agresividad, esa competitividad, la vida solitaria y crispada de la ciudad. Yo aquí soy alguien, soy Luis el de Pedrosa. Cuido de mis quince vacas. Y soy feliz.

Lo mismo le sucede a Porfirio, el veterinario. Porfirio tiene ofertas de trabajo fuera de la comarca, con mejores condiciones económicas. Pero prefiere estar aquí, en su casa, en su tierra:

—A veces he pensado en la posibilidad de que nos desalojen, y es un pensamiento oscuro; para mí es como pensar en la muerte. No es una muerte física, pero sí es la muerte del tipo de vida que has escogido, de tus ideales, del mundo que quieres vivir.

No todos pueden escoger, sin embargo, como hacen Porfirio y Luis. Para muchos, Riaño no es sólo su raíz y su centro emocional, sino también su único recurso. Es lo que le sucede a la señora C., que vive en una de las veintitrés casas por las que va a pasar el viaducto y que están pendientes de demolición. La señora C. tiene cuarenta y seis años, un marido, dos hijos veinteañeros y un hermano soltero. Los cinco viven juntos en ese caserón de piedra amenazado, los cinco trabajan como ganaderos con las quince vacas familiares. Y ahora no comen, no duermen, no respiran desde que recibieron la primera carta con la amenaza de derribo:

—He llorado todo lo que se puede llorar, y aquí estamos, que no tenemos ni ganas de vivir. Dicen que cuando vengan nos lo van a romper todo —explica C. temblorosamente, tan asustada que ni siquiera quiere que aparezca su nombre.

Arriba, en lo alto de una loma pelada, expuesta a todos los fríos y los vientos, hay una explanada en donde se está construyendo el nuevo Riaño. Las parcelas están en venta; se está edificando ya el Ayuntamiento y el cuartel de la Guardia Civil, y hay más de setenta viviendas oficiales en proyecto, unas casas que presumiblemente saldrán baratas. Pero por ahora aquello es un ventisquero desolado. En una esquina se alinean diez viviendas prefabricadas, unos deprimentes barracones que esperan a los desalojados por las obras del viaducto. La señora C. pone los ojos en blanco cuando escucha hablar de ellos:

—Yo no he entrado a verlos, no he querido, pero mi hija sí ha estado y dice que son horribles. Y no sé además cómo vamos a sobrevivir ahí cuando estemos a veinte grados bajo cero... Y las vacas, ¿dónde vamos a meter las vacas? Ay, Dios mío.

Porque en los barracones no hay chimenea en donde hacer una *chosca*, la lumbre habitual de los largos inviernos. Y tampoco hay establos ni lugar donde meter al ganado, naturalmente. Por otra parte, el nuevo Riaño carece de pastos para el ganado: las praderas quedarán sepultadas bajo las aguas.

—Y como no quedarán tierras, lo único que pueden hacer es intentar roturar el monte —explica José Ricardo—. Me temo que roturarán el monte para sacar pastos, y entonces se cargarán el bosque y acabarán con El Oso.

José Ricardo habla siempre de El Oso, con muchas mayúsculas. El Oso es un tótem de la comarca, un animal legendario y mítico, casi sagrado. Porque Riaño es una de las escasas reservas de osos que hay en la Península: ahí sobrevive una decena de los cincuenta ejemplares que nos quedan. Aquí están el oso y el urogallo, dos especies en peligro que han hecho que los ecologistas salgan en defensa de Riaño. Pero en la comarca hay más, muchos más animales: rebecos, zorros, lobos, venados, jabalíes... Y truchas, miles y miles de truchas en los ríos.

Así es que José Ricardo, mientras puede, se va a ver El Oso. O a intentar verlo, en compañía de unos biólogos que han puesto un collar emisor a uno de los ejemplares de la zona. José Ricardo tiene ahora más horas de ocio, está «más descuidado», porque con buen clima mantiene sus cuarenta vacas en un valle cercano y, aparte de segar la hierba, cuenta con mucho tiempo libre. En invierno, cuando llegan las primeras nieves, se trae a los animales a Riaño, y entonces sí, entonces hay que levantarse muy temprano, y encender la lumbre, y marchar al establo a atender las vacas, cebarlas, poner a mamar a los jatos, todo eso. Luego, cuando la casa ya está caliente, levanta a una hermana discapacitada de quien cuida. José Ricardo tiene treinta años y se licenció en Historia de América. Pero cuando sus padres murieron regresó al pueblo para hacerse cargo de la hermana. Y de las vacas, de sus bonitas y orejudas pardas alpinas, la raza más común de la zona, aptas para leche y para carne. Aunque ahora José Ricardo quiere mejorar de ganado y adquirir carreñas o charolesas, que son muy buenas.

Tiene muchos proyectos, José Ricardo. Todos tienen proyectos, como si la condena a muerte que pende sobre Riaño fuera una aberración de imposible cumplimiento, un mal sueño.

—Si inundan esto yo rompo el carné de identidad —repite José Ricardo.

Y en otras ocasiones asegura que, si le desalojan, agarrará su vaca Rabona y su burro Rosal y se irá caminando, «pam, pam, pam, hasta Hendaya. Y cuando me digan: "¿Adónde va usted?", yo responderé que a Francia, porque no quiero seguir en España...».

«Todos intentamos vivir lo más normalmente que podemos», explica Pedro Alonso, de veintiocho años y también licenciado en Historia, mientras cuida de la tienda familiar, un antiguo y oscuro local en el que vende de todo, desde zapatos a sartenes —«es como El Corte Inglés, pero de pueblo»—. Pero vivir con normalidad en Riaño es muy difícil.

—Mira el abandono en que está todo: las calles sin asfaltar, los edificios cayéndose... —dice Pedro—. Recuerdo que, de pequeño, cuando salía de Riaño me sorprendía ver que en los otros pueblos construían casas, casas nuevas. Aquí no se ha construido nada desde hace veinte años.

La decadencia va metiéndose en los huesos del pueblo poco a poco, es una ruina gris y vergonzante que crece como un moho. Los comercios se deterioran y no se renuevan, los techos se agujerean, las hermosas balaustradas de madera labrada se comban y se pudren, los establos se hunden, los muros se desconchan, los miradores de cristales policromos pierden sus vidrios. Visto desde arriba, desde las colinas, este Riaño de tejados apretados y chimeneas humeantes es como un belén entre montañas de corcho; visto desde dentro, desde sus calles solitarias, sin neones, sin edificios nuevos, sin cafeterías, Riaño posee una belleza inquietante y melancólica: es un pueblo encantado al que un sortilegio ha impedido evolucionar en los últimos veinte años. Y no es sólo eso: son también las incomodidades, es la afrenta de tener que desplazarse para todo a Cistierna, a una treintena de kilómetros, cuando Riaño siempre fue el centro de la comarca.

Los niños, por ejemplo. Ahora han cerrado todas las escuelas de los pueblos menos una, y los niños tienen que ir a clase a Riaño, atravesando el valle en el feroz invierno. Y la situación empeora cuando los chavales terminan octavo de EGB; desde que quitaron el instituto, los chicos que quieren estudiar BUP han de irse a residir de forma permanente a León, con los gastos que ello conlleva, o bien coger todos los días el coche de línea y desplazarse a Cistierna. Y llegar a Cistierna en los meses fríos no es cosa fácil: los chavales han de esperar el autobús a pie de carretera, a las siete y media de la mañana, sin protección alguna contra el clima endiablado.

Puede que el coche de línea llegue a tiempo o puede que haya que esperar un largo rato. Y después queda aún ir hasta Cistierna, recorrer con bien esos treinta kilómetros de carretera estrecha y sinuosa, mordida por los acantilados y peligrosamente helada. Para luego repetir la aventura al regresar a eso de las ocho de la tarde. Sí, estudiar BUP siendo de Riaño es una proeza verdaderamente meritoria.

—El año pasado nevó tanto que nos quedamos cuatro días completamente aislados. Y no te digo cómo lo pasas cuando te da un dolor de muelas en invierno. Porque antes teníamos dentista, pero ahora... De 1976 a 1983, las obras de la presa estuvieron paradas. Bueno, los de la Confederación venían en verano y movían unas cuantas piedras, porque la ley dice que si se abandona un proyecto para el que se han expropiado unas tierras, automáticamente comienza el proceso contrario, que es la reversión. Pero se hacía tan poco que en aquel entonces los de Riaño estaban convencidos de que la presa no se acabaría nunca. Tuvieron que llegar los socialistas al poder para que los trabajos recomenzasen vertiginosamente. Y eso que los socialistas, siendo oposición, se habían mostrado contrarios a que el valle se anegara.

—Sólo saldremos de aquí cuando el agua nos llegue a la barbilla...

Se supone que la presa va a regar más de ochenta mil hectáreas del Bajo León, Valladolid y Zamora. Y los de Riaño no se oponen a los riegos; se oponen a la política de pantanos, que consideran arrasadora y errónea. Han presentado un proyecto alternativo de riego, con aprovechamiento de las aguas subterráneas, que no ha recibido respuesta de la Administración.

—Además está por ver que rieguen esas tierras que dicen con el pantano de Riaño. Cuentan que para 1987 se embalsa y que para 1988 se riega, pero todavía no han construido absolutamente nada del sistema de regadío; pueden pasar veinte años antes de que el agua llegue a los campos. ¡Pero si los riegos acaban de salir a concurso ahora, en el pasado mes de junio!

Lo dice Luis Rodríguez, el portavoz de Cacor, pero lo podría decir cualquier otro de los afectados de la comarca, porque todos ellos ofrecen las mismas explicaciones: se ve que es un tema que han discutido a lo largo y a lo ancho en las asambleas del pueblo. Y así, todos están convencidos de que en el empeño del Gobierno por terminar el embalse hay algo más.

—Creemos que el agua de Riaño va a ser utilizada para servir de reserva y regular otros embalses de la Confederación, embalses que sirven para la producción de energía eléctrica, no para riego —explican.

O bien:

—Este proyecto es una compensación a la Confederación por la paralización de las obras de Lemóniz.

Y así empezó la lucha. Antes ya había habido conflictos. En marzo de 1974 hubo un primer intento de desalojo, y los vecinos se opusieron aduciendo que aún no se habían pagado todas las indemnizaciones, cosa que era cierta. Pero aquello eran escaramuzas parciales. Es ahora, al compás de los nuevos tiempos, con más información, con argumentos y un convencimiento verdadero, cuando la gente ha empezado a soñar con la posibilidad de paralizar el proyecto.

La movilización comenzó a articularse en 1983, al reinicio de las obras. Y en estos últimos años, los montañeses han ido aumentando su rabia y su compromiso. Vinieron los ecologistas. Vinieron los integrantes de la Coordinadora Leonesa para la Defensa de los Valles. Y empezaron a llegar los periodistas. Una fría madrugada de marzo de 1984, diez jóvenes de la Coordinadora Leonesa se descolgaron por el muro de la presa, y allí, sostenidos por cuerdas de cien metros, escribieron la palabra «demolición», enorme y primorosamente rotulada.

Luego empezaron las manifestaciones, y las pintadas en el pueblo, y se publicó el manifiesto de intelectuales y artistas por la salvación de Riaño, con las firmas de Caro Baroja, Cristóbal Halffter y Jesús Torbado, entre otros. Y al fin llegó también la lucha física, las batallas campales contra la Guardia Civil. La primera fue en el pasado mes de mayo, cuando derribaron dos casas de Vegacerneja, desalojaron a una anciana de noventa años y detuvieron a ocho paisanos de la comarca. Y la segunda y más sonada fue el 28 de octubre, cuando los vecinos de Riaño se metieron en unas zanjas que estaba abriendo la Telefónica y los antidisturbios de la Guardia Civil los sacaron a palos.

—Aquello parecía la guerra. El pueblo estuvo tomado desde la mañana por los antidisturbios. No se permitía la libre circulación... Y, fíjate, después el juez ha dictado un interdicto y ha paralizado las obras de la Telefónica, así es que nuestra actitud al meternos en la zanja era la legal, y los ilegales fueron los guardias civiles que nos sacaron a palos. Varios vecinos y vecinas quedaron marcados con los moretones de los golpes.

José Ricardo, que fue detenido, «y me pegaron después de haberme esposado», muestra aún en sus muñecas el rastro de las heridas que le produjeron los grilletes.

—Y tenemos miedo, tenemos miedo porque hasta ahora hemos controlado a la gente, pero el día de los palos tuvimos que detener a un hombre que salía de casa con una escopeta de caza. Se cegaron al ver que estaban pegando a sus mujeres —explican los de Cacor.

—Estoy dispuesta a devolver el dinero, desde luego que sí. A mi padre le dieron trescientas sesenta mil pesetas por este caserón de piedra de dos plantas, por las cuadras y por todo; o sea, una cantidad ridícula —dice la señora C., agobiada bajo el peso de la orden de derribo inminente.

Sí, están dispuestos a devolver el dinero, a plazos o como puedan, con tal de salvar el pueblo. Pero es una oferta utópica, porque muchos vecinos de la comarca ya se han ido, se han establecido en otra parte, y es de suponer que la mayoría de ellos no querrán restituir lo cobrado. Es una situación difícil. Una dificultad agravada además por problemas de fondo.

Resquemores profundos, antiguas suspicacias. Los que percibieron una indemnización pequeña alimentan un viejo rencor hacia aquellos que acapararon la comisión negociadora y sacaron tajada. Los que cobraron y se fueron contemplan con irritación y envidia la posibilidad de que la presa se pare, o incluso la eventualidad de que los residentes en el valle reciban ahora más dinero. Los partidarios del nuevo Riaño están enfrentados a los que aseguran que ese núcleo artificial no tiene futuro y que ellos no se quedarán en esa loma pelada a contemplar, para siempre jamás y allí abajo, el cadáver embalsamado en agua de su pueblo.

Desde la expropiación no se respetan como es debido los límites de los antiguos campos, y algunos ganaderos de la comarca meten sus vacas a pastar en las tierras de los que se fueron, a veces sin pagar nada al antiguo propietario. Lo irregular de la situación en la que viven ha ido emponzoñando el ambiente con sucesivas capas de veneno. Y, por si fuera poco, a todo esto se suman las añejas rivalidades rurales, remotos agravios que no tienen nada que ver con la presa: Riaño cultiva un sordo resquemor contra Cistierna, que siempre fue la localidad rival, y los habitantes de los ocho pueblos del valle desconfían de Riaño, la «capital» de la comarca, a la que achacan un talante desdeñoso y despótico. Y así están, instalados en la precariedad, apurando cada día como si fuera el último y esforzándose en mantener las esperanzas.

Desde 1976, todos los mapas de carretera muestran un Riaño inundado por las aguas, un pantano que el papel da por hecho y que aparece pintado en un azul fatídico.

—A veces te tranquilizas un poco y piensas que no puede pasar nada, que es imposible que todo esto desaparezca. Pero al instante siguiente empiezan de nuevo los rumores: que si van a venir, que si van a derribar, que si desalojan, y te hundes otra vez en una angustia horrible —explica la veinteañera Marta, que trabaja en un hostal propiedad de su familia.

Así están, carentes de futuro, en la frontera con la nada, viviendo unas vísperas de destrucción interminables. Los viejos de la zona, esos ancianos contra los que no pudieron nada las grasas de cerdo y los apestosos farias, pueden morir ahora, de desgarramiento, cuando su pueblo muera.

—Si empieza el mal tiempo ya no podrán venir, ya no podrán hacer nada. Si empieza el mal tiempo estamos salvados de momento —explica esperanzadamente Marta.

Y se asoma a la puerta del hostal para otear el cielo y los picachos. Para ver si el invierno baja al fin de la montaña.

La lucha por la supervivencia
26/07/87

De la vida alucinante de Osel Hita Torres, el niño granadino a quien, a los dos años de edad, el dalái lama reconoció como reencarnación de un importante lama tibetano, se hizo en 2022 una serie documental de HBO. Cuando escribo estas líneas (2023), Osel tiene treinta y ocho años. Tras pasar toda su infancia estudiando entre ocho y dieciséis horas al día, a menudo textos en tibetano, al alcanzar la mayoría de edad abandonó el monasterio y se fue a ver mundo. Hizo de todo: desde vivir la Ibiza de la discoteca Pachá o deambular por Venecia durmiendo en la calle hasta retomar los estudios en importantes centros educativos de Suiza y Canadá. Hoy es padre, tiene una empresa de activismo medioambiental y parece haber encontrado su lugar en el mundo entre ambas culturas. En cuanto a mí, de aquel reportaje guardo en la memoria un amanecer en un templo en McLeodganj, a media ladera de los Himalayas, asistiendo a los rezos matinales de los monjes y escuchando el sonido ancestral de las trompas de tres metros de longitud, de las campanillas y las flautas de hueso, junto al retumbar de unos tremendos tambores que hacían que te vibraran las entrañas. Es uno de los recuerdos más hermosos y emocionantes de mi vida.

Shangri-La no existe, ya no hay paraísos. Cuando llegamos a McLeodganj, el asentamiento tibetano al norte de la India en donde reside el dalái lama, las calles del minúsculo pueblo estaban empapeladas con carteles que anunciaban cursos en ordenadores. Desde luego que para llegar a Dharamsala y McLeodganj hay que recorrer un camino largo y fatigoso, horas de conducción por una carretera maltrecha e interminable; y también es cierto que el entorno resulta imponente, con las casas trepadas a las faldas del Himalaya, los picos nevados asomándose desdeñosamente por los cielos y decenas de monos brincando en la espesa vegetación de las laderas. Pero el pueblo no conserva el aroma de lo remoto y su exotismo es más bien cosmopolita.

McLeodganj es una aldea compuesta por tres calles, dos de ellas sin asfaltar, y está llena de tiendas, puestos callejeros y pensiones costrosas. Es un rastrillo abigarrado en el que se vende de todo, desde antiguas artesanías hasta la cazadora vaquera más moderna. Los cinco mil refugiados tibetanos que residen en la zona de Dharamsala-McLeodganj viven fundamentalmente del turismo. Del turismo interior, porque los indios acuden a Dharamsala como peregrinos, o para consultar a los célebres médicos tibetanos, o bien huyendo del bochornoso calor de las tierras bajas. Y del turismo exterior, porque los occidentales llegan a decenas atraídos por el reclamo del budismo, para participar en las múltiples enseñanzas o meditaciones que, a modo de ejercicios espirituales, se celebran en los centros religiosos de la zona, o bien para tontear con la fascinación de una cultura tan distinta y antigua como la tibetana.

Y así, las tres calles del pueblo muestran una mezcla fantástica de mundos, con monjes de túnica azafrán y cabeza pelada, mujeres de largas y elaboradas trenzas, jóvenes tibetanos vestidos de rockeros y occidentales vestidos de destrozones; esto es, como de hippies sacados de un museo. Y no sé qué resulta más chocante: si el hecho de que haya un vendedor de palomitas de maíz junto a la *stupa* o templo en donde un anciano monje hace girar los ancestrales molinillos de oración, o bien el encontrarse con esos chicos y chicas apenas veinteañeros y que, sin embargo, parecen haber salido directamente de la contracultura de los años sesenta, con sus pelos largos, sus pantalones rotos, sus abalorios anudados al cuello y un temblor de Oriente en la mirada propio de quien acaba de descubrir que la India existe.

Ahí están, reunidos en el café Shambala, que es el más occidentalizado del pueblo, escuchando viejas músicas de Pink Floyd y Cat Stevens como si McLeodganj fuera el túnel del tiempo. Aunque Tashi Wangdi, representante del dalái lama en Nueva Delhi, explique que el fenómeno del hippismo está definitivamente en retirada: «Hubo unos primeros años en los que las religiones orientales se pusieron de moda en Occidente de una manera bastante superficial y apareció un aluvión de sectas y gurús; pero hoy esa etapa ya ha pasado, y ahora el contacto intercultural se está realizando, a un nivel más profundo, entre profesores, intelectuales y estudiosos».

McLeodganj es la capital del Tíbet en el exilio, el centro burocrático y político de la *resistencia*. Todo empezó en 1959, cuando cien mil tibetanos atravesaron a pie, y en condiciones extremadamente penosas, las congeladas alturas de los montes Himalaya huyendo de la represión del Ejército maoísta. El resto de los habitantes del país —seis millones— permanece desde entonces en un Tíbet gobernado e invadido por China. Aunque algunos de los paupérrimos refugiados fueron a Nepal y otros se repartieron por

Europa, la mayoría se quedó en la India, hospitalariamente acogidos por las autoridades, pero en una situación económica y social calamitosa. «Al principio —explica Wangdi— creíamos que íbamos a regresar pronto al Tíbet, que en poco tiempo conseguiríamos la independencia. Pero ahora, pasados ya veintiocho años, sabemos que es necesario construir una buena base en el exilio para poder aguantar incluso generaciones sin que nuestra cultura se deteriore».

Lo más pasmoso de los tibetanos es que no te hablan del hambre de sus gentes, sino de tradiciones y cultura. «Estamos asistiendo a la trágica y desesperada lucha por la supervivencia de un pueblo que se está extinguiendo», dice Gareth Sparham, un canadiense de treinta y nueve años, doctor en sánscrito por una universidad de Vancouver y monje budista desde 1979. Como es habitual dentro de la mecánica de invasores e invadidos, China parece haber hecho todo lo posible por diluir las señas de identidad tibetanas y, entre otros métodos, ha arrasado los monasterios budistas. Porque la cultura tibetana está inseparablemente relacionada con el budismo, del mismo modo que la cultura medieval pasaba por la escolástica.

Hasta 1959, el Tíbet se mantuvo encerrado en sí mismo y conservó un sistema feudal asombrosamente intacto. El dalái lama era la cabeza política y religiosa del país, y por debajo de él había decenas de señoríos regidos por nobles laicos o bien por monjes, los lamas-abates de poderosísimos monasterios, dueños de tierras y de siervos. Y era en estos centros religiosos donde se atesoraba el conocimiento, exactamente como en la Europa medieval. Mantenidos por el resto de la sociedad, los monjes se dedicaban al saber y al estudio; esto es, al budismo, que, más que una religión, es una filosofía, un compendio de conocimientos tan complejo que, para recorrer el camino del saber, los monjes han de emplear la vida entera. De ahí que la edad para entrar al monasterio sea temprana, entre los ocho y los diez años, «porque, de empezar más tarde, no hay tiempo para aprender todo lo que hay que aprender». Y de ahí también que la cultura tibetana sea, en cierta medida, tan frágil, porque la represión china y las dificultades del exilio han roto la línea disciplinar de estudio, y algunas escuelas budistas pueden haberse perdido para siempre.

Por lo demás, parece claro que el Tíbet tradicional no podía seguir siendo como era: una sociedad congelada en el tiempo, explotadoramente feudal e inmovilista, como se puede advertir en el delicioso libro *Daughter of Tibet* (*Hija del Tíbet*), de Rinchen Dolma Taring, una aristócrata de setenta y siete años, hoy exiliada, que fue la primera tibetana que aprendió inglés. El volumen es una minuciosa descripción de la vida cotidiana, pero parece un relato de ficción científica: tan exótica y asombrosamente distinta es la sociedad que describe, tan imposible de creer en pleno siglo XX. Los refugiados llaman a McLeodganj «la pequeña Lhasa», en un rapto de nostalgia por la antigua capital; pero leyendo a Dolma se percibe el abismo que separa ambas realidades, la pérdida de ese Tíbet hiperbólico y suntuoso, de las grandes ceremonias del Potala (palacio del Dalái), los palios incrustados de topacios, el refinamiento de los nobles, la sobrecogida y subyugada admiración de los siervos de la gleba, la pompa y el rito casi bárbaros. Y McLeodganj, en cambio, es un asentamiento austero, pobre y funcional.

El actual dalái lama, que es hombre innovador y de mentalidad abierta, estableció en 1962 una asamblea de gobierno compuesta por once miembros que son elegidos por votación democrática cada tres años; y en 1963 se promulgó una Constitución que acaba con la servidumbre y declara que todos los tibetanos son seres libres e iguales. En veintiocho años están pasando del señorío feudal al ordenador, un tránsito que a otras sociedades les ha llevado siglos. Ya lo dice Sonam Topgyal, secretario de información de Dharamsala: «A mí me entristece, naturalmente, que nuestra tierra haya sido invadida por los chinos. Pero es cierto que en el antiguo Tíbet había muchas cosas que estaban mal, y en el exilio todo eso ha cambiado radicalmente. Cuando consigamos la independencia y volvamos a nuestro país, el nuevo Tíbet será probablemente mucho mejor». Así es que, y en armonía con la doctrina budista, se podría decir que la invasión china es cosa del karma o ley de causalidad —es decir, que estaba escrito—, y que el Tíbet puede mejorar, aunque traumáticamente, a través de ello.

Porque, desde luego, el trauma ha debido de ser inmenso. La mayoría de los exiliados tibetanos se agrupa en los asentamientos al sur de la India. Monjes de los tres monasterios más grandes e importantes del Tíbet —Drepung, Sera y Ganden— fueron concentrados, en un primer momento, en Buxa, un campo de refugiados en mitad de la selva, en donde pasaron más de diez años en condiciones lamentables. Nacidos en las montañas, los monjes caían diezmados por el insalubre trópico, por la tuberculosis, la subalimentación y la disentería. Tan agobiantes eran sus condiciones de vida que unos cuantos llegaron a ahorcarse, aunque, según la doctrina budista, un suicida no volverá a encarnarse en un ser humano durante quinientas existencias. Al fin, y convencidos ya de que el exilio iba para largo, los monjes fueron redistribuidos en 1971 con ayuda del Gobierno indio. Los grandes monasterios fueron divididos e instalados separadamente; la India concedió dos acres de terreno por cada tres monjes, y éstos empezaron a cultivar la tierra para sobrevivir. No tenían ningún conocimiento de agricultura, y mucho menos de una agricultura que había de mantenerse en lucha contra la invasora jungla, contra las hordas depredadoras de cerdos salvajes y de monos que destruían las cosechas. Carecían además de medios e infraestructura, hasta el punto de tener que uncirse ellos mismos al arado por falta de animales de tiro. Los primeros años fueron atroces.

Para mayor caos, los refugiados seglares del sur de la India vivían —y viven— en condiciones aún más miserables que los monjes, y por ello empezaron a mandar masivamente a sus hijos a los monasterios. Pero ahora no los envían con ocho años, como era lo habitual en el Tíbet, sino a los cuatro o aún más pequeños, empujados por la necesidad y el hambre. «Para los monasterios es un quebranto el tener niños tan chicos, no está dentro de las normas, pero los monjes se ven moralmente incapaces de rechazarlos», explica el venerable Gelek Yuthok, diputado del Consejo Religioso del Dalái, y que, a pesar de su venerabilidad —tratamiento honorífico obtenido tras pasar duros exámenes—, es un joven y lúcido monje veinteañero.

Sea como fuere, los monasterios están llenos de niños pequeños; cada uno de ellos es asignado a un monje adulto, que no sólo hace las veces de su tutor, su padre y su maestro, sino que además se ve obligado a compartir habitación y comida con el crío. Porque estos niños no tienen derecho a recibir alimentos de la cocina común, ya que aún no trabajan en el campo y no se ganan su comida. De modo que el monje ha de partir con ellos la miseria que le corresponde, una ración cada día más pequeña, porque la tierra es siempre la misma y los monjes se multiplican sin cesar. Un té por la mañana, un pan aplastado al mediodía y una sopa de pasta por la noche componen la pobre dieta, con sus secuelas de desnutrición general, avitaminosis y raquitismo. El Gobierno en el exilio anda buscando donaciones particulares para alimentar a sus monjes y subvenciona los monasterios con todo lo que puede, que es bastante poco. Así, y en un tiempo histórico inapreciable, los monjes tibetanos han pasado de ostentar el poder máximo a desollarse las espaldas uncidos a una yunta. Y de vivir concentrados en el aprendizaje filosófico a una realidad de embrutecedor trabajo, con fatigosas tareas agrícolas durante el día y noches desesperadas al cuidado de esos monjes-bebés que lloran llamando a su madre hasta la madrugada. No hay tiempo para estudiar; las disciplinas budistas, que exigen tanta dedicación, se resienten profundamente. Cada vez llega menos gente a los durísimos exámenes de *geshe*, que es el equivalente a nuestro doctorado, sólo que tras una treintena de años de estudio. Es una tradición cultural milenaria al borde de la aniquilación y de la nada. Y sin embargo, y pese a todo, siguen batallando de forma desesperada por mantener lo que son y lo que saben.

Es dentro de este contexto de lucha final en donde quizá haya que entender el fenómeno de la difusión del budismo en Occidente. Todo empezó en los años sesenta, cuando la contracultura despertó el interés por las sociedades orientales. A raíz de ello, los budistas tibetanos, mostrando una vitalidad y una rapidez de reacción pasmosas, empezaron a mirar a su vez hacia Occidente. El lama Yeshe, de quien el niño granadino Osel es supuestamente la reencarnación, y el lama Zopa, hoy tutor de Osel, han sido dos personajes de especial importancia en este fenómeno de comunicación entre ambos mundos. El lama Yeshe fue el primero en aprender inglés, el primero en viajar alrededor del mundo impartiendo enseñanzas de budismo. Por su parte, el lama Zopa es hoy el director de la Fundación para la Preservación de la Tradición Mahayana, que tiene su centro en Katmandú (Nepal), pero que engloba centros budistas en todo el mundo, incluyendo los tres que hay en España. Y fue a partir de los setenta, en fin, cuando se dio un fenómeno de trascendencia singular: los lamas empezaron a reencarnarse en niños occidentales. Osel, nuestro Osel, es el cuarto. El primero fue un niño nacido en Norteamérica, pero hijo de padres mongoles, que hoy tiene quince años. El segundo acaba de cumplir los trece, y es canadiense por los cuatro costados. El tercero, con ocho años, es hijo de alemana y tibetano. Los tres se encuentran ahora estudiando en los grandes monasterios del sur de la India.

Habría que decir aquí que la reencarnación es un concepto clave en el budismo, doctrina surgida del hinduismo hace dos mil quinientos años. Los budistas sostienen que los seres humanos vamos pasando por sucesivas existencias y que todo aquello que nos sucede en la vida depende del karma; es decir, tiene una causa, que es el comportamiento que hemos observado en nuestra vida anterior. Porque se puede aprovechar o desaprovechar una vida y, por tanto, ascender o descender en el camino a la perfección; un camino que lleva a la sabiduría total, que es el nirvana. El esfuerzo hacia la perfección es siempre un esfuerzo de conocimiento, y al final, al alcanzar la iluminación, te conviertes tú mismo en un buda. Es decir, es una religión al tamaño del ser humano, en la que Dios es uno mismo: un ingrediente sin duda atractivo para los occidentales postexistencialistas.

En realidad, la teoría de la reencarnación tiene mucho más que ver con un concepto filosófico de continuidad que con la simpleza de poseer muchas vidas, o de *recordarse* cortesana renacentista, o cruzado en los Santos Lugares, que es como vulgarmente se entiende. Comprender dicha teoría desde Occidente es cosa ardua, y la dificultad se agrava con el problema de traducción de términos: baste decir que los tibetanos poseen, por ejemplo, diecisiete palabras para referirse a la mente. Según los budistas, nos reencarnamos todos, pero sólo los seres que han avanzado mucho en el camino de perfección —esto es, los lamas (maestros) y los santos— tienen la posibilidad de controlar su futura reencarnación y recordar en alguna medida las anteriores. Éste sería el caso del lama Yeshe y el granadino Osel.

«El fenómeno de las reencarnaciones de lamas en niños hay que entenderlo desde un punto de vista práctico», dice el monje canadiense Sparham. «En el antiguo Tíbet, cuando moría el lama que regentaba alguno de los grandes y poderosos monasterios, se creaba un vacío de autoridad, ya que, al hacer votos de castidad, no tenían hijos, y la propiedad no podía pasarse en herencia, como sucedía en los feudos seglares. Entonces resultaba tremendamente práctico el encontrar al niño en quien el lama se hubiera reencarnado, porque eso suponía una continuidad sin traumas ni fisuras. El sistema de reconocimiento y selección del niño, por otra parte, se ha llevado siempre de una manera absolutamente minuciosa y honesta, porque de otro modo la institución no hubiera sido creída durante tantos años. Y, en realidad, el sistema es mucho más democrático que el hereditario, porque el *rimpoche* [niño reencarnado] procedía habitualmente de las familias más modestas».

Como se ve por el ejemplo de Sparham, para ser budista no se necesita creer ciegamente ni siquiera en la reencarnación. Basta con mantener la mente abierta y no negarse a la posibilidad, porque el budismo es una religión sin dogmas en la que no cabe la fe irracional. Todo —repiten los textos y los maestros hasta la saciedad— ha de ser comprobado por tu propia experiencia. El budismo parte de cuatro verdades básicas que funcionan a modo de postulados científicos: primera, el sufrimiento existe; segunda, el sufrimiento tiene unas causas concretas; tercera, si se eliminan las causas se elimina el sufrimiento, y cuarta, existe un método para eliminar las causas y, por tanto, alcanzar la felicidad. Este cariz consolador de la desdicha quizá sea la base de la gran atracción que el budismo ejerce en Occidente, además del carácter eminentemente racional de su doctrina, que no violenta la tradición lógica de las sociedades industriales. Ya lo dice el canadiense Sparham, y la monja irlandesa Mary O'Callahan, y la española Gloria, también monja budista, que en estos momentos es la niñera de Osel. Todos ellos insisten en el atractivo intelectual de una religión tan racional y en el inmenso alivio que supone poseer un método para ir avanzando. «Porque en el cristianismo te las tienes que arreglar tú sola —explica Mary O'Callahan, que es católica de nacimiento—, pero el budismo te ofrece un camino específico de progreso».

La cuestión es que, mientras nosotros hemos dedicado el tiempo al desarrollo técnico, los budistas tibetanos han empleado los milenios en estudiar la mente humana y en aprender a controlarla para evitar el sufrimiento. Y es de suponer que, así como nosotros hemos alcanzado objetivos tan pasmosos como plantar los pies en la Luna, ellos han debido de llegar, en su registro, a resultados equivalentes al espectacular paseo de Armstrong en directo.

«Tenemos mucho que aprender de Occidente —asegura Wangdi, el representante del dalái—, pero también tenemos mucho que ofrecer, sobre todo en psicología, filosofía y física». Porque el budismo lleva milenios hablando de los átomos, de la energía cósmica y del vacío absoluto. Y Kalsang Yeshi, secretario general del Consejo Religioso del Dalái, explica apasionadamente los esfuerzos que están haciendo para montar universidades, simposios y conferencias. Han diseñado un plan cultural consistente en traer a los mejores científicos e intelectuales de Occidente para que acudan a los grandes monasterios de la India e intercambien información con los académicos tibetanos; esto es, con los monjes. Ya se han cursado las invitaciones para el primero de estos seminarios, pero todo el plan está hipotecado por las eternas estrecheces financieras.

Como Dharamsala-McLeodganj es el cogollo administrativo de los exiliados, la situación económica es mejor que en otros asentamientos de la India. Por eso, los ocho monasterios de la zona pueden centrarse en el estudio, y el régimen de vida se semeja más al del antiguo Tíbet. Al alba, los monjes están ya en el templo haciendo sus rezos matinales: cantan mantras (una especie de jaculatorias) con ritmos entrecruzados y obsesivos. De cuando en cuando soplan grandes trompas de tres metros de longitud, tocan campanillas y flautas de hueso, golpean tremendos tambores, cuya vibración repercute en el estómago y en algún rincón perdido y ancestral de la memoria. El resultado es una salmodia sobrecogedora y mesmerizante. En el amanecer y el atardecer de McLeodganj, al oscuro retumbar de los tambores, el tiempo se detiene entre dos luces y el mundo se convierte en un espejismo arcaico y mágico.

Ahí, en el exterior del templo, arropada por la fuerza de los sones rituales, Clara se concentra en sus postraciones cotidianas. Tiene treinta años y es una francesa hija de padres españoles. Hace cinco años que es budista, y ahora ha pedido una excedencia en su trabajo de profesora para venirse a la India. Clara está practicando una *enseñanza*; antes de pasar al peldaño siguiente del método budista ha de hacer cien mil postraciones, consistentes en tumbarse boca abajo en el suelo y volverse a levantar en exactos movimientos de tres tiempos, mientras recita un mantra y visualiza en su mente una imagen sagrada. Dedica dos horas diarias al pasmoso asunto, con una media de seiscientas postraciones por jornada, que ella cuenta minuciosamente con su *mala* o rosario. Lleva dieciocho mil, y ha empleado alrededor de un mes en alcanzar tal suma. Así, con estas durísimas gimnasias del cuerpo y de la mente, es como disciplina el budismo al ser humano.

La tensión que se advierte en algunos monjes occidentales está por completo ausente en los monjes tibetanos, que carecen de severidad y prosopopeya. Los más jóvenes se ríen constantemente, juegan, se empujan, corren, se abrazan y discuten. Y, sin embargo, se pasan el día entero rezando y estudiando. El único recreo de un monje budista es el debate. Todos los días, al caer la tarde, los religiosos pasan dos o tres horas discutiendo. El grupo se fragmenta en múltiples parejas, en las que uno ha de preguntar y otro responder. El que pregunta permanece en pie y baila literalmente alrededor de su contrario, dando grandes gritos y palmadas, ejecutando feroces y bellos ademanes, que sirven para distraer al otro, para aturullarle y confundirle; y el oponente ha de concentrarse pese a todo y tener la rapidez de reflejos suficiente como para contestar a la catarata de repreguntas y objeciones. Cuando un centenar de parejas se enfrenta al mismo tiempo, el resultado es una extraña danza, una excitante atmósfera de enardecimiento intelectual y regocijo.

Éste es el mundo que le espera al granadino Osel; éste es el mundo en el que ya viven los otros tres occidentales reencarnados. Claro que, al ser *rimpoches*, son dispensados de los trabajos físicos para que concentren sus esfuerzos en el estudio. Un privilegio del que no gozan los niños occidentales que han entrado en el budismo por la puerta pequeña; es decir, como simples monjes. Porque en los monasterios de la India y de Nepal hay unos cuantos niños europeos y norteamericanos que han tomado los primeros votos. Son hijos de hombres y mujeres occidentales que han acudido a los centros budistas para recibir enseñanzas y que luego se han metido a monjes, y, por consiguiente, han consagrado también al pequeño, o bien han regresado a sus países dejando al chico en el monasterio. Para admitirle como monje, según las normas budistas, se requiere que el niño esté de acuerdo. Pero el convencer a un crío de ocho o diez años parece cosa tan fácil que el asunto resulta escalofriante.

«La mayoría de estos chicos no llega a tomar los votos definitivos, que se reciben a partir de los veinte años», explica Gloria, la monja-niñera de Osel. «La mayoría de ellos están aquí una temporada y después se marchan cuando cumplen catorce o quince años. Porque a los nueve se es muy pequeño para saber qué es lo que se quiere». Éste es el caso de Wangchuck, hijo de unos californianos muy ricos y —dicen— más bien excéntricos. La madre de Wangchuck llegó a Nepal cuando el niño tenía sólo dos años, y decidió hacerse monja budista con el nombre de Thubten Angmo. Dejó al niño al cuidado de una familia tibetana, y cuando el chico cumplió diez años, también él se metió a monje. Wangchuck vivió la exacta disciplina de sus compañeros, aprendió el tibetano y casi olvidó —o quiso olvidar— su lengua nativa. Pero hace unos meses, y a la edad de quince años, Wangchuck decidió abandonar el monasterio. Los tibetanos le han mandado a Italia, a una comunidad budista en la que viven sólo seglares, familias con niños, gente joven. Es un lugar de transición para que Wangchuck pueda recuperar su idioma inglés, se readapte suavemente al mundo occidental y escoja su futuro.

«Los budistas no hacen ningún tipo de proselitismo —explica Gloria—, ni fuerzan jamás a ningún niño a quedarse como monje, porque todo ello iría en contra de la teoría del karma; cada cual tiene que encontrar su propio camino. Así es que si un monje quiere salirse del convento no hay problema alguno».

Hay, en fin, casos patéticos. Por las calles de McLeodganj me di de bruces con un monje adolescente y espigado, los ojos azules, muy rubio el escaso centímetro de pelo que cubría su cráneo. Cuando le abordé, el chico me miró despavorido. Que de dónde eres: americano. Cuándo te hiciste monje: no lo sé. Cómo llegaste aquí: no lo sé. Jay, que así se llamaba, hablaba dificultosamente, encogido de hombros, asustado. Apenas si pude sacarle su edad, trece años, y el dato de que su madre vivía también ahí, en McLeodganj. Una semana más tarde, en Nepal, me contaron que, al parecer, Jay era hijo «de una chica muy *freak*», de vida itinerante y descentrada, quizá enredada en drogas. Que vestía a Jay con la túnica azafrán porque quería, pero que en realidad el muchacho ni estaba en un monasterio ni era monje. Y que a los trece años ni siquiera le habían enseñado a leer y escribir.

Justamente el extremo opuesto sería Reed, un californiano de once años que ha tomado los primeros votos, el pasado mes de abril, de manos del lama Zopa. Reed llegó a la India con su madre a principios de este año y asistieron en la ciudad de Bodh Gaya a las enseñanzas que impartía allí el dalái lama. Reed escuchó atentamente al dalái, que habló de un metafórico individuo que desperdiciaba su vida en lo trivial; y al terminar las enseñanzas, comunicó a su madre que él no quería perder el tiempo como el hombre del sermón y que estaba decidido a hacerse monje. Así es que la madre regresó a California y él se quedó en el monasterio de Kopan, en Nepal. Allí lo encontré, arrebujado en su manto, con unas chancletas de goma cuatro tallas más grandes que su pie, y unos ojos inmensos y muy serios. Sí, me dijo, aquí soy feliz. De su vida anterior echa de menos a «algunas personas y también algunas comodidades». Pero en California, explica, él no era feliz: «Sobre todo me disgustaba el colegio, que era muy malo, no aprendías nada». De su vida monacal, lo que más le interesa es el estudio, «las cosas que me pueden enseñar aquí». Luego, cuando Reed regresa muy ceñudo y formal a sus trabajos, me cuentan que siempre fue un niño enormemente aplicado e intelectualmente muy maduro. «Pero dejarlo aquí, tan lejos de su familia, de su madre...», comento dubitativamente en alta voz. Y Gloria, la monja, y Paco Hita, el padre de Osel, y María, la madre, todos me contestan lo mismo: «Ya no es como antes; ahora te plantas en doce horas de un extremo a otro del mundo, los niños están en contacto con sus padres, la familia viene y va; aquí, por ejemplo, hay télex y teléfono». En esto último tienen razón: Dharamsala, Kopan, el nuevo entorno de Osel, no es ese territorio remoto e inaccesible pergeñado por nuestra imaginación, sino un mundo a medio camino de Occidente. Shangri-La no existe, ya no hay paraísos.

Kopan, que está a unos cinco kilómetros de Katmandú, es un pequeño monasterio que alberga ahora a setenta y tres monjes. Fue construido en los años setenta en lo alto de una colina y es un edificio modesto y funcional. Aquí vive Osel, su madre, su padre y sus cuatro hermanos desde hace un par de meses. Los monjes han construido una bonita casa independiente para la familia del *rimpoche* granadino, a pocos metros del monasterio. Osel, que no ha cumplido aún dos años y medio, duerme en la casa monástica de los lamas, al cuidado de la monja Gloria. «Cuando vinimos no había nada previsto, porque no queríamos que el niño sufriera —explica María, la madre—. Mientras estuvimos viajando por la India, Gloria y yo dormíamos en la misma habitación con Osel y cuidábamos de él indistintamente. Al llegar aquí probamos a echarle a dormir en el monasterio, al cuidado de Gloria, y no ha habido ningún problema. Nosotros vemos a Osel siempre que queremos; yo subo con él todas las mañanas y él baja todas las tardes a jugar con sus hermanos; y cuando llega la hora de marcharse, jamás parece lamentarlo. En esa falta de apego se nota también que no es un niño normal».

La manera en que el pequeño llegó hasta aquí es cosa ya sabida: a la muerte del lama Yeshe, que avisó de que se reencarnaría en Occidente, otros lamas empezaron a recorrer el mundo, siguiendo las señales y los auspicios. Seleccionaron a varios niños y mandaron los historiales a Dharamsala. El dalái escogió a Osel, y le hicieron ir a la India, con poco más de un año, para someterle allí a minuciosos y múltiples exámenes, tales como reconocer objetos del muerto escondidos entre otros objetos similares. Y Osel superó todas las pruebas limpiamente.

Ahora, en el monasterio de Kopan, los monjes le llaman siempre *lama*. Por ejemplo, Osel arroja empecinadamente un coche de plástico escaleras abajo, y un monje veinteañero recoge el juguete con paciencia y le reconviene suavemente: «Pero lama...». Para los budistas, Osel es el lama Yeshe, pero también es un niño de dos años; no hay hacia él esa divinización algo papanatas que podría suponerse desde Occidente. Resulta algo difícil de entender que jueguen con él como con un bebé y que al instante siguiente le sienten en un trono para presidir una ceremonia religiosa. El *rimpoche* granadino es un niño alto, fuerte y mofletudo, con el ceño fruncido, expresión de pillo y un voluminoso chichón en la frente, producto de su última trastada. Lleva su larga túnica de seda amarilla con garbo. Es un niño lleno de curiosidad y sin duda muy listo: en esto, los lamas escogieron bien.

María, que está embarazada y dará a luz a su sexto hijo en el mes de agosto, es una mujer sensata e inteligente que está empezando a adaptarse a su nueva vida. «Los primeros momentos fueron bastante difíciles, sobre todo con tanto niño pequeño. Está, por ejemplo, el problema de las condiciones higiénicas, de las diarreas, de tener que acostumbrarte a hervir el agua y a desinfectar con yodo todas las verduras. Luego está el hecho de no poder encontrar los alimentos a los que estás acostumbrada, y, por otro lado, los alimentos que hay aquí no sabes cómo prepararlos. Pero ya nos estamos haciendo al medio». La casa es gratis, los ingredientes para la comida los cogen del monasterio, y la familia recibe un subsidio de mil dólares al mes, recolectados en Estados Unidos por un monje budista americano, que llega justo para pagar las clases de inglés que están recibiendo los niños, la renovación mensual de las visas y demás gastos. Por ahora tienen pensado quedarse dos años en Kopan, con el intermedio de un breve viaje a España en las próximas Navidades. «Queremos quedarnos por Osel, que todavía es muy pequeño, y también por los otros niños, para que puedan vivir esta experiencia a fondo, para que les sirva de algo y de paso aprendan bien inglés...».

Además ha dado la casualidad de que José María está en Kopan. José María es un asombroso profesor español de treinta y tres años que se partió la espalda hace seis, quedando paralizado de cintura para abajo a raíz de ello. Desde entonces se ha dedicado a viajar, y ahora está en Nepal y se ha convertido en un providencial maestro para los hijos mayores de María. «Desde que han llegado aquí, en apenas tres meses, los niños han aprendido rápidamente a leer y escribir —explica ella—. Para los chicos creo que está siendo una experiencia maravillosa. En España lo pasaban fatal en el colegio, todo el día peleándose y echándoles en cara que no sabían jugar al fútbol y cosas así. Aquí no hay más que verlos, han florecido». Y Paco, el padre, añade: «Cuando la gente habla de que si estamos coartando la libertad de

Osel y esas cosas, yo me muero de risa, porque a mí mis padres me sacaron del colegio a los nueve años para ponerme a trabajar. Y además nadie le está forzando a nada; cuando sea mayor él podrá escoger lo que prefiera. Aquí, a Kopan, suben muchos chicos en vaqueros y con motos, y son los antiguos monjes que se han ido. Osel hará lo que él quiera».

A la entrada del monasterio, bajo un sol achicharrante, monjes y *monjitos*, que es como María llama a los niños, trabajan duramente con picos y palas para arreglar el camino. Porque los refugiados tibetanos no pueden descuidarse, no hay posibilidades de descanso. Es una carrera contra reloj, una lucha por la supervivencia panza arriba. «Pero nuestra lucha no es violenta —explica el representante del dalái lama—, y eso es lo que nos diferencia de otros movimientos semejantes. Nosotros no somos terroristas, y por eso contamos con la simpatía internacional. Claro que tenemos problemas con parte de nuestros jóvenes, y hay discusiones, porque algunos sostienen que hay que recurrir a la violencia para luchar por nuestra causa. Pero nosotros seguimos creyendo que la violencia no arreglaría nada. Eso sí, para que una situación así no degenere hacia el terrorismo es necesario que la gente compruebe que también se consiguen cosas por métodos pacíficos».

Son sólo cien mil, son pobres y pertenecen a un país, el Tíbet, que no parece importarle a casi nadie. Por eso se tienen que mirar en Occidente, que es su única puerta hacia el futuro. Claro que de Occidente también puede venir la aniquilación final. «Sí, siempre existe el riesgo de que la cultura occidental, que es mucho más agresiva, acabe con nuestras tradiciones —reflexiona el representante Wangdi—. Pero tenemos la esperanza y la confianza de que las cosas no van a ser así, porque en Occidente cada vez hay más personas que critican el excesivo materialismo de su sociedad y que se interesan por una cultura más reflexiva. Creo que la unión de los dos mundos puede ser muy enriquecedora para todos».

El caso de Osel es de algún modo una llamada desesperada de socorro. Como decía el monje canadiense Sparham, las reencarnaciones de los lamas encierran cierto sentido práctico. Entiéndanme bien: estoy hablando de algo que es culturalmente más profundo que una voluntad consciente de atraer la atención. Estoy hablando de lo que ellos llaman karma. Del combate de un pueblo, de la última batalla.

Juicio del Nani
06/05/88-05/06/88

La crónica, como creo que dejé claro antes, es el subgénero periodístico más infartante que hay, una fuente de tensiones indescriptibles. De todos los trabajos que he hecho en mi vida, creo que estas crónicas han sido lo más difícil. En primer lugar, me encargaron hacerlas de la noche a la mañana cuando el juicio ya estaba bastante avanzado, porque la dirección del periódico consideró que, aparte de los periodistas que cubrían la noticia, debían darse unas pinceladas de ambiente. Así que caí como en paracaídas en medio del proceso, teniendo que leerme en pocas horas los centenares de páginas de la instrucción. Ya he dicho que había que escribir el texto a mano y sobre la marcha. Muchas de las sesiones se celebraban por la mañana y por la tarde, y yo debía dictar la crónica alrededor de las 19.00 horas, de manera que a menudo estaba escribiendo el artículo dentro de la sala mientras seguía escuchando los interrogatorios con una oreja. Por otro lado, siempre corrías el peligro cierto de meter la pata, de equivocarte en alguno de los detalles del complejísimo proceso y, lo que es peor, de decir algo de tal manera que luego los abogados de los policías pudieran querellarse contra ti (eso, las querellas, estaba por entonces muy en boga; en aquellos primeros años de la democracia intentaron querellarse contra mí como media docena de veces, aunque por fortuna ninguna fue admitida). Por último, los acusados estaban sentados en la misma sala, unas filas por delante, y se encontraban en libertad. A veces se volvían a mirarte con expresión retadora para amedrentarte, y la verdad es que te amedrentaban, porque las acusaciones eran espeluznantes: tortura, asesinato, corrupción. Cada día, tras salir de la Audiencia Nacional, me iba a una gran cafetería que había en la plaza de Colón a llamar por teléfono a El País *y dictar mi texto. Y al acabar me quedaba temblando del estrés, medio mareada, borracha de adrenalina hasta casi hacer eses.*

Daré unos cuantos datos para entender mejor los textos siguientes: Santiago Corella, el Nani, era, como dije en el prólogo, un delincuente de poca monta que tuvo la mala fortuna de caer en manos de una mafia policial. Esos policías corruptos montaban atracos y en ocasiones llegaban a asesinar a los ladrones que habían trabajado para ellos, como se vio en otros dos juicios relacionados con el del Nani que se celebraron después; el de la mafia policial, en 1988, y el del caso Corroto, en 1991, sobre el asesinato de tres atracadores cometido siete años antes. Aunque nunca se ha recuperado el cadáver del Nani, se supone que se les murió mientras lo torturaban para que confesara dónde estaban los cuarenta kilos de oro que había robado. Este juicio, el primero celebrado en España contra policías, destapó una realidad espeluznante: no sólo la existencia de mafias, sino también cosas como la aplicación irregular de la ley antiterrorista contra presos comunes y el uso habitual de la tortura. Un submundo de abusos. En cuanto a los personajes que aparecen en estas crónicas, son los siguientes: Soledad y las hermanas Corella, la mujer y las hermanas del Nani. Ángel Manzano, otro delincuente habitual, detenido el mismo día que el Nani y principal testigo de la acusación. Manzano declaró haber sido «torturado como un cerdo», y de hecho el día de su detención acabó en el hospital, donde tuvo que ser operado de urgencia por traumatismos múltiples en cara, tórax y abdomen. El problema con Manzano era que estaba fugado y, si se presentaba a juicio, iría a prisión. Aun así, acudió a testificar. Federico Venero, joyero de Santander y confidente de la policía. Había colaborado con la trama policial corrupta y luego los denunció, pero más tarde se desdijo. Jaime Messía Figueroa, un aristócrata relacionado con varios casos criminales que en 1988 contó en una revista que el Nani había muerto y que él lo había enterrado. Cuando lo llamaron para declarar se desdijo. Luis Rodríguez Pueyo, colega de tropelías de Messía, declaró que el aristócrata le había dicho que, en efecto, el Nani había muerto en la Brigada de la Policía Judicial, que le habían llamado para hacerse cargo del cuerpo y que lo había tirado en un pantano. Los policías acusados eran el comisario Javier Fernández Álvarez, los inspectores Victoriano Gutiérrez Lobo y Francisco Aguilar González y cuatro policías más, que fueron absueltos. En cuanto a los demás mencionados, creo que se deduce quiénes son, incluido el entonces ministro del Interior, Barrionuevo, y toda la plana mayor del Ministerio (tanto Barrionuevo como Rafael Vera, secretario de Estado de Seguridad, serían condenados en 1998 a diez años de cárcel por secuestro y malversación para la financiación del terrorismo de los GAL). Por último, el principal y más vociferante abogado defensor, Rodríguez Menéndez, fue condenado en 2004 a dos años de cárcel por un delito contra la intimidad, pero consiguió fugarse; en 2008 fue condenado a diez años por un delito continuado contra Hacienda, y volvió a fugarse en un permiso carcelario. En 2023 ha sido juzgado por un delito de estafa; mientras escribo esto no ha salido la sentencia. En el estupendo programa de RTVE sobre el juicio del Nani, Rodríguez Menéndez asegura que él vio el cadáver de Santiago Corella.

05/05/88

Las grandes puertas de la sala se entreabren y por el hueco asoma el brillo de charol de los tricornios. Todas las miradas están clavadas en esas hojas labradas: detrás está Venero, el gran protagonista de la tarde. Revuelo, zumbido de murmullos, destellos fotográficos: el joyero atraviesa la sala mirando al infinito. Pequeño, embutido en su traje azul rayado y tan insulso e inocente en su apariencia como un vendedor de seguros de escaso éxito.

Los acusados ya están en el banquillo: siete espaldas que contemplar delante de ti. Cuando el magistrado pregunta a Venero si los conoce, las espaldas se envaran levemente. El joyero se vuelve: recorre tres veces con la mirada la fila de acusados, morosamente, con aplomo, aunque enrojecido hasta las cejas. Ya lo dijo Venero en *El Globo* hace poco: «Tengo la completa seguridad de que tarde o temprano vendrán a por mí». Venero es el *traidor*, y en Santander le espera un futuro preñado de amenazas. También Manzano salió anteayer de aquí camino del peligro y de la mitificación barrial y marginada. Él es el héroe de su gente. Una heroicidad a la que jamás podrá aspirar este joyero diminuto de vida turbulenta.

En el descanso, Rodríguez Menéndez se abalanza a los bancos de la prensa: qué mentiroso, qué cínico, qué patán este Venero, repite una y otra vez el defensor, a quien el joyero ha acusado de ser *jefe de la mafia*. Y el abogado manosea papeles, explica contradicciones, cuenta la trayectoria de delitos de Venero. Un angelito, en fin, un angelito, repite

Rodríguez Menéndez, enorme, dicharachero, y derramando inocencia y la seducción del vendedor.

Venero, momentos antes, con esa manera suya de hablar sin decir, de decir sin rematar, ha ido dejando entrever cosas tremendas. Por ejemplo, que le dijeron que amañara pistas falsas sobre Corella. O que, en un pub, con unas copas, los policías confirmaron la muerte del Nani, entre bromas y veras. La declaración es lenta y trabajosa. Y las lecturas que el secretario hace del sumario son titubeantes, congeladas. Ahí, en esa voz ausente, oímos frases como «se nos quedó en la brigada», «del Nani no quedan ni los dientes» o «darle *matarile*», palabras del submundo lingüístico que restallan en la prosopopeya procesal. Una pista del horror colándose a través de tanto traje cruzado, de tanta reivindicación de probidad. Del Nani no quedan ni los dientes.

Y Rodríguez Menéndez ríe, ríe todo el rato. Hace gestos a sus defendidos, muecas, alza las cejas, guiña el ojo a Gutiérrez Lobo, y le baila en la boca una eterna sonrisa displicente. Él no es el único al parecer regocijado; las espaldas de algunos acusados (Gutiérrez Lobo, por ejemplo) se han estremecido un par de veces de un júbilo a no dudar notable. Pero fuera, en el descanso, la hermana pequeña de Corella llora convulsamente en un hombro amigo. «Es que, claro, hablan y hablan, pero se refieren a nuestro hermano», explica otra Corella con los ojos centelleantes y muy secos. Ni los dientes, explica el sumario que escuchó Venero.

06/05/88

«Que no estamos en una comisaría, señor Fernández Álvarez», dijo el presidente de la sala abriéndose paso a campanillazos. Pero sí estábamos. Ayer se produjo un hecho especial: el tribunal autorizó un careo entre Federico Venero y el comisario Fernández Álvarez (y más tarde con

Gutiérrez Lobo, que fue mucho más suave) sin que hubiera habido antes careos previsiblemente más enjundiosos, como, por ejemplo, entre Manzano y el comisario. Pero esa confrontación, claro está, no fue solicitada por la defensa. Salió, pues, Fernández Álvarez al centro de la sala; medio metro de aire incandescente le separaba de Venero.

Y dio comienzo el espectáculo. Fernández Álvarez es un profesional, de eso no cabe duda. Desde el primer momento se le advirtieron los bríos policiales. Habría que verle actuar en su medio natural, teniendo en cuenta la prepotencia con que se mueve incluso ante los jueces. Su voz restalló por el micrófono, ahogando el murmullo monocorde de Venero. Réplicas, contrarréplicas, afirmaciones lapidarias, insistencias retadoras y vibrantes: Fernández Álvarez aplastaba con sus palabras al joyero, mientras la campanilla del presidente intentaba poner freno a tanta verborrea apabullante.

Pero el procesado apretaba las tuercas, fajador veterano, y se le veía bascular el peso de su cuerpo y empinar los talones de puro énfasis. Ahí estaba, revestido de toda su gloria comisarial, apretando el micrófono como quien estrangula a un enemigo y utilizando el tono perentorio del hombre acostumbrado a mandar mucho. Y al eco de sus voces la sala del tribunal se desdibujaba poco a poco; sus pomposas escayolas se diluían en los someros perfiles de una comisaría fantasma y el ambiente parecía impregnarse de un olor a cerrado, a cuartucho interior en dependencias policiales. Hasta el punto de que, de los bancos de la izquierda, que es donde se sientan los familiares y amigos de Corella, se levantó un murmullo de protesta, el sobrecogimiento de quien reconoce interrogatorios pasados.

Y Venero balbuceaba y enrojecía. Se desdecía, tartamudeaba, se le descascarillaban las defensas. No se trata ya de si miente o se confunde. Se trata, sobre todo, de una trayectoria y una personalidad puestas en relieve. En el retroceso de Venero se adivina el filo de la ambigüedad en que ha vivido. Es un hombre mediocre que ha necesitado aprender a nadar en aguas turbias. Anteayer Venero dijo que los policías no confiaban en él. Ayer Fernández Álvarez tronó que ellos jamás hubieran hablado ante un chivato. Venero es el soplón, un personaje marginal entre marginados, y en esa indignidad ha construido su resistencia. Es fácil imaginarlo haciendo favores, doblando la cerviz, sonriendo siempre demasiado. Ganándose el mañana a fuerza de plegarse al viento. Fernández Álvarez ha caído sobre él con el tono y la virulencia del poder, y al sinuoso Venero le han temblado pavlovianamente las entrañas; tal vez agradeciera *in pectore* que el comisario tuviera las manos ocupadas con el micrófono. Quizá el joyero sea un rapiñero de sobras, el eterno servidor de cualquier amo, disciplinado por falta de enjundia en la obediencia. Y quizá el desdecirse sea la clave de su supervivencia.

10/05/88

Apenas si levanta metro y medio. Es una pizca de mujer embutida en una gabardina color miel y aferrada con toda resolución a un monedero. Josefa Segura Martínez, de setenta y dos años, vecina de los Corella, acudió a testificar con una vocecilla temblorosa por la edad y la emoción de encontrarse metida en estos trances. Pero lo que dijo fue muy claro, fulminante: «Al Nani se lo llevaron entre la una y la una y cuarto del mediodía. Miré el reloj, porque mi hermana acababa de llegar de hacer la compra». Antes, por la mañana, Juan Sánchez Gómez, dependiente de la joyería Pyber, había dado sobradas pruebas de ser el perfecto representante de la llamada mayoría silenciosa. Porque su declaración estuvo llena de imprecisiones y silencios. Se dirimía si Juan Sánchez había reconocido al Nani a las diez de la noche, como consta en las actas policiales, o al mediodía, como mantiene la acusación. No se trata de un asunto baladí; el Nani quizá esté pulverizándose en algún perdido agujero de la tierra. Y mientras su cuerpo no aparezca, los policías no pueden ser acusados de homicidio o asesinato. El falseamiento de documentos públicos es uno de los delitos por los que pueden ser condenados los funcionarios. De ahí que fuera vital el testimonio de Juan Sánchez.

Pero el dependiente no recordaba, se atrincheraba en la resistencia pasiva, se acorazaba con su amnesia. «Precise la hora en que le vinieron a buscar», atornilló el acusador. «Pues debió de ser antes de comer, a las dos de la tarde, aproximadamente», dijo Juan Gómez. «¿Cuánto tardó en volver a su casa?». «Unas dos o tres horas». «¿Dónde cenó aquel día?». «Cené con mis padres». «¿Seguro?». «Seguro». «Entonces —remató el acusador—, a las diez de la noche no estaba usted en la Dirección General». Y a Juan Sánchez se le cortocircuitó la voluntad y la memoria y respondió una vez más: «No lo recuerdo».

Se diría que el dependiente tenía miedo, ese temor paralizante del ciudadano que se ve envuelto en un mal sueño. Fue asaltado en Pyber, vio morir a su jefe, en el transcurso de los años aprendió que, en este caso, no sólo ha de temer al delincuente, sino también al policía. En el interminable rosario de *no recuerdos* de Juan Sánchez quizá esté ese instinto primario de salvarse uno de la quema, propio de los medrosos e indecisos.

Y entonces apareció nuestra heroína. Entró a pasitos cortos, se posó ante el micrófono con levedad de pájaro, y dijo claramente que la hora de la detención fue en torno a la una. Entre las molduras sobredoradas y las lustrosas togas, su voz era la voz de lo real, de la cotidianidad y el buen sentido.

Éste es un proceso cuajado de implicaciones y sobresaltos. Se habla de mafias policiales, de torturas y asesinatos. Una trama amendrentadora que se entierra en las raíces del Estado. Por eso todo el mundo parece tener miedo. Pero Josefa no. Josefa llegó revestida con la seguridad de su certeza y apuntilló a la defensa con su meticulosa memoria horaria de ama de casa. Quién le iba a decir al abogado Rodríguez Menéndez que la compra de una mujer de barrio iba a hacerle este daño.

Josefa ha salido de la eternidad sin historia de su cocina y se ha enfrentado por sí sola a una oscura pirámide de poder pervertido. Con su metro y medio de envergadura, una tonelada de convicción y un monedero.

11/05/88

Este juicio cada vez se asemeja más a una gloriosa actuación del Gran Houdini. Resulta asunto de magia, desde luego, que un hombre se volatilice durante cinco años. Y no sólo desaparecen detenidos, sino que desaparecen detenciones: ahora sucede que ningún policía parece saber dónde y cómo se detuvo a Javier Forner, el amigo del Nani, quien asegura haber sido atrapado en el domicilio de Corella.

Cuestión de magia numérica es que los inspectores que testifican estos días vayan bailando el número de hermanas Corella que encontraron al efectuar la detención. Los acusados dicen que ninguna, el primer inspector habló de una, y el segundo testigo materializó graciosamente a otra y habló de dos.

Magia admirablemente mnemotécnica es, no cabe duda, que uno de los inspectores declarantes no recuerde ningún detalle real de lo que pasó aquel 12 de noviembre, acordándose en cambio, con precisión pasmosa, de todas sus declaraciones sumariales anteriores, algunas con una antigüedad de cuatro años. Declaraciones de las que ahora, gracias a su memoria selectiva, se ha desdicho, de modo que así casan con la versión de los acusados. Lo cual es, por su parte, un prodigio de magia simétrica.

Cosa de magia finalmente lingüística deben de ser las precisiones verbales que realizan los testigos policías. Y así, los «monos de mecánico» que colocan a los detenidos no son tales, sino «vestimentas de seguridad».

Y tampoco existen, cielos, los interrogatorios policiales («eso no sé lo que es», dijo Montero), sino que lo único que hay son las «declaraciones». Mágico resulta, qué duda cabe, que los médicos de la Dirección General sigan siendo considerados como médicos, cuando han declarado que, si les traían un detenido con lesiones, ellos no preguntaban cómo se las habían hecho «porque eso no era asunto suyo».

Y cuestión de magia nigromántica y sin duda simbólica es el hecho, en fin, de que el medallón de escayola de la sala, que ostenta la palabra LEX en purpurina, tenga los rizos del estuco rotos y ominosamente desconchados.

12/05/88

Luego llegó Portela, el inspector jefe, que es un hombre más bien bajo pero de masa imponente, un tipo de esos a los que la barbilla les nace directamente del esternón sin trámite de cuello. Y con él como testigo el juicio se calentó, y se habló de un acta policial en cuyas copias no casaban las firmas, y el presidente se enfrentó con acusadores y defensas, y por la sala atravesó un relámpago de vértigo.

Pero antes, hasta que le tocó el turno a Portela, la vista parecía un examen rutinario de reválida. Los inspectores iban pasando a declarar cada uno con sus peculiaridades y sus luces, y todos ellos como quien acude a que le tomen la lección. Los había mejores y peores, hábiles y listos o mostrencos, y quizá los procesados se echaran a temblar en algún momento temiendo la declaración de tal o cual testigo a quien ellos previamente conociesen como un notorio marmolillo.

Todos ellos, en fin, aseguraban que «no eran médicos y por lo tanto no pudieron apreciar si el Nani estaba lesionado», con una unanimidad en la explicación que parecía copiar hasta las pausas. Todos ellos dijeron que la ley antiterrorista se aplicaba a delincuentes comunes en muchos casos. Y casi todos ellos se expresaban en un castellano singular, a medio camino entre la verborrea administrativa y el asesinato del lenguaje.

El más creativo fue Merino, un inspector bajito que estaba el hombre nerviosísimo. Llegó; lanzó una ansiosa ojeada a los procesados como el estudiante que pide aliento moral a sus colegas, y se arrancó a recitar sus respuestas con el tonillo y la aceleración mecánica de quien repite el catecismo del padre Ripalda. No había quien lo parara. «Soy consciente de que se estaba llevando efectivamente una lucha veraz y pertinaz», dijo de la detención del Nani. «A este individuo hubo que hacerle una seria, veraz y pertinaz verificación», explicó de Forner. Repitió «pertinaz» pertinazmente. Era como el estudiante un poco lento que suple de forma meritoria su carencia aprendiéndose a fuerza de codos hasta las comas. «Tranquilícese, está usted muy nervioso», le aconsejaba el presidente. Pero él continuaba su matraca espurreándolo todo de insospechados adjetivos. Al final vino a decir que las fugas de recintos policiales son muy habituales en España y que se han hecho gestiones continuas para encontrar al Nani, con lo cual no dejó la eficacia policial muy por las nubes, y después se marchó con la cara cortada del alumno que no sabe muy bien si ha suspendido.

Pero luego llegó Portela y su envergadura amedrentadora, y comenzaron las contrarréplicas, las implicaciones, la violencia contenida. El ambiente se tensó como un alambre. Y supimos de nuevo dónde estábamos.

13/05/88

Estaba el defensor Rodríguez Menéndez interrogando a uno de los varios policías de la sesión de ayer cuando se detuvo para protestar «de las caras que está poniendo el letrado de la acusación señor Sanz de Bremond, al que por lo visto no le gustan mis preguntas». A lo que el aludido contestó que no era él, precisamente, «el letrado más gesticulante de la sala». Éste es un pique antiguo y con raíces: Bremond y Menéndez son los protagonistas del proceso, el *bueno* y el *malo* de esta película de tiros. Sanz de Bremond es el *bueno* perfecto, tan fino y espigado y con su melena de Príncipe Valiente, tronante en sus intervenciones y defensor imperturbable de los débiles, como le corresponde de manera cabal en su papel de héroe. Él fue, por ejemplo, quien pidió que a Forner se le quitaran los grilletes, tras la espectacular entrada del testigo con las esposas puestas. Está en todo.

Menéndez, por su parte, se aplica meritoriamente en su papel de *malo*. El físico le cuadra: es igual que un ogro de cuento infantil. Un ogro de tipo sibilino, de esos que sonríen y engatusan a los niños antes de zampárselos enteros. En la antesala del juicio, Menéndez es campechano y reidor, de los que reparten palmadas en las espaldas circundantes, invitan a cigalas y realizan una inexorable labor de simpatía. En la sala, atornilla y aturulla a los testigos incómodos, y parece tener una especial habilidad para aparentar que los declarantes han dicho lo que no dijeron.

Por último, en fin, está el presidente de la sala, el juez Domínguez, al cual, con todos los respetos, digo yo que le corresponde el papel de *feo* en la película, más que nada porque ha de fastidiar imparcialmente a una y otra parte con sus campanillazos. Un hombre que, en opinión de los expertos, está haciendo su mejor actuación como magistrado en este juicio.

Así están las cosas en la cabecera del reparto. Pero hay más. Mientras el juicio prosigue con monotonía, y nos enteramos, según palabras de un policía nacional, de que «son los propios detenidos los que pedían ponerse los monos» (grandes risas en la sala, incluidas las de los procesados), los demás actores interpretan sus papeles. Está el fiscal, que es pulcro y aburrido. El otro acusador, Sanz Grasa, un hombre redondeado de bondad contagiosa. Y en los bancos de enfrente, en la defensa, está Tuero, que es un profesional muy veterano; Salgado, un joven de cabellos planchados al unte que a veces ha realizado aceleradas intervenciones que suenan a la parte contratante de la primera parte de los hermanos Marx; y Carpena, que apenas si habla.

Y, por último, hay quien asegura que ahí, junto a los defensores, se sienta también un abogado del Estado, aunque jamás nadie le escuchó decir palabra. Pero ya se sabe que el Estado, en esta película negrísima, lleva callado mucho tiempo.

17/05/88

Asistir a un proceso tan largo y complejo como éste viene a ser como leerse la enciclopedia Espasa de la A a la Z: una intuye que, si está lo suficientemente atenta, podrá captar la esencia de todas las cosas, la explicación misma del mundo. Pero la acumulación de saberes inútiles es tal que te pierdes entre las retahílas alfabéticas. Pues bien, este juicio es igual: un zumbido monótono de preguntas y respuestas. Pero de vez en cuando salta una chispa, y crees entrever por un momento, como bajo el latigazo de un relámpago, el trasfondo de lo real. Eso sucedió ayer por la mañana con el testimonio de Martín Pachón, jefe del servicio médico de la Dirección General de la Policía en 1983.

Entre tanto testigo correoso y de tanta imprecisión, Martín Pachón relucía de pulcritud explicativa. No es que colaborara ansiosamente con la acusación, pero tampoco entorpecía. Y en su declaración calmada, profesional y escueta parecía adivinarse el eco del escándalo que provocaron, hace unos días, los pobres testimonios de sus colegas médicos. Se diría que Martín Pachón llegó tascando el freno a los caballos y apagando fuegos.

Y así, se apresuró a explicar que sí, que los médicos preguntan por el origen de las lesiones de los detenidos, aunque esa información no se incluya en los partes, porque éstos se ciñen exclusivamente a los daños físicos. Pero, sobre todo, con su tono impertérrito, vino a admitir que algunos detenidos pudieron recibir malos tratos en la comisaría.

Hay algo más angustioso que imaginar que Manzano contase la verdad cuando declaró las atrocidades que él dijo que le hicieron, y es sospechar que esos hechos puedan ser más o menos comunes, y no un exceso. Pero lo peor es el marco legal del que se nutren estas hipótesis temibles. Porque, en el caso de que el tribunal admitiese punto por punto la veracidad de las denuncias por malos tratos de Manzano, los procesados sólo serían condenados a un máximo de seis meses de cárcel. En nuestro país no existe una pena específica para el delito de torturas: las sanciones se aplican de acuerdo a las lesiones físicas, a los días de hospitalización y convalecencia. Pero sobar los pechos de una detenida, por ejemplo, no deja cicatrices en la carne. Entre la A y la Z, una cree adivinar, a veces, fugaces retazos de una realidad inquietante.

19/05/88

El día, largo y desesperante, comienza con la lectura de las respuestas de Barrionuevo. Ceremonia que consiste mayormente en comprobar cómo el señor ministro se escabulle de casi todo cuanto las defensas preguntaron. Barrionuevo despacha el trance remitiéndose innumerables veces a lo establecido en el texto de la ley o a lo contestado con anterioridad; y así, remitiéndose y repitiéndose de forma desaforada, llega en un periquete a la recta final del formulario. Y cuando ahí se le pregunta por el número de delincuentes comunes a los que se aplicó la ley antiterrorista, responde con desahogo, y varias veces, que «no le constan los datos al declarante, si bien con toda seguridad obran en este Ministerio los detalles exactos».

Por lo menos resulta un alivio el enterarse de que, si bien el ministro del Interior parece no saber nada de nada, en algún despacho ignoto de su Ministerio habrá alguien que, con «toda seguridad», conocerá los «detalles exactos» de la cosa. Y entonces llega Rafael Vera con su cogote cortado a tiralíneas, su aspecto de galán de cine antiguo y una chaqueta de faldones horrorosamente volanderos que desmerecen un tanto su donaire. Al poco de comenzar, Vera se revela con claridad como el rey de la tautología y la sordera. Lo primero, porque a menudo sus respuestas son una oblicua repetición de las preguntas. Y lo segundo, porque no cabe otra explicación al hecho de que no parezca entender nada de lo que le plantean.

Los letrados insisten y repiten las cuestiones, y él contesta equivocadamente y se despista. Comienza a cundir por la sala una desazón horripilante. ¿Será posible que el secretario de Estado para la Seguridad sea en verdad tan tonto? ¿O se tratará de una brillante táctica maquiavélica para aniquilar por agotamiento a los letrados? Cuestiones que plantean a su vez una duda aún más lacerante: ¿qué sería peor para la ciudadanía, que el secretario de Estado para la Seguridad fuera un solemne tarugo o que fuera un pérfido?

Llega a todo esto el descanso del desayuno, o sea el «recreo», y, mientras la sala se vacía, el tribunal estrecha sonriente la mano del testigo y, cosa aún más extraordinaria, le introducen en la «saleta» o habitación reservada para los magistrados. Siempre hay clases. Y hoy, quién sabe si por el lustre y las responsabilidades del poder, el presidente de la sala parece estar notablemente endurecido; su actuación es la más tajante que le he visto desarrollar en este juicio, interrumpiendo las preguntas y protegiendo con gran celo a sus testigos.

Pero prosigue el largo interrogatorio tras la pausa, y de las reticentes respuestas de Rafael Vera se desprende el dibujo de un caos inmenso. Porque se diría que los policías podían aplicar la ley antiterrorista sin control real alguno, y que el Ministerio no se enteraba jamás de nada. «¿A quién daba cuenta la comisión investigadora?», pregunta la acusación refiriéndose a la comisión anticorrupción. «A sus mandos naturales», contesta Vera. «¿Quiénes eran esos mandos naturales?». Campanillazo del presidente, que dice que esto no tiene nada que ver con nuestro asunto, y explicación de la acusación, especificando que la comisión estudió también la desaparición del Nani. Así es que Bremond insiste: «¿A quién daba cuenta esta comisión?», y Vera, de nuevo: «A los mandos superiores de la policía». «¿Puede ser usted más explícito?». «No puedo». Nuevo campanillazo del juez, que está empeñado en que se abandone el tema, pero la acusación aprieta: «¿Quién, en el Ministerio del Interior, sabe los resultados de la investigación de esta comisión sobre la *desaparición* del Nani?». Y Vera responde: «Lo desconozco», con el campanillazo final del presidente como música de fondo.

Desconoce el señor secretario de Estado para la Seguridad quién puede saber estos datos tan básicos, del mismo modo que luego Rodríguez Colorado, delegado del Gobierno en 1983, dice haberse enterado de que se aplicaba la ley antiterrorista a los comunes «por los periódicos». Y por no saber, Rafael del Río ni siquiera sabe si fue nombrado director general de la Policía en diciembre de 1982 o de 1983.

No parecen conocer muy bien nuestros flamantes altos cargos, en fin, lo que se cuece debajo mismo de sus botas, y al ritmo de sus declaraciones se va conformando la imagen fantasmal de un ministerio mastodóntico y espeso, que debe de estar plagado de mandos naturales aunque no se sepa muy bien qué mandos son. Una babel kafkiana en donde nadie conoce ni controla a ciencia cierta lo que pasa.

Aunque siempre cabe que, como apuntaba Barrionuevo, exista algún misterioso funcionario que sepa «con toda seguridad» los «detalles exactos» de la cosa. O sea, el hombre de las respuestas. La pena es que ni acusadores ni defensas hayan atinado aún con tal sujeto.

24/05/88

Ayer tocó día didáctico. Quizá fuera por eso por lo que la sala estaba sorprendentemente llena de colegiales. La cosa comenzó, en cualquier caso, con la jubilación del presidente del tribunal, que empezaba de manera oficial ayer. Las defensas se soltaron lúcidos parlamentos protestando por la prolongación de sus funciones, llenándolo todo de referencias leguleyas, ora a una ley, ora a una ordenanza, al artículo tropecientos bis o al punto equis. A lo cual respondió el fiscal con otra retahíla numeraria en apoyo de la continuación del presidente. Fue una clase de Derecho muy aburrida. Pero luego, cuando comenzaron a pasar los diversos testigos policías, la pedagogía brilló con suma amenidad y con provecho. Fue una lección sobre el funcionamiento de las comisarías aderezada con anécdotas concretas. Y así, nos enteramos de que los detenidos parecen mostrar una obtusa tendencia a autolesionarse; e incluso, como contó uno de los comisarios, hubo una detenida que se arrojó sin más ni más por la ventana. Actos extremos que podrían indicar que a los detenidos no les gusta ni una pizca estar ahí. Y eso que, como explicó un testigo, los suben de vez en cuando de los calabozos para que puedan fumar o tomarse un café.

Pero lo más interesante fue el capítulo de fugas. Un detenido que, hace ya años, y mientras se encontraba esperando en el vestíbulo, se levantó diciendo: «¿Es a mí a quien llama?», enfiló tranquilamente escaleras abajo y se perdió en el mundo. O hace un mes, sin ir más lejos, cuando un heroinómano salió corriendo, cruzó el patio interior y fue atrapado justo a cuatro o cinco metros de la calle. Cabría temer, en fin, que la Dirección General no sea ese reducto inexpugnable al que las defensas se referían cuando explicaban que era ridículo pensar que los inspectores pudieran sacar a un Corella exánime sin que los contemplara todo el mundo. A lo peor, quién sabe, hay maneras de marcharse sin ser visto.

26/05/88

Ayer, y en medio de un interés notable, se produjo la llegada del equipo visitante, esto es, de la colección de funcionarios norteños, algunos de ellos implicados en el llamado proceso de la «mafia policial». Por eso, cuando el juez formuló la pregunta ritual: «¿Ha sido usted procesado alguna vez?», a la que las decenas de policías que ya han testificado suelen responder con restallantes «no, nunca, jamás, su señoría» y un alzar escandalizado de barbillas, los inspectores Caro y Bercianos se vieron obligados a contestar afirmativamente.

Eso sí, ambos traían en el ojal de la solapa el brillo fugaz de una pequeña insignia, quizá la Cruz al Mérito Policial con distintivo rojo. Porque se da la enigmática coincidencia de que todos los policías procesados parecen estar sepultados en loas, honores, hojas de servicio brillantísimas y condecoraciones infinitas. El mismo Bercianos, a preguntas, cómo no, de la defensa, contó haber recibido ciento dieciséis felicitaciones públicas, además de la Cruz al Mérito ya dicha.

Eran los representantes montañeses, en su mayoría, hombres jóvenes y recios, empaquetados en sus trajes impecables como si los hubieran metido con calzador. De hecho, Antonio Caro inauguró con grandes bríos la aportación norteña, declarando con fluidez y aplomo, y con ese deleite en el detalle propio del consumado narrador. Pero Bercianos, en fin, ya fue otra cosa. De Bercianos había dicho Venero que era «el mismísimo demonio» y que le había puesto la pistola en la cabeza. Venía el hombre precedido por lo tanto de su leyenda, y no es de extrañar que entrara con las gafas de sol puestas, algo cabecigacho y triturando nerviosamente un chicle entre sus mandíbulas de piedra.

Ahora bien, pese a la rudeza y el espesor de su apariencia, Bercianos desplegó una humilde delicadeza de violeta. Y así, a todo respondía el hombre con unos «sí, señoría» muy exquisitos, articulados entre bocado y bocado al pobre chicle. Y sus escrúpulos verbales fueron tantos que dudó ruborosamente en repetir el insulto de «hijo de puta» que, según él cuenta, el Jomeini dedicó a Venero. Ese Jomeini, delincuente común, que, a juzgar por las palabras del testigo, mostraba una preocupación afectuosa y angélica por el bienestar de los policías: «Yo le debía de caer bien», dijo Bercianos, entre las risas de los procesados y la sala.

Ese mismo Jomeini, en fin, que dijo haber visto al Nani vivo, aunque tanto Bercianos como Amo y Estébanez, los testigos siguientes, se liaron lo suyo a la hora de explicar cómo, cuándo y dónde hablaron con él, hasta el punto de que la acusación pidió actuaciones por perjurio contra los tres. O sea, que la actuación del equipo norteño empezó con mucho fuste y brillo de insignia meritoria y terminó dubitativa y flojeando.

27/05/88

Físicamente, Jacques Alexis y Alicia Moreno parecen hechos el uno para el otro: los dos son afilados y tensos como cuchillos, y tan demacrados y esqueléticos como si los consumiera alguna pasión inconfesable. Primero entró el francés Alexis, vestido como un empleado de pompas fúnebres, calvo y deteriorado; parecía el perfecto villano de una novela de Raymond Chandler, uno de esos personajes infrahumanos con cara de mala salud moral. Hablaba un castellano chapurreante y, a veces, cuando la pregunta era comprometida, repentinamente ensordecía y no entendía nada.

Eso sí, al defensor, Rodríguez Menéndez, le entendió todo; y contestó con virtuosismo procesal. Porque, qué extraordinaria coincidencia, todo lo que decía cuadraba perfectamente con las tesis de la defensa. Demasiado perfectamente, en realidad; como si Alexis, que parecía ansioso de declarar determinados pormenores, y que incluso los decía sin que se los hubieran preguntado de manera directa, se hubiera extralimitado en su celo testimonial.

Y así, explicó que, cuando convivió en la cárcel con Corella (Alexis estaba procesado por estafa), éste le dijo que a la salida se iba a ir a México, que no quería saber nada más de su mujer y de sus hijos. Y, puestos a no dejar detalle, también dijo que se encontró con Ángel Manzano antes de aquel 12 de noviembre, y que éste iba contando que lo habían detenido en Barajas y que lo habían torturado. Sublime.

Luego llegó ella. Su mujer. Porque Alexis y Alicia Moreno se casaron en 1984. Alicia era la abogada del Nani en 1983; por intermedio de él se conocieron. Por entonces, Alicia tenía veintitrés años, y Alexis le doblaba la edad. A Corella le habían puesto una fianza de un millón de pesetas; la familia entregó a Alicia cuatrocientas setenta y cinco mil pesetas a cuenta. Y, según dicen los Corella, Alicia, ya ennoviada con Alexis, se quedó con el dinero.

Ayer, cuando la abogada Moreno entró a testificar, llevaba una carpetilla color verde. Era el auto por el que se archivó, hace un par de años, la denuncia que la mujer del Nani puso por estafa contra ella. El juez consideró que no había pruebas suficientes: entre otras cosas, Corella no estaba presente para poder declarar sobre el asunto. No es éste, por otra parte, el único problema legal que Moreno ha tenido. El año pasado Arturo Cienfuegos publicó en *Diario 16* que una mujer, XX, había denunciado a la pareja por una supuesta estafa de tres millones de pesetas. «XX decía, y así consta en la denuncia, que conoció y se prometió con Alexis por medio de una agencia matrimonial, y que el francés decía estar soltero y le presentó a Alicia como si fuera su cuñada», cuenta ahora el abogado Royo Villanova, que llevó el caso en sus comienzos. La supuesta víctima explicó también en la denuncia que Alicia y ella se hicieron muy amigas, y que los tres emprendieron un viaje para conocer al padre de XX. Un asunto sentimentalmente muy cruento.

Ayer Alicia Moreno, con su cuerpo de alambre y su cara ceniza, sobaba la carpeta y explicaba que sí, que recibió las cuatrocientas setenta y cinco mil pesetas como primeros fondos para sacar al Nani de la cárcel, pero que luego el juez dejó a Corella en libertad sin fianza y que entonces ella se quedó con el dinero como pago por sus servicios de letrada. «¿Corella salió de la cárcel sin fianza?», insistió el acusador Grasa. «Sí», repitió ella. Pero la acusación posee el recibo oficial del pago de la fianza del Nani: quinientas mil pesetas que la familia se vio obligada a reunir por segunda vez.

Alicia Moreno, en fin, abandonó la sala aferrada a su carpeta verde. Alexis la esperaba, y los dos desaparecieron, esquinados y silenciosos, como sombras venidas de un submundo. Justo entonces se suspendió el juicio por amenaza de bomba y nos marchamos. Fue un alivio, porque la sala había quedado anegada de una atmósfera de sordidez irrespirable.

07/06/88

El interrogatorio de la acusación no había hecho más que comenzar cuando Rodríguez Pueyo pidió un vaso de agua: «Es que tengo la boca muy seca». Era la sequedad de la tensión, la aridez última del miedo. Pueyo había entrado en la sala con las esposas puestas, con su aire de «chico bien» tronado y una línea de férrea determinación hincada en su fruncida frente. Ha sido colega de manejos de Messía, y se encuentra en la cárcel por robo con intimidación.

Su abogado, al menos hasta el electrizante día de ayer, es Rodríguez Menéndez. Fue este letrado quien le citó como testigo y quien comenzó a preguntar. Y la bomba le estalló entre las manos. En realidad, se veía venir, se adivinaba desde el principio en Pueyo cierta actitud de reto. En la forma en que contempló, barbialzado y con moroso aplomo, a los procesados del banquillo; o en su modo de contestar de manera clara y restallante. Pero nadie podía imaginar que un testigo de la defensa pudiera revolverse de ese modo. Y menos que nadie su propio abogado, este Rodríguez Menéndez que, a medida que Pueyo respondía, iba apagando la voz, tensando los mofletes y abrumando los hombros.

Porque, desde el primer momento, el testigo sostuvo que, según Messía, Corella había muerto en las dependencias policiales; y que, pese a que el aristócrata no era nada fiable, Pueyo le creía por las circunstancias en que se había producido la confidencia: en medio de la huelga de hambre de Messía, encontrándose éste muy debilitado y creyéndose al borde de la muerte. Fue ahí cuando Rodríguez Menéndez, que tanto gusta de insistir, repetir y marear a los testigos, decidió, sin embargo, dar por acabado su brevísimo interrogatorio. Y fue también ahí cuando Pueyo, con la voz pastosa, pidió su vaso de agua. Enfrentarte a tu propio abogado y testificar cosas tan graves es un atrevimiento que puede secarte incluso el alma.

Entonces comenzó a interrogar la acusación, y Pueyo se lanzó a contestar como quien se arroja a un pozo de aguas turbias: con la tensa determinación del que, tras mucho reflexionar, ha tomado una decisión irreversible. Lo explicaba todo, lo respondía todo, y el ambiente se cuajaba de chispas. Y, así, contó con todo lujo de detalles su versión de la muerte: la hemorragia de Corella, la subida al médico, la administración de calmantes y coagulantes, el paro cardiaco. Y dijo que sacaron el cuerpo por la puerta principal, y que Messía lo arrojó al pantano del Guadalén al día siguiente.

Hablaba y hablaba Pueyo, mientras la sala guardaba un silencio congelado, y el aire se cortaba, y Rodríguez Menéndez desaparecía de mi vista sumido en quién sabe qué honduras del asiento, y Tuero y Salgado, también defensores, mostraban a la adversidad un perfil gravísimo y plomizo, y las espaldas de los acusados, en fin, eran una muralla tensa y erguida, con toda la preocupación clavada en los omóplatos.

Es el tribunal el que ha de decidir la autenticidad de lo dicho por Pueyo; pero, verdad o no, su declaración resultaba coherente y poseía fuerza dramática. Ahí estaba Pueyo, testigo de la defensa y, sin embargo, acusador, contestando a las preguntas sin respuesta del proceso y resistiendo templadamente el incendio que las miradas de los acusados debían de estar prendiéndole en la nuca. Cuál habrá sido su proceso mental; qué le habrá decidido a declarar como lo ha hecho.

En las películas americanas, la sesión de ayer hubiera podido ser una apoteósica escena final. Pero aquí no estamos en una película, y por eso Pueyo pidió un vaso de agua para apagar el miedo. Para disolver la sequedad terrosa de un futuro incierto.

08/06/88

Ayer la sala parecía una tienda de electrodomésticos, con diversos modelos de televisores distribuidos por el estrado. Comenzaban las pruebas periciales, y los expertos de la Guardia Civil, que mantienen que en el atestado policial se han falsificado tres firmas de Corella, se aplicaron en demostrar su teoría. Así es que los monitores se encendieron y en las pantallas comenzaron a aparecer, magnificadas, las firmas dubitadas (o sea, presuntamente falsas), y las firmas indubitadas o auténticas, procedentes de otros documentos, con las que comparaban los rasgos, las tildes, los microscópicos titubeos del bolígrafo. Cuentan los entendidos que el gabinete grafológico de la Guardia Civil posee gran prestigio y sofisticados métodos. Los peritos, ayer, fueron impecables e implacables, exhaustivos en el estudio de las letras, minuciosos en sus deducciones hasta un virtuosismo digno de Sherlock Holmes.

De modo que dijeron, por ejemplo, que las tres falsificaciones fueron hechas por la misma mano, y que probablemente se usó una firma fotocopiada como modelo, «porque hay rasgos que parece que quien los copió no los tenía claros». En las pantallas parpadeantes, y ayudándose por una flecha transparente, algo así como la fantasmal esencia de una flecha, los peritos nos enseñaron el complejo universo que se oculta en una raya. Porque el bolígrafo va dejando rastros diminutos, impresiones concretas de la personalidad del escribiente. Y así, hay panzas de vocales muy dudosas o caracteres que en las firmas auténticas comienzan por abajo y en las dubitadas arrancan justo al revés. Elemental, querido Watson.

Y es tan obsesiva la explicación, tan minuciosa, que al final una cree llegar a apreciar, en las firmas supuestamente falsas, una torpeza en la ejecución atronadora. Resulta vertiginoso pensar que ahí, dentro de un mísero borrón o en la diminuta diferencia entre dos tildes, pueda caber una severa condena a muchos años.

09/06/88

El letrado de la defensa Rodríguez Menéndez se mostró ayer, dicho sea con todos los respetos, como un chinche. Cierto es que el hombre anda aguantando unos últimos días muy duros, primero con Pueyo, que le salió tan respondón, y luego con el abrumador informe de la Guardia Civil sobre la falsedad de las firmas de Corella. Precisamente ayer le tocaba a Menéndez el interrogar a los peritos. Dedicó a ello, para nuestra aniquilación, toda la mañana. Fue un espectáculo exquisito. Ante el meticuloso informe grafológico, Menéndez echó el resto, descargando toda su batería de recursos y los obuses de sus trucos más perfectos, con acompañamiento de timbales, castillo de fuegos y traca final atronadora. Posee este defensor una agilidad especial para embarullar al oponente, para retorcer significados y convertir el asunto más simple en un gran cisco.

Una de sus habilidades más notorias consiste en añadir astutos estrambotes a las respuestas del testigo. «Yo no lo recuerdo así», contestaba el grafólogo, y entonces Rodríguez Menéndez añadía: «Ah, no lo recuerda», atribuyendo de este modo al perito una desmemoria inexistente. Y el presidente de la sala se sulfuraba: «¡No apostille, señor letrado!». Así toda la mañana, hora tras hora.

Hay que reconocer que lo intentó todo. *Verbi gratia*, desprestigiar profesionalmente a los peritos: «¿Conoce usted el libro del profesor Tal y Cual de la Universidad de Roma? ¿Y los informes de los peritos internacionales de la Universidad de Madison?», trompeteaba con el tono del locutor de un concurso radiofónico. O bien se eternizaba en disquisiciones bizantinas entre lo que era la construcción y lo que era el trazado de una letra. Era la ceremonia de la confusión, una apoteosis del mareo.

A medida que avanzaba la sesión, Rodríguez Menéndez se iba calentando a fuego lento. Su voz se elevaba y sus modos se hacían más grandilocuentes y excesivos. «Mi pregunta es muy concreta», decía siempre, y luego soltaba un alegato infinito e impenetrable. Así es que el presidente no paraba: «No ha lugar a la pregunta por su manifiesta inconcreción». Hasta que al fin, y ya en pleno hervor, Menéndez pidió, de modo espurreante y a voz en grito, la deducción de testimonio de los tres guardias civiles «¡por prevaricación y falsedad!», porque habían dicho haber trabajado con las firmas originales y, según él, «¡no es cierto!». Incendiario arranque que dejó patidifuso al personal, ya que en el sumario consta la certificación oficial de la entrega de los originales a los peritos. Pero es que Menéndez parecía estar embaladísimo. Tanto que a la salida de la sesión se encaró con el acusador Grasa en la sala de togas, y empezó a gritarle y a empujarlo. Se diría que ayer nuestro letrado andaba con el temple perdidito.

***

Hasta aquí llegan las crónicas de aquel juicio trascendental para la historia de la democracia española. Los tres acusados mencionados antes fueron condenados a veintinueve años de cárcel. Algo después, en 1991, en el juicio del caso Corroto, el comisario Fernández Álvarez fue condenado a cien años más por el asesinato de tres delincuentes. También fue condenado a cien años el inspector José María Pérez Gutiérrez, que había sido acusado pero absuelto en el juicio del Nani, así como otros dos policías (a cien y sesenta y siete años). Todos están en la calle actualmente. En fin, tras releer el puñado de textos que componen este libro me queda un regusto agridulce: cuánto camino hemos hecho en este país y qué difícil ha sido. Pero también: qué precarios parecen los logros. Me temo que las conquistas democráticas hay que defenderlas cada día.

Agradecimientos

Un periódico es una especie de transatlántico que se mantiene a flote y navegando gracias al esfuerzo de toda la tripulación. Quiero decir que para que estos reportajes vieran la luz ha sido necesaria la colaboración de muchas personas. De los diversos jefes que te autorizaban o proponían los temas; de las secretarias que gestionaban los viajes y te ayudaban después con el papeleo, o que te tomaban por teléfono, con precisión y velocidad formidables, el dictado de tus crónicas; de los diseñadores que pintaban la página; de los editores de mesa que revisaban tu texto y con los que a menudo te peleabas porque llegaban más anuncios y siempre había que cortar (pero eran tan buenos editores que, por lo general, el corte mejoraba el reportaje); de los empleados de talleres que confeccionaban tus trabajos y los imprimían; de los publicistas que conseguían suficiente publicidad para que el periódico existiera; de los administrativos que hacían que la maquinaria rodara; de los servicios generales que te arreglaban la silla cuando se rompía; de las magníficas telefonistas capaces de encontrar cualquier número; de los conserjes y los encargados de la cantina, y tantísima otra gente, todos empujando la bola, todos ayudando. Gracias, amigos.

Tengo que hacer una mención especial a los fotógrafos. He vivido la mitad de mi vida con los fotógrafos de *El País*, compartiendo viajes agotadores, situaciones difíciles, complicidades inmensas. Todos ellos son estupendos, pero en la época en la que hice estos reportajes trabajaba más con Pablo Juliá (estuve con él, por ejemplo, en el viaje a India para ver al niño lama), con Bernardo Pérez (hicimos, entre otros, el triste reportaje de Riaño), Antonio Gabriel (el Mary Flash de la gira de Miguel Ríos, por desgracia ya fallecido) y, sobre todo, con Chema Conesa, gran fotógrafo y amigo, con quien he compartido la mayoría de mis trabajos periodísticos. Juntos hicimos, por ejemplo, el reportaje del Teatro Chino de Manolita Chen o el de los luchadores del Campo del Gas. Muchísimas gracias, mis queridos. Atesoro con todos ellos memorias formidables.

Mi gratitud también, ahora y siempre, a esta editorial maravillosa que es Alfaguara, con la gran Pilar Reyes a la cabeza. Por el cariño que sé que me tienen, por su generosidad y por lo bien que me cuidan. Sois estupendos. Una mención especial a Carolina Reoyo, la más formidable editora de mesa que he conocido jamás. Meticulosa y deslumbrante en su trabajo, además de amiga. Gracias también a las personas que buscaron estos reportajes, buceando entre archivos polvorientos: un trabajo tedioso por el que me siento muy en deuda.

Por último, quiero destacar la enorme y delicada generosidad de Miguel Aguilar, extraordinario editor de Debate, que ha cedido estos textos que eran suyos. Gracias, amigo. Te debo una.

Índice

Pasen y vean. Prólogo, por Rosa Montero	9
Se acabaron los paraísos	13
«Catherine murió de sobredosis, yo me voy cuando empieza el día 6»	29
Muerte colectiva para un colectivo laboralista	37
Lucha como puedas	49
Herrera, en un lugar de la Mancha	71
Lobos solitarios del periodismo	83
La ajetreada vida de Manolita Chen y el lanzador de cuchillos	99
El golpe de Estado	115
Diario de una grupi	127
Viaje del papa a España	153
El mundo subterráneo del grupo punki Las Vulpes	171
Los supervivientes del infierno	183
El espejismo de la nostalgia	201
El asesinato de María Teresa Mestre	233
Los herederos de la gloria	251
Riaño en vísperas de destrucción	269
La lucha por la supervivencia	285
Juicio del Nani	305
Agradecimientos	331

Este libro se terminó
de imprimir en
Fuenlabrada, Madrid,
en el mes de
abril de 2024